王圣贤　樊廷强　著

团结出版社

以心为体，以身为用，道术一体地收摄精华，修炼智劲，自我超越成"天人合一"的直觉性自觉的诗意自在。

作者简介

　　王圣贤，1969 年出生，安徽全椒人，现居济南。独立学者，"心事集合"理论创始人，中山大学管理学院 EMBA。著有《心事集合》《功夫天下》《武码头》，发表过多篇论文。2019 年赴美访学一年，在美国传播中国功夫和书法。

　　做市场营销；

　　给总裁讲课。

　　当经理给老板扛活；

　　做创客为自己拼搏。

　　痴迷螳螂拳，勤练螳螂展翅；

　　精研太极拳，深究智劲神明。

　　学科学文史哲，求证比较古今中外；

　　习经典儒释道，合三为一通众成圆。

　　左把吴钩，断金断玉断流水；

　　右执狼毫，写文写武写人生。

作者微信二维码
作者今日头条号：太极通文武

作者简介

　　樊廷强,1959 年出生,山东郯城人。原济空大校、教官。著有《中国拳术与功夫》《中国武术》《武术散手速成》。武术散打优秀裁判。2018 年被中国功夫文化发展委员会聘为功夫专家。

　　自幼随父习练家传武艺,8 岁拜在少林寺素法大师门下学练少林功夫及器械。最擅长螳螂拳,师父是威震山东的"猛虎三"于东晋,习得点穴、按道、暗器、掷手等功夫。在螳螂拳本质特点的基础上,融合了多年来所拜的各位师父拳法功夫之精华。于螳螂中能见八卦（周永福先生）、见八极（李赞臣先生）、见形意（孙玉君先生）、见少林（朱宪章先生）、见军体（杜中勋先生）。将众师之长化入自家的心性中,看是众相,却是一家。出入间已化为一。一个具有军人热血能征善战的"铁螳螂"。

王圣贤先生书法作品

王圣贤先生书法作品

王圣贤先生书法作品

自序

庄稼把式自合道

文章千古事，道术皆靠思想来呈现；

庄稼一季收，种收全凭身体来耕作。

功夫者，耕读皆通方能大成。

庄稼把式就是人们在猎获和种收过程中形成的直觉智劲的范式。庄稼之种收，动物之猎获，皆要按时令、合节气、识环境、凭体能、依经验、靠技巧，以结果为导向，以实用为准绳。

有人过誉太极功夫，一代宗师陈发科先生却说其为庄稼把式。朴实的话语中自谦、自信、实用、巧妙皆有。功夫之形自合卦象，功夫之质自合于道。

功夫乃身体的艺术，转化为文，难！文学化描写，概念化过程，需要思想文字上的功夫。用文字说清楚功夫原理，更难！既需要功夫练上身，更需要有科学之素养。功夫练上身之难，一人难；科学其原理之难，万人难。

孔子倡六艺，乃文武兼修之法。自古会功夫者少文，精通文字者少武却是事实。我们所能看到的功夫典籍，文饰较多，或神话，或虚化，概念定义少，探究原理少，此皆是文者不懂功夫。我们所能听到的口口相传秘诀，比喻较多，或类比，或感受，理性描述少，精确度量少，此皆是功夫者不工于文。中国在20世纪50年代前，文字只被少数精英掌握，普通大众识字的少，其一也；功夫（武术）天然与兵戎相关，乃国之大事，涉及存亡，历代统治者十分敏感和忌惮，不可能放任组织化的大传播，特别是不能与文结合。功夫在庙堂只能"货与帝王家"，在江湖只能糊口式生存。直到与工商业结合形成保镖市场，功夫才得以兴盛，其二也。如此导致真功夫只存在于功夫者的身体中，人死功亡，武林在而功夫却逝去了。任何手艺、功夫如不能厘清本质原理，注定会消失。

功夫合道，道境难言，所谓"道可道，非常道"，但不能以此来囫囵所有。道不可说，但功夫修炼之法度、途径、方法、原理必须要精确地诠释清楚。模式、法度、途径、方法传统功夫中不缺，唯有本质原理不太清楚且很难解析，也最需要我辈深入研究和破译。当下，汉文化正值复兴途中，我们虽然不能机械地用科学来硬套功夫，但功夫必须科学化是毋庸置疑的。写书创作中，越深究就越被传统功夫的博大精深所折服，越精细就越感觉自身的浅薄，只能是挂一漏万吧。姑且先挂一，然后再练再写，慢慢地拾遗补缺。

功夫之道以纯阳之体与天合一，全凭中和阴阳而把握阴阳。以静松内观返照先天本能，功成则身心如水，应无所住，规矩之上的自由自在。水随形即形，形虽万变却不易本性，一阳含于九阴之内，利万物，有含养一切之功，又有摧毁一切之能。功夫是直觉性自觉的诗意自在，无诗意的功夫只是体能而已，无法入道。特吟小诗一首，以表心觉体证，以概全书之貌。

《功道》

功道纯阳最难求，
与天合一气神游。
静松返照先天意，
自在身心似水流。

基于功夫，我仅仅是在路途中的探索者，虽见浅知少，却敢放胆直言。武谚云："一摸胜万诀。"师父捏你拳架，你摸师父体动，直到以心印心，拈花一笑，个中真伪，得失寸心知。

圣子写于己亥年八月初六 USA Tifton 直松斋

目录

壹　功夫的前世今生

"功夫"亦作"工夫"，古来有之，但其意并不仅指武术。"功夫"因涉及艺，极具个人风格，属于不传之密，历来神秘莫测，即使在行内，若非嫡传之人也是一知半解，况外人乎。不过，这个词语随着李小龙在《唐山大兄》《精武门》《猛龙过江》《死亡游戏》等电影中无与伦比的精彩演绎，在全球范围内产生了巨大的影响，好莱坞由此产生一种新的影片类别——功夫片。于是，"功夫"一词名扬天下，世人皆知。《牛津中阶英汉双解词典》《美国传统英语词典》以其粤语的音译"Kung Fu"收录进入词典中，在英语世界中"Kung Fu"（功夫）等同于武术。

那么，功夫在汉语语境中的含义是什么呢？

1. 功夫的原义

欲解读"功夫"的词义，须先搞清楚组成"功夫"一词中"功"和"夫"二字的字义。

《新华字典》里对"功"的解释：

①劳绩，成绩，与"过"相对：功勋。功绩。功德无量。功成不居（立了功而不把功劳归于自己）。

②成就，成效：成功。功能。功亏一篑。事半功倍。急功近利。

③物理学上指用力使物体移动的工作，等于力乘移动的距离：功率。

④本领，能耐：功夫。功底。功力（a.功夫和力量；b.功效）。功到自然成。

《说文解字》对"功"的解释：以劳定国也。从力从工，工亦声。古红切。工，既是声旁也是形旁，表示巧妙用力的器械。功，篆文 𢀖 = 工（工，巧具）+ 𠠂（力，使劲），表示利用器械，巧妙发力。造字本义：动词，运用器械，巧妙发力，武术制敌。作为名词的意思：巧妙发力的能力、技术。那么，何为"工"和

"力"呢？"工"，甲骨文 **ㄖ** 是象形字，字形像古代匠人的多用途器具，一头是"丁"形 **T**，一头是可握可箍的圈 **ㄖ**。造字本义：名词，古代匠师的巧妙多用的青铜器，可量可画，可撬可锤，可劈可削。《说文解字》：工，巧饰也。象人有规榘也。与巫同意。"力"与"手"同源。力，甲骨文 **ㄅ** 像向下伸展的手臂，是右手 **ㄅ**（即"又"）的变形。古人的手臂，由于大量的日常手工劳动而强壮有劲，造字者遂以强壮有劲的手臂代表无形的力量。在甲骨文中，有力的男子为 **ㄨ**，有力的女子为 **ㄨ**。造字本义：名词，强壮有劲的手臂。"工"是工具，"力"是强壮有力的手臂。合起来就是强壮有力的手臂在灵巧地使用工具。可以引申为，凡是需要使用力役并有所成就的事都能称之为"功"。由"功"字的甲骨文象形可以得知，"功"离不开灵巧有力的手和工具。

"夫"，甲骨文 **夫**。在 **大**（大，成人）的头部加一横 **一**（指事符号，代表发簪）。造字本义：成年男子束发，并用发簪固定。《说文解字》：夫，丈夫也。从大，一以象簪也。周制以八寸为尺，十尺为丈。人长八尺，故曰丈夫。凡夫之属皆从夫。所以，中国古代男子成人都要绾发加冠。

综合以上对"功"和"夫"象形本义和义项的分析，可以得出，功夫一词有两种组合方式。一是并列，二是偏正。本义是做功的人。到了当代，功夫一词经过历史的演变大概包含下面五个方面的意思。

（1）工程夫役。《三国志·吴志·王肃传》："闻曹真发已踰月而行裁半谷，治道功夫，战士悉作。是贼偏得以逸而待劳，乃兵家之所惮也。"

（2）谓做事所费的精力和时间。唐·元稹《琵琶歌》："逢人便请送杯盏，着尽功夫人不知。"唐·秦韬玉《燕子》："曾与佳人并头语，几回抛却绣工夫"。王润滋《卖蟹》："功夫不负有心人。"

（3）时间。柳青《铜墙铁壁》第六章："银凤在门外说没功夫，两个就奔出了大门"。

（4）本领，造诣。唐·张彦远《法书要录》卷一："宋文帝书，自谓不减王子敬。时议者云：'天然胜羊欣，功夫不及欣'。"秦兆阳《苏醒》："他原本有一套祖传的武艺功夫。"

（5）特指武术。

先贤有不少对功夫（武术）的界定，这里引用当代一位功夫高手和一位学者对功夫的定义。

传统武术中的"功夫"，有力量的因素而不能归结于力量，有技术的因素而不能归结于技术。它包含整个练功过程，亦即包含着力量和技术在内的人和环境的双向发展，包含着练功者的智慧、道德、个性特征、应变能力和个性修养，包含着"天地精华"和摄取环境条件的利用，具有所谓"天时、地利、人和"，以及"功夫在诗外"的"天人合一"的特征。

——摘自阮纪正《至武为文》

从"功力"的角度来看，功夫的本质是性质，是通过长时间实践修炼、有恰当的方法指导而获得或开发、彰显的才艺、能力。从"工夫"的角度来看，功夫是有恰当的方法指导，为获得才艺、能力而进行的实践修炼。从"功法"的角度看，功夫是为了获得才艺、能力而进行长时间实践修炼的方法。如果硬要为这个三维合一的概念本身下一个简单定义，也许只能说功夫是"生活的艺术"。

——摘自 [美] 倪培民《将"功夫"引入哲学》

2. 功夫的定义

我们对功夫的定义式理解：**以心为体，以身为用，道术一体地收摄精华，修炼智劲，自我超越成"天人合一"的直觉性自觉的诗意自在。**

"以心为体，以身为用"

体用是中国哲学的一对范畴，一般来说，"体"是最根本的、内在的、本质的。"用"是"体"的外在表象和表现。古人有很多总结，比如"本体即功夫""体用一源，事理一致"。《周易》《论语》《荀子》中都有关于体用的论述，真正形成清晰明确概念的是唐代的经学家崔憬。他说："凡天地万物，皆有形质。就形质之中，有体有用。体者即形质也。用者即形质上之妙用也。……假令天地圆盖方轸为体为器，以万物资始资生为用为道。动物以形躯为体为器，以灵识为用为道。植物以枝干为器为体，以生性为道为用。"

"体"和"用"不难理解，但要确定谁是"体"谁是"用"却不易。这里所讲的"以心为体，以身为用"继承和延续了明代王阳明的心学。王阳明讲求"心之本体"，认为"夫心之本体，即天理也"。"心之本体"即是心的本来状况。他认为心的本来状况是恒常的，虽然有时受昏蔽，然而不会消失，所以叫作心之本体。王阳明认为一切皆在心中，心就是最根本的，并不是说在心之外另有一个根本的东西。他说："心虽主于一身，而实管乎天下之理；理虽散在万事，而实不外于一人之心。……外心以求理，此知行之所以二也。求理于吾心，此圣门知行合一之教，吾子又何疑乎？"

中国功夫之所以盛于明清，是通过先秦、唐、宋、元等朝代的继承发展，到了明代，不管是武学理论，还是实际运用皆已成熟，特别受到王阳明心学"知行合一"理论的影响，使得武学进入一个新的境界。

关于功夫的奥秘，只能在自家身心里被理解和练成，而不能在书本或拳谱中被证实。这里的理解一词，引用经济学家汪丁丁的说法就是："所谓'理解'也不是概念抽象，不应当被理解为静态的完备的柏拉图式的'共相'（Idea），而恰恰与'概念'（Conception）不同，'理解'的结果是达到直觉的、活生生的、基于切实感受的统觉（Perception）——这种随着主体在生活世界的体验而演变的过程所形成的动态的'经验的综合'（Empirical Synthesis）也就是作者所谓的'知识过程'。由此，这种基于理解的演变的知识传统包含生物、社会、个人三个层次及其之间存在的交互影响。"汪丁丁先生的这段话，虽然说的不是功夫，但却好像在精确描述功夫作为活知识形成的过程。功夫是基于直觉、活生生的、切实感受的统觉式自觉。理性、算计、提前量、准确、速度、力量等化入直觉中表现出来才是功夫。因此，我们认为很难给功夫这一概念下一个明确的定义，只能阐述对功夫的理解。

功夫是以心为"体"，身体在这里只能屈居于"用"，即工具化身体。关于这一点就连拥有野兽一样强壮身体的泰森在接受采访时也声称，在擂台上，身体和技术只占15%，意志（心）却要占到85%。拳击完全就是一项依靠身体的直觉性运动，应该是身体的强壮程度和技术占主导才对，但这种认识只能在纯粹逻辑推理中才成立，并不符合实战时的状态。哲学家叔本华认为，只有意志（心）的参与，才能在最高的直觉中达到主客体的完全统一。直觉中包含着理性和非理性，意识和潜意识等，心将它们统合在一体。身体作为工具和理性作为计算，将二者融合为直觉。常人对这二者并不一定能融合好，但功夫人却通过心将之统合为一。在直觉中，人们虽然不能完全用语言清晰地表达出来，但却能体验、体证到。"只能意会，不能言传"说的正是这种情形。而只有心的主导和参与，才能使人容易进入直觉性统觉的自觉状态之中。在功夫世界中实践直觉理性优于纯粹逻辑理性，功夫更多的是实践直觉理性，不是在纯粹逻辑理性上推理打转，而是要靠动手的实践来检验身体的直觉理性和非理性的可靠程度，意识和潜意识的灵敏程度。与一般的"感性把握现象、理性把握本质"的认知不同，功夫更多的是体证和体悟。功夫是身心或者说拳和意多个可能性的对抗实践，更多的是身体直觉的较量，更本质的是心的较量。也就是说，身体和心意都是建立在直觉之上，而不是纯理性推出来的道理。

《礼记·礼运》中云："人者，天地之心也，五行之端也。"那么，人心是什么？心除了上面所说的功能之外，还有一种特殊的能力，那就是将人之外的比四维更高维度的天道智能（智慧＋能量）转化入体内。所以，我们常说，练的是功夫，开的是心智。

"道术一体"

由术而道、由道而术是同时存在的，这是因为功夫是直觉式的体证。有道无术则功夫难显，有术无道则功夫难高。讲道术一体的功夫最有代表性的莫过于《庄子·内篇·养生主》中的庖丁解牛：

庖丁为文惠君解牛，手之所触，肩之所倚，足之所履，膝之所踦，砉然向然，奏刀騞然，莫不中音。合于《桑林》之舞，乃中《经首》之会。

文惠君曰："嘻，善哉！技盖至此乎？"

庖丁释刀对曰："臣之所好者，道也，进乎技矣。始臣之解牛之时，所见无非牛者。三年之后，未尝见全牛也。方今之时，臣以神遇而不以目视，官知止而神欲行。依乎天理，批大郤，导大窾，因其固然，技经肯綮之未尝，而况大軱乎！良庖岁更刀，割也；族庖月更刀，折也。今臣之刀十九年矣，所解数千牛矣，而刀刃若新发于硎。彼节者有间，而刀刃者无厚；以无厚入有间，恢恢乎其于游刃

5

必有余地矣，是以十九年而刀刃若新发于硎。虽然，每至于族，吾见其难为，怵然为戒，视为止，行为迟。动刀甚微，謋然已解，如土委地。提刀而立，为之四顾，为之踌躇满志，善刀而藏之。

解牛，庖丁超越了技术而合于道。解牛，用神而不用感官，从道的整体性和逻辑性以神遇牛，从见实牛到见虚牛，从见肉、骨、筋到以神遇郤、窾、綮，从用刀割肉到游刃空隙和关键点，微动已解。此正是功夫练用之要。

再来看看越女的剑道是什么？

越王问曰："夫剑之道则如之何？"女曰："妾生深林之中，长于无人之野，无道不习，不达诸侯。窃好击之道，诵之不休。妾非受于人也，而忽自有之。"越王曰："其道如何？"女曰："其道甚微而易，其意甚幽而深。道有门户，亦有阴阳。开门闭户，阴衰阳兴。凡手战之道，内实精神，外示安仪，见之似好妇，夺之似惧虎。布形候气，与神俱往。杳之若日，偏如腾兔，追形逐影，光若仿佛，呼吸往来，不及法禁，纵横逆顺，直复不闻。斯道者，一人当百，百人当万。王欲试之，其验即见。"越王大悦，即加女号，号曰"越女"。

从上面的对话可以看出来，越女的剑击之道有六。"窃好击之道，诵之不休。妾非受于人也，而忽自有之。"因爱好而不停地背诵练习，不是别人教的，而是自己体悟出来的，其一也。"其道甚微而易，其意甚幽而深。道有门户，亦有阴阳。开门闭户，阴衰阳兴。"微而易，幽而深，有阴阳，有开闭（合），这是在说剑道的特征。阴阳、开合等功夫的哲理在这里出现了，其二也。"凡手战之道，内实精神，外示安仪，见之似好妇，夺之似惧虎。"功夫之道，外柔虚静如妇，内刚实动似虎。这是在归纳出剑道功夫基于身体的内外的特点，其三也。"布形候气，与神俱往"。这是在讲身形、姿势、气息与心神的关系，其四也。"杳之若日，偏如腾兔，追形逐影，光若仿佛，呼吸往来，不及法禁，纵横逆顺，直复不闻。"若日、腾兔、纵横顺逆，这是讲剑道具体的技术特点，其五也。"斯道者，一人当百，百人当万。王欲试之，其验即见。"这是在表明剑道效果和实战检验，其六也。越女论剑，道术一体，有理论、有形容，有道的特征，有术的特点，有效果和实战检验。

"收摄精华"

指在修炼中的储能贮量和摄取负熵。基于功夫的体认、体证、本体有三个结论：

第一，顺应宇宙和人文规律下储能贮量的加速进化过程（练身）。

第二，统观（客观＋主观）能动性下既顺随又逆向收摄负熵的超序式自我超越（修心）。

第三，直觉性自觉的诗意自在于天地间所实践的"生生自在"（养灵）。

其中第一和第二就是修炼身心和收摄精华、智慧、能量的具体方法。收摄精华的具体内容在本书的第贰章"功夫的本质逻辑"中有详细的阐述。

"修炼智劲"

功夫靠劲力来体现其质，招数和招式保证劲力更准确巧妙地使用。所以，各个拳种都有关于劲的描述。比如，太极拳的"缠丝劲"，咏春的"寸劲"，螳螂拳的"辊辘劲"等，但这些说法都是在描述劲力的形态。"缠丝劲"如缠丝一样的劲，"寸劲"即寸许的距离所发出来的劲，这些描述都没有涉及劲的本质。我们认为功夫就是修炼智劲，将劲力智慧化。劲力的智慧化，就是利用身体的结构训练出来的直觉反应，借助于对方的本能反应、客观环境、引力、时机、位置、速度、气势等巧妙地将劲作用于关键点，就像庖丁解牛那样，动刀甚微，謋然已解，轻得连刃都不会磨损。关于智劲详细的解读见本书第拾章"智劲——功夫的模糊和精确"。

"自我超越成'天人合一'的直觉性自觉的诗意自在"

功夫是从超越常人到超越自己的加速进化，进化的目标是纯阳之体，直至天人合一。人，身心一体，狭义的"功夫"之心和广义的儒家"工夫"之心相同，而狭义的"功夫"之身和广义的儒家"工夫"之身相异。儒家工夫的修为，偏向于个人知识、道德、学术上的认知，至于能不能做到，以及认知的实际效果在短时间内难以验证。而功夫之高低并不限于对拳理知识认知的深浅，更多的是动手，高低立刻见分晓，这才符合王阳明的知行合一。有时候功夫者的"行"往往大于其"知"，关于这一点，儒家君子的"讷于言而敏于行"则更像功夫者。"功夫"之身既是性命载体又是表现功夫的工具。比"知行合一"更高的境界是"天人合一"，知行合一后，更要与天道合一。儒家的天人合一更多的是思想境界上追求，功夫的天人合一更多的是行动和结果上体证。轻松巧妙的行动，能当场赢得胜利，有时比深沉复杂的逻辑思维自洽，更能让人信服。从超常、超众，到超越自我，直至天人合一，文武追求的目标是一致的。所不同的是，文人思维自洽，武者行为自洽。思维自洽难比较高低，行为自洽，可以直接比试，高低立刻见分晓，武者比文人多了份"当下见分晓"的现实压力。所以古人说"文无第一，武无第二"。

"直觉性自觉"

何为直觉性自觉？直觉性自觉是以直觉性统觉为基础。直觉性统觉，其载体是有机体的感觉器官，已经包含着有机体对因果关系的理解。只是为了要把这种理解固定下来，形成"记忆"，人类才需要另一种能力的帮助，那就是"理性"能力。在理性能力的最初阶段，便是"概念"的形成。这就是叔本华所讲的直觉性统觉。他认为即便如海星这样的低等生物，在其行为中也表现出感觉能力和对环境的"统觉"，即当外界刺激呈现出复杂的多种模式时认知主体形成统一图景的能力（触觉的"坚"与视觉的"白"分属不同刺激模式，却能够被主体统觉为"石头"）。当然，叔本华所要表达的是直觉的理解力，但可以将其借用过来表达功夫。功夫就是在直觉性统觉的本能基础上，将理性、逻辑、计算、智慧、劲力、招数等练成新的本能自觉。统觉是本能，自觉才是功夫。统觉受生物性和物理规律的制约，而功夫是将这种制约改变成利用和动力。这种自觉是建立在直觉上的。

"直觉性自觉"非常准确地表达出功夫的特点，搏击格斗，全凭直觉，但这里的直觉已经不是一个初级的感觉本能了，它包含着功夫者的全部，即智慧、道德、个性特征、应变能力和个性修养，还有双方力量、技术、速度、距离感、提前量等判断和计算，这个就是搏击运动直觉性统觉的自觉。这个自觉通过眼、耳、鼻、皮肤、意等瞬间完成，而表达为瞬间的直觉本能反应。自觉中，直觉是基础和关键，统觉是综合和工具，能精确地帮助直觉。直觉和统觉，即使不虑而知、不学而能也不算功夫，只能算是本能，每个人都有，只是因基因遗传的差异，而高低不同。只有将直觉性统觉加入武学之理、式，通过长时间修炼，将这种直觉性统觉练成一种符合武学逻辑的自觉，才是功夫。在功夫这里，逻辑、理性、计算、招数、力量、技术、反应、感应、意欲等成为一种自觉。直觉性自觉不是功夫所独有的，涉及身体运动的艺术都有。我们来看看美国 NBA 球员"直觉杀手"科比（洛杉矶湖人队）的直觉，就更能理解直觉性自觉所涵盖的意义。

来自 NBA 球员亨德森的叙述：

不过有点不可思议的是，他投丢的球比他进的球还多。说实话，他真的投丢了很多。

突然间，我看到科比停止了投篮。他把球靠在屁股上，用手扶着，并且向另一端底线招了招手。

骚动开始了。

一堆球场维护工作人员出现了。就像是冰球比赛中换人那样——维护人员冲进球场。科比对他们说了些话，指了指手势。但是在我投篮的地方，我听不清他在说什么。

随后，一个梯子被架在了篮筐下面。科比指了指篮筐，维护人员开始移梯子，并且带上了他们的测量工具。

我在另一个半场站着，看着这一幕，科比开始朝我走了过来。

"那个篮筐有点问题。"

"哇，是吗？"

我们看着一个工作人员登上了梯子，开始修补那个篮筐。

"它太低了，大概低了 1/4 英寸吧。"

"哈？"我嘀咕了一句。我从未听过比赛前篮筐还会出现问题的。

"为什么你会这么觉得呢？"我继续说。

"我投丢了一些平时不会投丢的球，我很确定它就是低了 1/4 英寸。"

过了一会儿修复工作结束了。这就是我们的第一次对话。科比回去，继续开始他的投篮练习。

科比的眼睛和身体运动时肌肉的记忆竟然如此精准，连 1/4 英寸的高度都能敏锐地直觉到，这不是直觉性自觉还能是什么呢？

从哲学层面上来讲，自觉是内在自我发现、外在自我创新的自我解放意识。是人类在自然进化中通过内外矛盾关系发展而来的高级属性，是人一切实践行为的本质规律，表现为对于人自我存在的必然维持、发展。同时，自觉也是一个印度瑜伽术语。自觉，潜伏于人体脊柱底部三角骨位置的灵量 (Kundalini 昆达里尼)，被唤醒并沿中脉提升至顶轮部位，这一过程称为"自觉"(Self-realisation)。"灵量"为人体中潜伏的具有自我意识的灵性能量，"自觉"就是灵量被唤醒的过程。通过"自觉"这个过程，将个体真我连接到无所不在的整体能量中去。

自觉是人尽其生命本性修炼而获得的特征，直觉性统觉是本能，而直觉性自觉是一种可能而不是必然。天生的直觉必须辅以统觉综合为本能，以生命本性修炼成为新的本能自觉，才是功夫。作为功夫，自觉也是常警觉、常惺惺，于每时每刻自然而不懈。真功夫是发自生命的直觉性自觉。下面这段对话能加深我们对自觉在本能行为上的理解。

"奶格玛千诺。"彩虹和尚颂了句咒语。

"我修就密宗大手印，大手印与禅修相似，唯有不同的是大手印依仪轨修本尊法，由宝瓶气、拙火定、金刚诵等法修气脉明点，于气入住融于中脉。身心皆有实际的变化，不仅是思维上的开悟。证得大手印后，空空之外，还有一分警觉之心。"

"既然空了，何须警觉？"水宗一问。

"保任空性是止，警觉之心是观，止观之心来应对世间万物就是妙用。你看那'无漏'二字。"彩虹和尚边说边指，水宗一顺着彩虹和尚的手指看去。

"这字就有警觉，天然自性，该歪就歪，该斜就斜。起就起了，止就止了。警觉内生而成，歪斜却不可倒掉，起止自有分寸。儒家的孔圣人说，随心所欲不逾矩。'矩'就是警觉。是你自己的，也是大家公认的。如无警觉，随心所欲岂不是放纵了？汉字书法是中华文明中最古老的符号，千百年来，沧海桑田，一切都在变化，中华文脉书法之道没有断过，几千年来变化不大的也只有书法了。书法的线条笔意中带着多少古人的信息啊。书和拳，一文一武，皆含动静之密。书法中有书有法，有碑有帖。布局、线条、笔锋、手法、身法、意境，与武术无异。练

10

式为真，体用为草。真书法度森严，草书随曲就伸。太极拳亦然吧。"

水宗一也用书法诠释太极拳，只是集中在对应的手法、笔锋、拳势等方面，似乎还没有到彩虹和尚的境界，听了彩虹和尚这番话语，如痴如醉，知音、益友、良师都有了。

水宗一再看那幅字，自然歪斜的"无漏"二字，似毫无章法，却又合着"無漏"二字的含义，一点破绽也找不出来，真是无漏。"無"字下面的四点，如波涟漪，自然起伏，点点之间，却似有暗流涌动。"漏"字三点水，真如屋漏之痕，垂滴而下，却含穿石不断的恒绵之劲。水宗一能用书法阐述太极拳之理，水平算是上等，细看之下，二字法度森严，那法度又非人为界定，而是自然之规矩。笔墨线条已是天籁，是神在游走，而不是笔锋在写。自由自在如如自为，堪称天爵。又看时，那字一如午后阳光下的猫儿，懒懒的，松松的。但却又警觉无比，任何一点风吹草动，都能瞬间弹起来。

水宗一已是看呆了。

"你也是，你的坐姿就是警觉之心。"彩虹和尚指着水宗一说。

原来，水宗一感受到罡气后，在蒲团上坐下时，双脚外表是单盘。不同的是里面，裆内左右两根大筋松开，胯部打开，双脚的外脚踝侧贴在蒲团上面，脊柱中正，尾闾微微后翻，正是太极身法。因为蒲团比罗汉榻矮，矮处对于高处来说就是劣势。水宗一不自觉地就这样坐下来，这个坐法，一触即能跃起，不需有任何辅助动作。武侠小说中，常说高手随意就能跃出三丈开外，不是随意，那是多年的功夫化到身上，自然的行走坐卧都符合武术技击要求，如此才能随机应敌。

"你扭头看字，身形丝毫不散乱，脊柱中正，说明你体内的劲力分合已近自如。你随着小和尚到千佛殿去看看灵岩寺一绝，宋代泥塑。如有造化，再来计较。"

彩虹和尚的口气虽然温和却有着不容置疑的力量。

——摘自王圣贤《武码头》第柒章：真经活在灵岩寺

"诗意自在"

功夫是一种超越身体约束和极限的自在。所谓诗意，是诗一样的意境，是文学性加哲学性的不受时空约束的自在意境。

海德格尔用"诗意地栖居"阐释哲学思想。这里的"诗"除了包含文学审美意义上的诗意之外，更包括了人的统观（主观＋客观）能动性的构筑和创造。这是人得以实现人生自我价值存在的重要途径。在西方，诗意不一定具有中国诗所包含的韵味和意境，但它具有神性和超越性。在中国，诗更是一种超越现实、意蕴无穷的想象力。李白的"黄河之水天上来""白发三千丈"等诗句更是奇绝。中国诗的意境中还有一个超越诗本身的大自在，即"功夫在诗外"，这是超本体限制可以实现的修为。中国诗还有"明心见性""澄怀虚静""天人合一"等追求。再者，功夫到了高境界就走向了"模糊"智慧。而"模糊"是除了诗以外，任何语言都无法表述的一种身心智慧。这种"模糊"是自然而然的轻、灵、巧。因此，"诗意"是功夫直觉性自觉智慧的特征。

海德格尔说："只有看到了一个思想的边界，这个思想才可以说是被理解的。"我们今天能更清楚地理解功夫，是因为美国的拳击、巴西的柔术、日本的空手道、泰国的泰拳、法国的萨瓦特、俄罗斯的桑搏等在国内的传播和衬托。没有外国搏击术的冲击，我们自己的功夫无法被清晰地理解。不过，中国还有一个夏超越的意识"功夫在诗外"，即跳出诗的边界，去探索、研究、借鉴，再来作诗，会更显诗意。诗意意味着我们要从边界的外面对比、研究、总结各国的搏击术来彰显中国功夫。当然，"诗外"并不仅是边界外的其他搏击术，那还是功夫这个大种属的本身，"诗外"包含着人类创作和发现的一切新"疆域"和新"东西"，比如量子力学、心性的力量、高维空间等。如此，功夫才更具有超越性。

功夫隐藏在身体的寓所中，因此，自在是身心超越自然序的进退无碍。

自在。佛教说："进退无碍，谓之自在。又心离烦恼之系缚，通达无碍，谓之自在。"《法华经序品》曰："尽诸有结，心得自在。"《唯识演秘四末》曰："施为无拥，名为自在。"有两种自在。一是观境自在，谓菩萨以正智慧照了真如之境及能通达一切之诸法圆融自在。二是作用自在，谓菩萨以正智照了真如之境即能由体起用，现身说法，化诸众生，圆融自在也。基于功夫的自在，就心体身用，以身显术合道，拳理通达，身体随心所欲，游刃有余的自由妙用，感而遂通。

对功夫的理解，重点在"智劲""自觉""诗意""自在"这四个指向，这四个指向都离不开一个字"心"，心才是这四个指向的主导。与西方不同，中国人在精神—肉体中间还有一个主导之"心"，即肉体—心—精神。比如西方人在研究李小龙的功夫时，会从神经和大脑的物质角度来探寻。斯坦福大学生物力学研究员杰西卡·罗斯（Jessica Rose）研究认为，李小龙寸拳的秘密在于其脑部结构，仅凭肌肉无法完成如此高度复杂的协调动作。伦敦帝国理工学院神经学家爱德·罗伯茨（Ed Roberts）进行的一项对比研究表明：出拳的力量与协调性与他们大脑辅助运动皮层中"白质"的微结构差异有直接关系。"白质"负责管控脑细胞之间的交流。由运动辅助区负责协调肢体肌肉，而近距离出拳依赖于这种协调性。爱德·罗伯茨说："'白质'的改变能够允许这部分大脑区域得以具备更丰富、更复杂的脑细胞连接，这可能会增加出拳者校准动作的能力。"但我们有另外一种看法，李小龙练的是心力而不仅是大脑神经，有此心才能悟此力。这与中国功夫中的"心斋"练习正相关。庄子说的"精神退身出去，让身体来行动"，或者是《应帝王》中壶子所呈现的"大虚静"的境界，"让自己进入一种虚空，我们所有的力量才能聚集起来，产生那种必然层次上的行动。我们也知道，失去了这种空虚的能力，就会产生重复、僵化"。这种虚空能力就是心力，超越于肉体—神经—意识之外，又控制着肉体—神经—意识的能力。只有心能在集中全部精力和意志的同时不仅不妨碍其他器官功能，更能加强、协调、调动身体的全部。这种能力的练习一般人做不到，是一个复合矛盾的统观（主观＋客观）自觉体。既"自我"将注意力集中内敛回自身，又"去我"（忘我）的超脱（超序）练习。极度的"自我"和极度的"去我"才可能出现一个介于两者之间的中性状态，就像太极图中的"S"线，既属于任何一方，又不属于任何一方。既纯粹，又兼具。这个中性状态充满活力，能集中力量和能量不假思索地完成威力巨大的动作，其奥秘就在于自我与去我、关注与超脱、阴与阳、紧与松、刚与柔之间"中"的维度的保持和进化。心在协调一切，其他任何东西都做不到能统合如此矛盾又和谐的状态。

"智劲"表明从行动本能进化为行动智能（智慧＋能量），"诗意自在"意味着这种行动智能（智慧＋能量）超越了常规的约束，而进入"随心随欲不逾矩"的自由境界。"不逾矩"是符合至高的道德要求和肢体法度。功夫的演进路线是修身—修心—养灵。修身是行为理性和非理性的自洽为一，修心是身心合一且与道德自洽为一，养灵是将身心与道德上的自洽融入天道，润养天性直觉之灵，直至靠近和达到天人合一。

功夫，一个语言上相对性和体证经验上绝对性的"活质"。语言只是导引向"活质"并试图靠近的工具，且语言也会导致歧义和矛盾。歧义和矛盾不可能在纸面逻辑的归纳和演绎中获得解脱，只能在体悟和体证的内在体验中获得功夫的真谛。

我们对功夫的理解，绝非仅是文字上概念的推演，而是涵盖了意识和行为上修炼所能达到的可能。它不是死定义，而是活理解。功夫绝非文字概念能描述清楚的，我们只是想通过这些"动词性"的文字，在功夫和我们活生生的心身之间建立一种联系和互动，从而调动我们心性能更本质地理解和靠近功夫。如果确能如此，足也。

贰　功夫的本质逻辑

功夫，从远古到现在一路打过来，从搏杀演变成一种运动，一种文化。

欲理解和练习中国功夫，必须搞清楚中国功夫的逻辑。即中国功夫是什么？为什么？怎么练？如何用？前两者是理论和规律，后两者是实践和运用。逻辑一词非中国所创，逻辑是研究思想本质和过程的科学，为英语 Logic 的音译。源自古典希腊语 Logos（罗格斯），最初的意思是"词语"或"言语"，引申意为"思维"或"理性"。1902 年严复译《穆勒名学》将其意译为"名学"，音译为"逻辑"，由日制汉语翻译而来。传统上，逻辑被作为哲学的一个分支来研究。逻辑的范围非常广阔，从核心主题如对谬论和悖论的研究，到专门的推理分析涉及因果关系的论证。我国古代，理学、名学等与之相似。我们研究功夫的本质，原则上是运用古今中外的知识，以中国传统文化的精华为主，融合西方哲学、艺术、科学等理论。有些西方理论的指向或实证也是对中国传统文化的一种佐证和回归，其中不少理论对研究功夫有很大的意义和价值。比如维特根斯坦的日常语言哲学、海德格尔的存在哲学、梅劳·庞蒂关于身体的哲学、波兰尼的"默识之知"、福柯的"存在艺术"和"身体技术"，以及物理学、生物力学、体育运动学、量子力学等。相对精确的理论对我们探寻功夫的身体秘密有很大的帮助。需要注意的是，在使用逻辑一词时，容易偏向于知识性的演绎，而功夫中的逻辑更多的是身体运动和搏击时的实际因果关系。功夫是实践性的，掌握了功夫知识的人，不一定能把功夫用身体表达出来。反之，身上功夫的人也不一定清楚功夫是什么？为什么？

没有搞清楚内在本质和逻辑的事物，延续和传承只能波浪般起伏，可能会出现高峰和奇迹，但不能有效地平稳积累，亦会有低潮和低谷甚至会断掉消失。

1. 从人文逻辑到功夫逻辑

功夫虽然起源于人类活动的需要，但却是文化的产儿，功夫是文化的武化表达。而文化是一个民族最本质的概括和精华，因此，人文逻辑是大尺度的逻辑，是人类行为的基础。自然科学逻辑只是人文逻辑中相对准确精密的一部分。然后，才是更为具体的技术逻辑，即落实到术的层面的实际运用。"功夫逻辑"在这三个逻辑基础上生成和展开。

人文逻辑是所有学问得以展开的基础。中国传统文化源远流长，儒释道等传统文化的高度不输给世界上任何一种文化。中国技术逻辑亦很强，四大发明就是最好例证。相对而言科学逻辑则比较弱。中国功夫的境界高，运用效果好，而准确的逻辑推理和科学解释欠缺。功夫的境界高，因其人文境界本身的高度高，像道家的"无为"，儒家的"天人合一"，佛家的"色空无二"等。这些高境界影响并滋润着功夫，有些被功夫直接借鉴过来。功夫的实际效果好，与汉文化注重实用效果有关。历朝历代产生了无数的功夫高手，有记载亦可考证。到了现代和当下功夫势弱，有的正在或已经消失，很多功夫被人误解成传说。境界高和效果好这两个真实存在过的事实却保证不了功夫的传承。境界高是因为有顶尖的功夫大师，效果好因为真功夫的实际作用，但这二者都是具体的人，一旦人没了，又没有培养出来好弟子，就会断了传承。所以，我们看到传统文化艺术都是波浪式的，一浪接一浪的高峰，让传统文化光彩夺目，比如晋书、唐诗、宋词、元曲、明清的功夫等。但缺少了内在基础性可传承的知识积累，优秀的好东西渐渐消失了，也许正是因为缺少了中间的科学逻辑吧。

科学逻辑中的"科学"是指致力于揭示自然真相，对自然之客观进行充分的观察或研究。可以理解为，人类已经找到的具体的科学知识，或者是科学理论体系，或者是科学方法和科学精神。科学逻辑中的"逻辑"是在形象思维和直觉思维基础上对客观世界的进一步的抽象。所谓抽象是认识客观世界时舍弃个别的、非本质的属性，抽出共同的、本质的属性的过程，这是形成概念的必要手段。在形成功夫逻辑的基础逻辑中，最欠缺就是将各种功夫的个性和共性，抽象总结成一个共同的、本质的属性。没有这个逻辑的提炼，中国功夫不是在技术逻辑这个具体的"术"中"打滚"，就是在人文逻辑这个高境界的"道"中"缥缈"。

在技术逻辑具体的"术"中"打滚"，其结果是搞出来很多特江湖的"功夫"，却对功夫的本质属性不明就里。比如，徐浩峰在《武人琴音》一书中就描述了这么一段："有个人来拜访韩瑜（济南形意拳一代名宿韩伯言之孙），在请来客吃饭时，来人要了两碗辣椒油放在手边，但并不吃。韩瑜问不吃辣椒油为啥要？来人答，爷爷教导，在外吃饭，人员嘈杂，手边要有两碗油。韩瑜知道这是晚清飞贼的习惯，吃饭时如遇捕捉，抄起辣椒油就往人眼上泼。来人见韩瑜友好且对辣椒油好奇，表示愿意表演。端一碗油出了饭店，寻个无人墙角，退开两米多，将油吸在嘴里，猛喷出来，水枪一般。听油打到墙上的脆响，不需要辣性刺激，这个力度已经能把人的眼打坏了，比拿碗泼，这个技术难度高出太多了，得下多大的功夫，吃多少苦才能练成此功呀。"这个功夫是飞贼用于逃遁的暗器，在道德层面上来说不足挂齿。但技术是中性的，从技术层面来说，这口喷油的绝技相当厉害。此术即使有人练，到当下可能也无处可用了。但这个"术"背后更深层次的原理，却没有人去研究，只能当成自保的功夫秘法不公开地传承，一旦某个环节出现问题，就失传了。

在人文逻辑这个高境界的"道"中"缥缈"，其结果就有可能陷入文学想象中。功夫成了"名词"，不是"术高莫用"，就是"点到为止"，云山雾罩地分不清哪些是境界，哪些是神话，哪些才是真功夫。这里并不是在贬低技术逻辑或人文逻辑，相反这两个逻辑十分重要。而是说缺少了中间的科学逻辑这两个逻辑容易走偏，这也是近现代中国功夫落后的主要原因。再加上练功夫者的功利性太强，使得功夫一直在技术逻辑和人文逻辑或具实或具虚间摇摆。古往今来，习武者大概有这几种目的：练成文武艺，货与帝王家、报仇、吃门派红利、健身长寿、扬名立万、凭武艺吃饭等。其中，缺少了研究其内在本质属性，译破其中科学逻辑的追求。当下各大体育院校倒是有专门的研究机构，可惜有真功夫的人却很少或基本上没有了，本来功夫研究的是身体运动的逻辑，没有真功夫的人作为研究对象，只有钻进故纸堆里，在纸面上进行名词概念的演绎了。当然，中国功夫的思维方式和西方的科学研究逻辑推理不同，其重视点并不在于预设对象的最终结果，更缺少对象认知型的评估和机制分析，而是在大化流行中追求过程性近于道的操作性质。这就导致功夫从实用功利性的"技术逻辑"直接走向于超实用非功利性的艺术追求式的"人文逻辑"，无论后来的研究者将之形容美化为"文明化""理想化""程序化""虚拟化"的身体艺术，也掩盖不了其缺乏"科学逻辑"积累继承性的弱势。大多数情况是"人死功亡"。这一点从徐浩峰先生的《逝去的武林》书名就可以看出来，其实逝去的不是武林而是功夫。功夫到了当代已经走入一个两难局面，离开了人文传统，功夫鲜有继承；缺少科学逻辑，功夫难以发展。

不少人以量子学说的测不准原理，来说功夫本质和逻辑的不可为或不可说，显然这种说法没有建设性。毕竟在牛顿和爱因斯坦的理论中，世界精确而可以预测。功夫的境界可以说不清，但功夫的原理和方法一定能说清。功夫作为一种个人私验的隐文化，确实有很多未解之谜和说不清楚的地方，但不能因此就不去对其本质和逻辑进行精确的探寻，在保留其高端、神秘莫测的同时，对其基础的可以精确的部分进行本质和逻辑的解读，这也是我们探寻功夫之逻辑的初心。

2. 功夫的身心总逻辑

中国功夫门派林立，十八般兵器，精彩纷呈。国家承认的有 129 个拳种在传承。但根却在人文逻辑上，即人文逻辑相同，技术表达各异。各拳种都有自己的技术性格和特色表达。不过皆从人文传统中吸取思想，无极、太极、三才、四象、五行、六合、七星、八卦、九宫等理论和概念，在各门派的功夫中都有体现，并成为其拳理支柱。

比如：

八卦掌以《易经》中的八个卦象卦理来解释拳理，代表基本八掌。手法主要有：穿、插、劈、撩、横、撞、扣、翻、托。

太极拳以太极阴阳理论为根基，强调："以柔克刚，松圆缠丝。"有八种劲法：掤、捋、挤、按、采、挒、肘、靠。

螳螂拳强调刁巧，有勾、搂、采、挂、黏、沾、贴、靠、刁、崩等打法。

咏春拳强调短桥窄马、寸劲寸打，技法有摊、膀、伏。

通背拳强调放长击远，劲法以冷脆见长。

那么，中华功夫共同的人文逻辑基础什么呢？我们通过对传统功夫文化进行归纳整理、抽象演绎和实操，得出了下面的功夫"诗意自在"逻辑架构图。

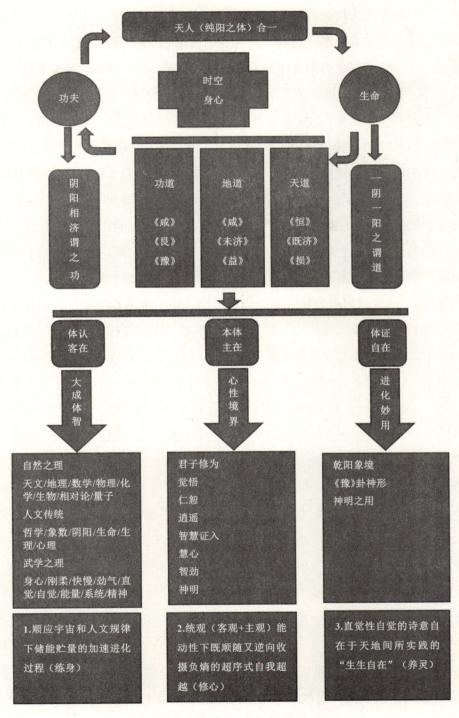

功夫"诗意自在"逻辑架构图

该图最上面为功夫的极终追求：天人（纯阳之体）合一。天人合一是中华文明的追求，更是真人的一种存在状态。功夫追求的天人合一之人不是一般常人，而是功夫上身后练成纯阳之体的人。功夫者，于动静、刚柔、松紧里得中和。纯阳之体，中和随身，人合于天，道随人行，谓之天人合一。

中间的"时空身心"是生命和功夫的载体，既是载体，身心即可，为什么是"时空身心"呢？武学生成于人文基础上，时空是人文哲学式思考的基础性问题，更是功夫的实际具体操作问题。功夫的修炼和使用是为了应对时空问题和解决时空问题，功夫中距离、速度、时机、角度等都是具体时空中所必须面对的，而不仅是抽象推理中的时空。可以这么讲，时空是功夫生成的背景和前提。

功夫脱离不开生命，功夫提升生命的质量，让生命顺应乃至超越自身的极限。因此，功夫之道是在人之道基础上的进化。万经之首的《易经》上云："一阴一阳之谓道。"这个总道根据实际状况可以分为天道、地道和功道。鞠曦先生在《易道元贞》一书阐释《说卦传》内含的生命损益之理，以及《易经》以卦表达生命损益之道。概言之《说卦传》阐释《易经》以"损益六卦"揭示了生命发展的损益之道。天道损，地道益。天道损，以《否》卦作为"损道"的价值承诺，以《恒》—《既济》—《损》构成损道三卦。地道益，以《泰》卦作为"益道"的价值承诺，以《咸》—《未济》—《益》构成益道三卦。"损道"三卦讲的是自然规律，不以人的意志而改变。"益道"三卦是人的自主自为，其过程就是"避损行益"。我们根据鞠曦先生损益六卦的逻辑结构，构建了"功道"三卦的结构和价值承诺。功道的价值承诺是《乾》。《乾》卦乃基础八卦之一，六十四卦之首。六爻皆阳，辞曰："元、亨、利、贞。"象传："大哉乾元，万物资始，乃统天。云行雨施，品物流形。大明终始，六位时成。时乘六龙以御天。乾道变化，各正性命，保合太和，乃利贞。首出庶物，万国咸宁。"象曰："天行健，君子以自强不息。"《乾》卦之象，六爻皆阳，乃功夫修炼的追求——纯阳之体。因此，《乾》卦是"功道"的价值承诺。《乾》卦作为"功道"的价值承诺，与天道的价值承诺《否》和地道的价值承诺《泰》在逻辑架构上是一样的，但在具体的运用上有所不同。《否》和《泰》作为价值承诺，是哲学意义上的，属于形而上的层面。《乾》作为"功道"的价值承诺，更多的是实践层面上。《否》和《泰》是哲学逻辑推理下的一个趋势和结果。而《乾》虽有形而上的意义，但更多的是具体修炼实操下的一种可能。《乾》是"功道"的价值承诺，但不是极终追求，因为"功道"在练成纯阳之体后，作为生命的人，还要"天人合一"，即超越纯阳之体——人的自身局限，放大到整个宇宙。《乾》卦纯阳之象，天根阳爻，阳刚是天的本质，无阳刚不成大，无阳刚不成尊，无阳刚不成首，无阳刚不成长，无阳刚不成动。并且，功夫者在当下时空中，身心具有修炼出来的功夫，其能量、威力和自在随时都可以表达出来。而《否》与《泰》虽是总趋势，但在生命的过程中，也会交错出现，易变不稳定，且只有等到生命结束了才有个最终的整体性结论，当下可验性比较弱。

那么，"功道"的修炼三卦具体是哪三卦？

根据鞠曦先生损益六卦的逻辑，我们从《易经》中推论出来"功道"的修炼三卦，即《咸》—《艮》—《豫》。《咸》卦是功夫小成"止而悦"。《艮》卦是大成的功夫"止而又止"，实现"敦艮之吉，以厚终也"。《豫》卦则是功夫练成，妙用前的状态，内存九四一阳为刚，外以五阴辅助现柔。《咸》卦里的阴阳分布相对无序，卦内有三阳，乱且九四阳爻不当位。《咸》卦是自然人刚开始进行功夫的修炼，属于小成，为减少"正熵"的过程。到了《艮》卦，上艮下艮的排列表明阴阳分布已经有序了，卦内二阳，九六阳爻不当位，但已经减少了散乱的阳，能约束阳有序运行，为摄收"负熵"强化有序。到了《豫》卦，阳已经纯化为一，功夫者身体内是以阳主导下的阴阳平衡，阳主导只能统于一，且居于关键位置的主导地位，阳多且散就会产生混乱。通过小成功法《咸》到大成之《艮》功法的修炼，体内之阳聚化为一。卦内一阳，九四阳爻正当位，说明功夫已经修炼成功。外显五阴，内擎一阳。阳主导下的阴阳动态平衡已经形成。不用时"寂然不动"，警觉预备；用时"感而遂通"，妙用随心。"功道"三卦的价值承诺是《乾》，即练成长生久视的纯阳之体（六爻皆阳）。《豫》卦五阴一阳实乃功成之象。《豫》用之结果是《大有》卦，《大有》五阳一阴，正是功夫打击妙用的一瞬间状态，大有，必有大的收获。《豫》之预备和《大有》之用获，在卦象之阴阳爻之数上正好相反。《豫》为五阴一阳，《大有》为五阳一阴。

功夫之道，重行和行的结果。如果缺少妙用《大有》这个结果，所追求的纯阳之体，长生久视，则很难判断其修炼理论的好与坏，其修炼功夫的真与假。生命的自我操作、自我修炼、自我超越，不能仅停留于悟的层面，思维和逻辑的尽头是实践和妙用。思到，说到，却做不到，理论再自洽和完善，也替代不了"动手分雌雄"的实用检验。检验功夫的真假，靠的是实战，靠的是寿命的长短。当然，有功夫者不一定长寿，现代科学研究表明，长寿的部分取决于基因和环境，但有真功夫可以活得更久一些，这是肯定的。因此，根据长寿与否来反推，谁有真功夫，亦有道理。

龚鹏程先生在《儒家养生》中有这样的实证：

这就是有趣的地方啦！须知道家人物，如老子、彭祖之高寿，多是传说，不及儒家信而有证。像孔子年七十三、孟子年八十四，在那个时代，岂不都称得上是老寿星吗？孔门弟子，曾参七十、子贡七十一、子思八十二、子夏八十八，也都是长寿的。就连以'短命'著称的颜渊，也有四十一岁。先秦诸子，墨子弟子孟胜四十、屈原四十五、韩非四十八，其实跟颜渊也差不多。儒家人物这样的命寿状况，在先秦，非常特殊，非但其他各家比不上，就是道家恐怕也还略逊一筹。因为道家人物，除了老子这种年岁无考者外，可考的，如列子、庄子七十六，尹文子六十六，尸佼、子华子、杨朱六十一，平均起来，仍低于儒家。

纵使是老聃，传说也不过一百二十左右，还不及荀子呢！荀子的年岁，史籍记载很明确，说他在齐宣王威王时，游学于齐，时已五十多岁了；到春申君卒后，终老于兰陵。可知其寿至一百四十岁以上。今人考史，不敢相信有人竟能长寿至此，多倾向于把五十游齐解释为十五。但即使如此，其岁数仍在百岁以上。何况春申君死后，荀子终老兰陵，又不知还活了多久，许多记载说他曾见到李斯相秦，甚至见过秦亡。假设如此，其老寿便更令人咋舌了。

按照常理来说，道家炼丹，佛家禅坐，皆不管红尘俗世，应该长寿才对。儒家长寿与儒重视亦文亦武的"六艺"修炼和以天下为担当的"六艺"实践（妙用）有关。当然，上述的数据是不完全统计，因此，也无法归纳出一个准确结论，只是一个可能的趋势。道佛两家虽有修炼之理，亦有修炼之行，但不太关注社会担当，却也是事实。实际上担当和妙用，才能检验功夫理论的真伪，修炼方法的好坏。俗话说，上过一次战场，抵上十年功夫。因为，战场上你死我活的拼杀最能检验功夫的实际效果，通过这样的检验才知道功夫的真假，通过战场上的生死拼杀更能增加人的实战能力。儒家通过实际的武生死和文治理的结果好坏，不断地修正文武功夫的理论、方法和实用效果，由此产生的功夫，才是真功夫。

3. 功道三卦:《咸》《艮》《豫》

功道三卦:《咸》《艮》《豫》，为什么是这三卦呢?

拳谚云:"拳起于《易》。"很多人都这么认为。但如何起于《易》? 多数都是说一些阴阳八卦"生克转化"的大道理，这些大道理在哲理上有指导意义，但似乎解释什么都能说得通，却与练功没有实际的关系。其实《易经》中确实含着功夫的哲理和练法，只是被后世不明就里的人曲解了。

《易经》是儒家和道家法理的源头，也是两家功夫功法之起始。儒家的养浩然之气，道家的"坐忘""心斋"，气功的"大小周天"，皆源于《易经》。《易经》中涉及人身体各个部位的卦只有两个卦:《咸》卦和《艮》卦。《咸》卦是地益三卦之首，讲的是尽性知命之理，生命的自我关怀和修炼养生之法。鞠曦先生认为《咸》卦取象于人体以承诺生命的主体性价值。不少人将《咸》卦解释成男女夫妻之道，这仅是对《咸》卦的一种解读，咸卦乃功夫小成之象。

鞠曦先生对《咸》《艮》两卦的注解:

《咸》卦

咸:亨利贞。取女吉。

初六:咸其拇（mǔ）。

六二：咸其腓（féi），凶，居吉。

九三：咸其股，执其随，往吝。

九四：贞吉，悔亡。憧憧往来，朋从尔思。

九五：咸其脢（méi），无悔。

上六：咸其辅颊舌。

《彖》："咸，感也。"柔上而刚下，二气感应以相与。止而说，男下女，是以"亨利贞，取女吉"也。天地感，而万物化生。圣人感人心，而天下和平。观其所感，而天地万物之情可见矣。

《系》："咸其拇"，志在外也。虽"凶，居吉"，顺不害也。

"咸其股"，亦不处也。志在随人，所执下也。"贞吉悔亡"，未感害也。"憧憧往来"，未光大也。"咸其脢"，志末也。"咸其辅颊舌"，滕口说也。

《象》曰：山上有泽，咸。君子以虚受人。

易道恒益动以卦，故《咸》卦曰："咸，亨利贞。取女吉。"易道恒益齐以象，故《彖》曰："咸，感也。柔上而刚下，二气感应以相与。止而说，男下女，是以'亨利贞，取女吉'也。天地感，而万物化生。圣人感人心，而天下和平。观其所感，而天地万物之情可见矣。"《正疏》曰：咸而齐于象者，感也。咸卦兑柔居上，艮刚居下，泽气下而相与于山，故山上万物感泽而生生。艮虽止而物生生不止，故因感泽而悦。《说卦》定艮为少男，兑为少女，故男止而女乐。故知上述之理，方可亨利贞且知何以取女吉之道理。天地之感，使万物化生。圣人感人心而为之，天下从而和平。咸之所感之理，天地万物之情由咸可见可知也。是故，益而巽感而业之，知天地万物之情，感而成《咸》也。

易道恒益明以系，六爻成效益以业，是故知《咸》所《系》六业之《辞》也。

"初六：咸其拇。"六爻成效业以动，故《系》曰："'咸其拇'，志在外也。"《正疏》曰：初六爻效动其拇，其爻柔而道刚，刚胜柔道胜爻志在外而动故其辞惧。拇者，小腿也。初六爻柔，道为震刚，道胜爻当止，然因感于外惑而感志之，故感小腿想外出而随其志。当感其时，少年初成，生理性感，故因感而发，志其外而随其人。

"六二：咸其腓，凶，居吉。"六爻成效业以齐，故《系》曰："'虽凶，居

24

吉'，顺不害也。"《正疏》曰：六二爻效齐以居，其爻柔而道亦柔，柔相接而理弗顺居中而动，故其辞惧。益而业之居中弗动故无咎攸利。腓，大腿也。感其腿想动则凶，止而居之，则吉也。六二爻柔，道为巽柔，位而柔中，故顺巽齐之理，爻随道而上，无害于命矣。六二随初六而动故凶，止居不动顺本爻而上道知离兑坎艮，亦即爻道由下而上，止艮而悦，故顺而无害也。

"九三：咸其股，执其随，往吝。"六爻成效业以明，故《系》曰："'咸其股'，亦不处也。志在随人，所执下也。"《正疏》曰：九三爻效明以往，其爻刚而道柔，刚胜柔爻胜道而执往之见，故其辞惧。股者，臀也。臀动必执九三爻刚，道为离柔，爻刚而道柔，故当止而明道。然道虽柔且位以明丽惑之，故志在外而随人，故执下欲动。然动必执六二之腓，故感六二之顺而止矣。

"九四：贞吉，悔亡。憧憧往来，朋从尔思。"六爻成效业以说，故《系》曰："'贞吉悔亡'，未感害也。'憧憧往来'，未光大也。"《正疏》曰："九四爻效说以光，其爻刚而道柔，刚胜柔爻胜道朋从而说故其辞惧。正而吉，无悔无亡，人所欲也。然不知性命之道，必为欲望所害。故感害当止。不知性命之道必随朋处世，形色憧憧，不知所以。故唯光大性命之道，可成贞吉悔亡之行，可解憧憧往来，朋从尔思之惑。"故二三子问曰：《易》曰：'憧憧往来，朋从尔思'，何谓也？子曰：'天下何思何虑？天下同归而殊途，一致而百虑。天下何思何虑。日往则月来，月往则日来，日月相推而明生焉。寒往则暑来，暑往则寒来，寒暑相推而岁成焉。往者屈也。来者信也，屈信相感而利生焉。尺蠖之屈，以求信也。龙蛇之蛰，以存身也。精义入神，以致用也。利用安身，以崇德也。过此以往，未之或知也。穷神知化，德之盛也'。"（《易正疏·二三子问》）子所曰者，光而盛大之性命生生之道也。

"九五：咸其脢，无悔。"六爻成效业以劳，故《系》曰："'咸其脢'，志末也。"《正疏》曰："九五爻效劳以脢，其爻刚而道亦刚，刚相接而居中相与而感，故其辞誉。九五爻刚，道为坎刚而劳，刚和而中，故九五之感，性命生生而无悔亡者也。脢者，后背之脊也。背为督脉所属，统一身之阳。'咸其脢'而督脉通，故以'精义入神，以致用也'之道，达'利用安身'之德。虽居德而'志末'，故顺九五之感而上，以达上六之感。"

25

"上六：咸其辅颊舌。"六爻成效业终始，故《系》曰："'咸其辅颊舌'，滕口说也。"《正疏》曰："上六爻效终始感，其爻柔而道刚，刚胜柔道胜爻居上而感，故其辞誉。上六爻柔，道为艮刚而终始，柔不胜刚当外止而内行，故以感为用。"《说文》："滕，水超踊也"。段玉裁注曰："超、踊皆跳也，跳跃也。《小雅》：百川沸腾，《毛》曰：'沸出，腾，交也，腾者，滕之假借。'"《说文》："'辅'，春秋传曰：辅车相依，人颊车也。"辅颊舌为任脉所属，任脉统一身之阴。故上六之感，由背而上，"咸其辅颊舌"，故所感已过督脉，感在身体之任脉。是以九五与上六之感已使督脉与任脉相通，故精化为气而有"咸其辅颊舌，滕口说也"之口水泉涌，辅颊相须用事吞咽而下之愉悦之感。"滕口说也"与丹道之"琼浆玉液"承诺与推定统一，其对身体健康非常重要，具延年益寿、返老还童之功。显然，九五与上六之感与丹道周天理同。由此可见，九五与上六对《咸》卦"止而说"的止于"执下"之刚、悦于"滕口说"之柔的道理，可谓简明扼要。故由道艮而成终，由艮而成始，性命之生生不息也。

《艮》卦

艮：艮其背，不获其身，行其庭，不见其人，无咎。

初六：艮其趾，无咎，利永贞。

六二：艮其腓，不拯其随，其心不快。

九三：艮其限，列其夤，厉薰心。

六四：艮其身，无咎。

六五：艮其辅，言有序，悔亡。

上九：敦艮，吉。

《彖》（传世本《彖传》，鞠本《易》第二章《彖》传）："艮，止也。"时止则止，时行则行，动静不失其时，其道光明。艮其止，止其所也。上下敌应，不相与也。是以"不获其身，行其庭，不见其人，无咎"也。《系》（传世本《小象》，鞠本《易》第三章《系辞》）："艮其趾"，未失正也。"不拯其随"，未退听也。"艮其限"，危"熏心"也。"艮其身"，止诸躬也。"艮其辅"，以中正也。"敦艮"之"吉"，以厚终也。《象》（传世本《大象》，鞠本《易》第四章《象》传）："兼山，艮。"君子以思不出其位。

易道恒益动以卦，故《艮》卦曰："艮，艮其背，不获其身，行其庭，不见其人，无咎。"易道恒益齐以象，故《彖》曰："艮，止也。时止则止，时行则行，动静不失其时，其道光明。艮其止，止其所也。上下敌应，不相与也。是以'不获其身，行其庭，不见其人，无咎'也。"《说卦》曰："成言乎艮。""艮，东北之卦也，万物之所成终，而所成始也，故曰：'成言乎艮'。"《正疏》曰："艮之成终成始，乃因'时止则止，时行则行，动静不失其时，其道光明'。"艮之所止。止其当止之所。人之所以成止，乃"上下敌应，不相与也"。以下腹为中，上下敌应，不相与者，大肠之腑瘀积所止者也。故以"不获其身，行其庭，不见其人，无咎"以神形中和，行其六四、九五之经庭，精气入神而内化以利用安身，化成终之于，行成始之道，神内行而不外用，故不见其人而无咎。

《庄子·养生主》："为善无近名，为恶无近刑。缘督以为经，可以保身，可以全生，可以养亲，可以尽年。"为善与为恶都为世累而不为之，唯"缘督以为经，可以保身，可以全生，可以养亲，可以尽年"。"缘督"者，人体后背顺脊柱而行之督脉也。督脉为一身阳脉之主，缘督而守，可保阳气循经入脑，精力充沛，久之则扶阳去阴，祛病延年。而"艮其背，不获其身，行其庭，不见其人，无咎"则与"缘督以为经"中和统一，督脉于身内艮之，不在身外故不获不见，形而上也，艮行其庭，缘督也，"可以保身，可以全生"，故何咎之有！故《彖》曰："艮，止也。时止则止，时行则行，动静不失其时，其道光明。""缘督以为经"也。"艮其止，止其所也。上下敌应，不相与也。"上下者，上艮下艮，上身下身，上阳下阴，敌应不与，损道而亡。以"艮其背，不获其身，行其庭，不见其人，无咎"而行，益道而生，故"可以保身，可以全生"。是故，益而巽止而业之，神形中和，知终始之道，止而成《艮》也。

"初六：艮其趾，无咎，利永贞。"六爻成效业以动，故《系》曰："艮其趾，未失正也。"《正疏》曰："初六爻效动止趾，其爻柔而道刚，刚胜柔而道胜爻，益而业之动而止故其辞誉。"趾，脚之趾也。止趾不动，不失为正确之举，故"无咎，利永贞"。

"六二：艮其腓，不拯其随，其心不快。"六爻成效业以齐，故《系》曰："'不拯其随'，未退听也。"《正疏》曰："六二爻效巽其止，其爻柔道亦柔，柔相接居中而齐，益而业之巽止其腓，故其辞誉，故虽心不快然无咎。"腓者，小腿之肚。止其小腿，未做随心所愿之事，不愉快，是因为耳朵还在听闻外界所诱。虽心不快而身不动故无咎。是故，心不快非文化之巽齐所以然也，观乎人文而文明以止，文化之化成，拯其随而心大快也。

"九三：艮其限，列其夤，厉熏心。"六爻成效业以明，故《系》曰："'艮其限'，危'熏心'也。"《正疏》曰："九三爻效明其限，其爻刚而道柔，刚胜柔而爻胜道故其辞惧，益而明之可无咎。""夤，敬惕也。从夕，寅声。"（《说文》）"夤"通"肿"，即夹脊之背。"限，阻也。"（《说文》）故限者，不行之阻，人身止于限阻者，其大腿及臀也，止限而座，挺列后背，危与利则在于"利欲熏心"与否，止于限故无危。"'艮其限'，危'熏心'也"者，艮止所限，艮止与否，其在"熏心"之欲，不止故危。

"六四：艮其身，无咎。"六爻成效业以说，故《系》曰："'艮其身'，止诸躬也。"《正疏》曰："六四爻效悦其身，其爻柔道亦柔，柔相接而止其身故其辞誉。""诸躬"者，诸种身躬劳作，躬行者也。是故"艮其身"，止诸躬而形不动，缘督为经，故无咎。

"六五：艮其辅，言有序，悔亡。"六爻成效业以劳，故《系》曰："'艮其辅'，以中正也。"《正疏》曰："六五爻效劳其言，其爻柔而道刚，刚胜柔而道胜爻居中而劳，柔劳以止，故其辞誉。""辅，人颊车也。"（《说文》）颊车即面颊也。"艮其辅"，言有序故无悔。止而不言，中正之举也。

"上九：敦艮，吉。"六爻成效业终始，故《系》曰："'敦艮'之'吉'，以厚终也。"《正疏》曰："上九爻效终其止，其爻刚而道亦刚，刚相接居上而止，终以止故其辞誉。敦者，诚恳厚重。""敦艮"之"吉"，敦者诚也，诚以艮理而艮之，敦厚而终，保身全生矣！

"《象》曰：'兼山艮。君子以思不出其位。'艮象山连山，虽相连却止其所，而山中万物因其止而生。君子以其艮象所像，思不出其位，以时而行止。是故，益而说之兼山之止，《艮》之所业也。"

《咸》卦，从脚下开始，感拇（脚大趾）—腓（小腿肚子）—股（大腿）—脢（后背）—颊舌。这是典型的内劲运行的线路。咸是感，内观之感。咸讲的是感觉，是内动。

《艮》卦，也是从脚下开始，大脚趾—腓—肿（背脊）—面颊。所不同的是，艮讲止，强调时止则止，时行则行，动静不失其时。艮将动静囊括为一体。

由《咸》到《艮》，打通任督二脉后，功夫呈现出什么面貌呢？功夫各家有各家的特色、特长、绝技。表现的形式各不相同，但内在逻辑和共性应该是一样的，具有普适性。近代大侠霍元甲就提倡抛开门户之见，融百家之长。实际上是在寻找功夫内在的共性特点。我们根据《易经》和功夫内在逻辑的共性推导出功夫练成之象——《豫》卦。

《豫》卦

《豫》卦，坤下震上。卦辞曰："豫：利建侯行师。"说《豫》卦乃论述预备、预防、预谋之卦，它利于一个国家政权的建设，亦利于行师去征伐别的国家。这是一般性的理解。

《豫》卦是功夫练习成功后，时刻警觉、预备所要保持的一种状态。豫乃预备，准备，保持一种警觉态势，然后才能去征伐和打击。

上震下坤，中存坎艮，上方动验，中方满险，下又止之，则其险无所用矣，雷在地上，震惊万物，屈者伸，藏者露，顺以动之，动以顺豫，君子则为逸豫之象，有贵合五行之吉。也就是在说，《豫》卦是由坤下震上组成。坤是纯阴，三爻皆阴，震的初爻为阳，上两爻为阴。震之三爻表明，震的动力源于下面。坤震组成的《豫》卦，五爻皆阴，只有一爻为阳，被包含在阴中。这正是功夫练成后在预备进行打击时的状态。中国功夫向来都是阴柔儒雅示于外，阳刚劲气蓄于内。所有的功夫，包括西方的拳击，也都是外在肌肉自然放松，内里擎着一份劲力，一份警觉。在保持自身平衡稳定防护好重要部位的前提下，得势时才瞬间将全身的劲力打击释放到对方身上。

《象》曰：雷出地奋，豫。

郑玄曰："坤，顺也。震，动也。顺其性而动者，莫不得，得其所，故谓之豫。"

崔觐曰："震在坤坤，故言'雷出地'。雷，阳气，亦谓龙也。夏至后，阳气极而一阴生。阴阳相击，而成雷声。雷声之疾，有龙奋迅豫跃之象，故曰'奋豫'。"

这是说功夫的特点，顺其性而动，顺随对方的来势然后打击。这是典型的舍己从人，要顺遂必松柔，打击时有如雷声之疾，有龙奋迅跃之象。古人认为雷出于地，功夫之劲力也是发于踏在大地上的脚。豫者，预备好了，内擎一阳，可以如雷奋出。

《豫》的爻辞：

豫①：利建侯行师。

初六，鸣豫②，凶。

六二，介于石，不终日③，贞吉。

六三，盱豫④悔；迟有悔⑤。

九四，由豫⑥，大有得；勿疑，朋盍簪⑦。

六五，贞疾，恒不死⑧。

上六，冥豫⑨成，有渝⑩无咎。

①豫：下坤上震中含坎，坤坎都为利，坎为律为建，震为武为行。建侯，喻功夫已练成，行师，预备好了就可以出击。是功夫预备式之象。

②鸣豫：豫是不动声色的准备。大张旗鼓地宣扬预备、预防、预谋等，含有泄密义。第一爻是说，预备式不管外形还是内擎的阳劲，皆不能表达和外泄出来。张扬的姿势，并非好的预备。所以说，鸣豫为凶。

③介于石，不终日："介于石"，有《困》卦的"困于石，据于蒺藜"之义，指处境困难，消息闭塞。"不终日"，指不到一日便明白掌握了情况。全句是说如能在消息极为闭塞的情况下，也能在不到一天的时间内掌握敌情。第二爻表明，格斗对峙时，双方都试图隐藏重要信息，但高手可以通过对环境、姿势、神态的分析，通过接手时感知对方内劲走向和大小等，迅速掌握住对方重要的信息。

④盱豫："盱"，忧愁。"盱豫"，指害怕和不愿意做预备工作。这是说不做预备，则无法应敌。

⑤迟有悔：为"迟豫有悔"。即迟迟不作预备，后悔无穷。第三爻指出，因恐惧不愿做预备，或做迟了，就会失败而后悔。

⑥由豫："由"，从也。"由豫"，阳豫阴从。

⑦朋盍簪："朋"，群。"盍"，合。"簪"，首笄，即今束发的簪子。此处"朋""盍""簪"皆有聚汇云集之义。第四爻乃全卦主爻，阳爻在其位，由于心身预备，内擎一阳于膻中穴区域，犹如束发的簪子，将所有的头发有序地挽结在一起。《豫》是五阴一阳，一阳如簪聚合全身之力，五阴从而助力，形成整体系统之劲力，做好预备，随时都能发出致命一击。

⑧贞疾，恒不死："疾"，灾祸，危难。"恒不死"，永不会灭亡。第五爻是说，一个国家或一个人能常备不懈，就会避免出现一些灾祸和危难，永远不会灭亡。

⑨冥豫："冥"，暗。"冥豫"，暗暗预备。

⑩有渝："渝"，改变。"有渝"有所改变，即通权变。第六爻是说，暗暗的预

备好，并能有权变，作为没有不好的。

《象》曰："豫，刚应而志行，侯果曰四为卦主，五阴应之，刚志大行，故曰'刚应而志行'。""九四：由豫。大有得。勿疑朋盍簪。"由其可知，豫是刚应而志行。刚应指的九四阳爻，志行是志向和愿望能够实现。九四爻是《豫》卦的主爻，主全卦之象用。九四一爻，为全卦之主，其独为阳。在《谦》卦一阳居内，即九三爻，而《豫》卦反居外。为外阳内阴，阴居阳位，而阳乘阴爻，恰与《谦》卦相反，《谦》之大用在于此。《谦》卦阳爻居九三，乃气沉丹田，蓄养金丹之象，此蓄是为了《豫》之用。豫以雷出地上，阳升于阴为用。其德为向外发泄，其志为乘时致功。其动为顺，其变为发散。因此，九四一阳，主升散而推于一切。也就是说《谦》卦的收摄蓄养的元阳真气，到了《豫》卦就上升到胸背部，预备随时都能使用。

阳居九四，五阴从之，虽居外卦之中却为全卦之主。主者天下之所望。故曰由豫。由从也，众所从。一爻主之，众爻顺之；一爻导之，众爻附之。则由豫者。大众所同豫。故曰大有得。九四以雷交于地而众阴相从，正与《大有》反对称。《大有》卦以五阳同一阴，《豫》以五阴同一阳。《大有》卦是功夫使用后的收获。功夫未发之时是《豫》，外以五阴为松柔，内擎一阳为紧刚。功夫预备之时是《豫》，功夫已发动击中是《大有》。外以五阳释放而出，内留一阴以平衡，防止一击不中而失去平衡，皆是阴阳相济之态。

六十四卦中，一阳配五阴的卦，共有六卦：地雷复，地水师，地山谦，雷地豫，水地比，山地剥。六卦中阳爻的位置，分别是初九、九二、九三、九四、九五、上九。《复》卦之初九阳爻，乃是一元复始，元阳初生。阳气刚劲从下面启动，震出来。中国功夫，注重下盘，即根。劲发于双脚，通过腰裆转化主导协调形成一股打击力，或肩胯，或手腿，或肘头作用给对方。到了《谦》卦阳爻居九三，所谓《谦》得其道，以保持之。《豫》得其德，以宣发之。《谦》是气沉丹田常持则盈，《豫》乃阳升擎膻中（气海）适宜向外宣发，德是道的表现和作用。九四阳爻能率行豫道，豫道在乾，即一阳所自得。乾以朝乾夕惕，行健不息为道。豫之由豫，亦自强不息，自贞不二之义。豫本于坤，坤以静为道。九四之一阳，发于乾成于坤，因此，虽一阳却能领五阴，一阳中也包含乾坤，阴阳相济成一。

乾惕在心而不至于骄恣；贞静处事，而不败于怠荒。则由豫无咎为吉。《豫》是功夫练成之态，坤柔在外，乾阳于内，不卑不亢，不慌不忙，自信不疑，所谓艺高人胆大，单刀敢赴会，指的就《豫》态，预备警觉，功夫随身，任何情况都不怕。

豫者豫天下、豫万世，非豫一时一事。于外必有其朋类，所谓朋类，即是有利我的环境、能量、姿态、站位等。合是聚合，就是聚合这些有利于我的朋类。簪以聚发，豫以聚众。于内以盍簪，如以簪聚发而不乱之喻，实指以一阳之主导，约束体内散乱的阳气劲力，并以五阴辅之，使之成为一股劲，此阳居于胸怀处。此劲于太极拳为缠丝劲，于螳螂拳为轱辘劲，于咏春拳为寸劲。同时，功夫者，天人合一，内束散气为劲，外梳散朋为和。朋、盍、簪三字颇有喻义，九四阳爻居中爻而属外卦。下有三阴爻上有二阴爻。阴主降，阳主升，其类不一。在下为从，在上为友。既非一类，则合之也不得不辨，这就是朋。九四以阳总阴使其相近者聚之，正如人之总发，必前后左右，顺其势而梳理之，总聚于一簪。而功夫之豫，于外聚合环境能量，于内梳理畅通体内气血，建立任督等经脉的"高速公路"，将体内的散乱劲气合成一股劲气，养蓄于丹田，预备于胸口，即所谓气养浩然。

《豫》之九四阳爻处阴位，以柔行道，以缓成用。此理正是功夫的要求，比如太极拳就是以柔积刚，以缓练劲。缓可而不可不决；柔可而不可有疑。虽说刚以柔成，急以缓济。但必须使缓而不害事机，柔而不悖道用，方终始如一，练用皆亨。若一味柔缓则怠。柔缓皆外练内修之过程，用时则不必为据。《豫》之用为《大有》，五阳一阴，得势得时，皆一招制敌，刚猛无比，绝不拖泥带水，犹豫不决。不管是少林拳，还是太极拳皆是如此。

处豫而不自豫，行豫而不恃豫。九四以一阳爻而主全卦，类似于一人主天下，一心主全身，一劲主百力。

《豫》震居坤上，一阳居九四，为阳气奋升之象。《豫》与《谦》为来往卦。《谦》以艮在坤下，一阳居九三。反上为下，有谦退蓄养之象。《豫》以震出坤上，一阳登于本位，有预备逸出之象。能预备逸出者必有余盈宽裕。《谦》，气沉丹田沉而蓄养盈余；《豫》，阳升膻中亢而能逸出。豫以有余，而得地有为，故宜于进，其动至顺。豫体坤之顺，应乾之刚，一阳在外，五阴随之。故志行而用利。此时随心所欲，动即《大有》。六十四卦中除《乾》卦外（六爻皆阳，乃纯阳之体象），三阳在上三阴于下为《否》，乃天道之价值承诺。三阴在上三阳于下为《泰》，乃地道之价值承诺。其余各卦阴阳爻皆或多或少，或有序，或凌乱，皆非阳劲聚集体内通顺有序之象。一阳五阴者仅六卦：地雷复，地水师，地山谦，雷地豫，水地比，山地剥。其中《复》为一阳初动于底，《师》乃阳爻居九二，刚中而应，九二阳刚居中，为师众之统帅。《谦》是一阳居九三，乃元阳沉养蓄于丹田，一阳谦蓄，六爻皆吉。《豫》为一阳居九四，乃功夫练成预备式和功夫体之象。《比》为一阳居九五，九五刚健而中正，无咎。此时阳气在喉轮，但不能过，古人云："力不过肩，气不过喉。"力、气过肩喉往上则衰，且会伤及首脑。《剥》是一阳居上九，亦即人之头顶，五阴在下，一阳在上，阴盛而阳孤，高山附于地，乃剥落之象。于人而言，乃是阳气冲上焦，贯于顶，为剥落摔倒的模样。由此六卦可知，一阳五阴是"质"动态反对称平衡，而非"数"静态对称平衡。一是阳主导，二是阳的位置。阳数虽一，却能主导平衡五阴，是因为阳居内，则内刚，阴居外，则外柔。外示阴柔，内擎阳刚，正是功夫之态。阳位居底，是动根于脚；阳蓄丹田，万事皆吉；阳豫于胸，功夫成功。所以，《豫》卦是功夫练成预备式功夫体之象。功道三卦为：《咸》—《艮》—《豫》。功道的价值承诺为《乾》（纯阳之体）。一阴一阳之谓道，功夫乃道之用，所以，阴阳相济谓之功，功道的极终追求为：天人（纯阳之体）合一。

4. 功道"三体"：体认客在、本体主在、体证自在

说清了功夫"诗意自在"逻辑架构图上面的逻辑关系，接着再来分析功夫"诗意自在"逻辑架构图的下面部分。

天道、地道、功道这一层往下是功夫的"三体"，即本体、体认和体证。体在功夫中最为重要，身体是功夫的载体。

"体认"《现代汉语词典》解释：体察认识，如体认生命的意义。体认是通过亲身体验来认知，反躬体认。明儒湛若水先生有诗《示学六言赠六安潘汝中黄门》："随处体认天理，六字千圣同行。万里一心感应，虚灵中正观生。"体认是感知客在的方式，世间理法众多，从物理、生理、生物、化学等自然之理，到哲学、

易经、心理等人文传统，再到刚柔、松紧、快硬、能量等功夫之理，都是客观存在的，但如不能体认，则这些道理与自己无关。体认是亲身经历体验学习感悟的过程，这个过程他人无法替代，也非生而知之。一定的道理就会相应产生出诸多的方法，因此，理法难分。体认感知认同的不仅是道理也是方法论。体认认的是客观存在之物和客观存在之理。体认客在，与传统儒家君子修为的直觉体验，整体把握"工夫"方法论没有什么区别。宋明儒家所倡导的"分殊体认"和"默坐体认"都是体认的方法。当然还有更具汉文化特点的"悟"，也是直觉体认（直观的智慧）的方法。可以这么讲，没有"悟"汉文化可能无法叙述，功夫亦如是。如果有不同，则是功夫的体认多一些对人体功能、任督脉络、手眼身法步等的探寻。或者说，体认更适合于功夫，体认是功夫得以上身的起点。武与文的分野，不在体认客在和本体主在，而在于体证自在上。文更多的关注思想，武更多的关注心身。文靠理立，武凭体胜。当然，念兹在兹，传统功夫者，更多的体认于功夫之理法，较少关注人文传统，对于自然科学之理则就体认得更少了。这就导致有时候功夫练成了，也搞不清劲从何处来？因此，古人也就有至武为文的追求。功夫者，如没有体认的过程，所持功夫也不会高到哪里去。体认客在，对于功夫而言就是"大成体智"，所谓大成，是吸收有利于功夫的所有道理，体智则是功夫的表现。用身体来表现出大成的智慧，而不是用文字、思维或理论。体认得出的结论是：顺应宇宙和人文规律下储能贮量的加速进化过程（练身）。功夫修炼是个加速身体进化的过程，过程的依据就是体认来自宇宙、人文和武术的规律，按照这些规律来磨炼身体。该过程的结果：储能贮量，让身体加速进化得更强健，更智慧，能长生久视。人文逻辑、科学逻辑和技术逻辑全部含在体认客在的修炼过程之中。

本体，在天为道，在人为性。天人合一，性道相通。本体主在，这里的主在不是和体认的客在相对，而是主客一体，主客统一成主在。本体主在，讲究的是心性境界。境界对应就是时空维度，本体主在的维度越高，功夫也就会相应的越高。高到什么程度呢？天人合一，即天（道）维有多高，功夫就能与之合一。本体的心性境界就是君子和圣人的修为：觉悟—仁恕—逍遥。更要有智慧证入：慧心、智劲、神明。体认客在是寻找适合自己的方法和不断修炼的过程，将修炼所得的觉悟和智慧证入本体心性之中才是功夫。功夫既是形而上的内在超越，也是形而下的实际作用和效果。仅是形而上的天人合一，就脱不开文字游戏或妄想意淫；仅是实际作用效果，也脱不开屠狗之技。就如庖丁解牛，主客一体，天人一体，道术一体，形而上形而下一体。本体主在的结论是：统观（客观＋主观）能动性下既顺随又逆向收摄负熵的超序式自我超越（修心）。统观是主客观统一。能动性是人的自为自觉。既顺又逆，顺逆天损地益，形成闭环为圆，才能融合顺逆。顺逆皆是收摄能量的手段。顺是自然，逆是人为。无自然顺随，就借不到自然之能量；无人为本体主在之内向逆摄体用，生命就如兽鸟一般，没有了"向量"的智慧。能量和"向量"的智慧的高度融合，就是功夫。体认向外则是客观的知识、逻辑和学问，但主客分离。体认向内是逆向认知生命的真谛，以生命本体来收摄外部世界的信息和能量，主客一体的直击生生本元。将向内体认的修炼所得证入本体，就是功夫的形成过程。道家有云："顺则凡，逆则仙，只有其中颠又颠。"功夫者，养元气，通任督，既闭合环路为周天浑圆，又开放整体收摄天地日月之精华。趋益避损，既要顺应自然时空四时秩序，又要逆向修炼人为之超序，收摄负熵，实现心身的自我超越，我命在我亦在天。在天则天人合一，在我则修炼纯阳。而非"我命在我不在天"，这句话是自我理性的自大和膨胀。天人合一，并非是"人定胜天"或"齐天大圣"，而是将个体的生命融入天道之中，与之同频共振。失去对天道的敬畏和融合，过分地放大人为因素，对生命是有害的，更别说长生久视了。

体证自在是由体认客在的修炼证入本体主在，依据本体主在而展开的自在妙用。

体证是检验功夫的基本范式。体证可以分为独自体证和相互体证。师徒之间，教学相长；益友之间，切磋提升；敌我之间，输赢验证。功夫之道，不在于体认得多么全面，不在于思维推理上的多么自洽，不在于言语上的理精法密多么完善，而在于实操，在于一个照面见输赢的真实和残酷。想得对、说得好、写得美都不如做得出。西哲笛卡尔说：我思故我在。有人批判说，这是一个低估了牙疼的命题。按照笛卡尔的逻辑，功夫的命题可以更本质地喊出"我觉我在"或"我在我觉"没有"故"，"故"是逻辑推理的因果结构，有次第。功夫在"共有时空"内，没有次第，有次第就迟了，思和行是一体的，念头就是动作，动作就是念头。高手的动作有时都能跑在念头的前面，手打到了，想打的念头刚起。与认知不同，体证只能具体，无法抽象，但这个具体又不太具体，只是自我觉知，外人难以体会。另外，这个具体又不是孤例，而是恒常遍在的，有着相同或不同经历和方法修炼的人，却又都能有着某种共同或相似的内在体验，否则功夫也传不下来。

体证自在是进化妙用，体证不仅是自身证得，更是自在妙用，不能自在妙用，证得仅是思维上道理，只有妙用到神，方能体现出体证。这里的进化是指修炼的结果，是心身的整体提升。功夫的体证有三：1. 乾阳象境。2.《豫》卦神形。3. 神明之用。乾阳象境，即《乾》卦之象，纯阳之境，功夫的价值承诺是修成纯阳之体。《豫》卦神形：功夫练成之后，行走坐卧、待人应敌、容颜眼神等皆是《豫》卦之象，外显通体柔顺，内含一股刚逆，文雅温润中蓄含着雷霆万钧。老一代功夫人大多不识字却明事理，体为屠狗身形，话是家常言语，言之意却文质彬彬，合情合理，这都是体内功夫进化了心智所致。神明之用即妙用到神，功夫不能妙用，功夫不能神明，如何能称之为功夫。神明的外在表现就是妙用，用得随心所欲，自由自在，却又自合规矩，随时随地随身皆中和。

体证自在的结论：直觉性自觉的诗意自在于天地间所实践的"生生自在"（养灵）。体证自在就会生灵养灵，体现的是生生之灵，是生命在任何环境和状况下都能如如。一动一静，或左或右，霹雳手段，菩萨心肠。所合的不仅是身心的小六合：心与意合、意与气合、气与力合、手与足合、肘与膝合、肩与胯合，更是天人之际的大五合：合道义、合心性、合人情、合事理、合时机。

功夫"诗意自在"逻辑架构图概述了功夫的哲理性、人文性、科学性、技术性的逻辑关系，提出了阴阳相济谓之功，以及功道三卦：《咸》—《艮》—《豫》，功道的价值承诺《乾》，功道的作用效果《大有》，基本上厘清了功夫之道的来龙去脉，功夫之道的本质逻辑，功夫之道与生命、自身、他者、社会、天地等关系。用体认客在、本体主在、体证自在来说明功夫修炼的层次和境界，以汉家传统为主，引入现代科学逻辑，让功夫之道彰显出传统文化基础上面向未来之发展性。

叁 名著中的功夫

———————◆◆◆◆◆———————

武侠小说中的功夫描写，多数都是虚构和夸张。而史书、名著中关于功夫的描写，则更多的是反映当时的生活状态，虽然免不了有文学渲染的成分，但因其不是专门写功夫的，反而真实性更强一些。

1.《史记·游侠列传》

韩子曰："儒以文乱法，而侠以武犯禁。"二者皆讥，而学士多称于世云。至如以术取宰相卿大夫，辅翼其世主，功名俱着于春秋，固无可言者。及若季次、原宪，间巷人也，读书怀独行君子之德，义不苟合当世，当世亦笑之。故季次、原宪终身空室蓬户，褐衣疏食不厌。死而已四百余年，而弟子志之不倦。今游侠，其行虽不轨于正义，然其言必信，其行必果，已诺必诚，不爱其躯，赴士之厄困，既已存亡死生矣，而不矜其能，羞伐其德，盖亦有足多者焉。

且缓急，人之所时有也。太史公曰：昔者虞舜窘于井廪，伊尹负于鼎俎，傅说匿于傅险，吕尚困于棘津，夷吾桎梏，百里饭牛，仲尼畏匡，菜色陈、蔡。此皆学士所谓有道仁人也，犹然遭此菑，况以中材而涉乱世之末流乎？其遇害何可胜道哉！

鄙人有言曰："何知仁义，已飨其利者为有德。"故伯夷丑周，饿死首阳山，而文武不以其故贬王；跖、跻暴戾，其徒诵义无穷。由此观之，"窃钩者诛，窃国者侯，侯之门仁义存"，非虚言也。

今拘学或抱咫尺之义，久孤于世，岂若卑论侪俗，与世沈浮而取荣名哉！而布衣之徒，设取予然诺，千里诵义，为死不顾世，此亦有所长，非苟而已也。故士穷窘而得委命，此岂非人之所谓贤豪间者邪？诚使乡曲之侠，予季次、原宪比权量力，效功于当世，不同日而论矣。要以功见言信，侠客之义又曷可少哉！

古布衣之侠，靡得而闻已。近世延陵、孟尝、春申、平原、信陵之徒，皆因王者亲属，藉于有土卿相之富厚，招天下贤者，显名诸侯，不可谓不贤者矣。比如顺风而呼，声非加疾，其埶激也。至如闾巷之侠，修行砥名，声施于天下，莫不称贤，是为难耳。然儒、墨皆排摈不载。自秦以前，匹夫之侠，湮灭不见，余甚恨之。以余所闻，汉兴有朱家、田仲、王公、剧孟、郭解之徒，虽时扞当世之文罔，然其私义廉絜退让，有足称者。名不虚立，士不虚附。至如朋党宗强比周，设财役贫，豪暴侵凌孤弱，恣欲自快，游侠亦丑之。余悲世俗不察其意，而猥以朱家、郭解等令与暴豪之徒同类而共笑之也。

　　鲁朱家者，与高祖同时。鲁人皆以儒教，而朱家用侠闻。所藏活豪士以百数，其馀庸人不可胜言。然终不伐其能，歆其德，诸所尝施，唯恐见之。振人不赡，先从贫贱始。家无馀财，衣不完采，食不重味，乘不过轺牛。专趋人之急，甚己之私。既阴脱季布将军之戹，及布尊贵，终身不见也。自关以东，莫不延颈原交焉。

　　楚田仲以侠闻，喜剑，父事朱家，自以为行弗及。田仲已死，而雒阳有剧孟。周人以商贾为资，而剧孟以任侠显诸侯。吴楚反时，条侯为太尉，乘传车将至河南，得剧孟，喜曰："吴楚举大事而不求孟，吾知其无能为已矣。"天下骚动，宰相得之若得一敌国云。剧孟行大类朱家，而好博，多少年之戏。然剧孟母死，自远方送丧盖千乘。及剧孟死，家无馀十金之财。而符离人王孟亦以侠称江淮之间。

　　是时济南瞷氏、陈周庸亦以豪闻，景帝闻之，使使尽诛此属。其后代诸白、梁韩无辟、阳翟薛兄、陕韩孺纷纷复出焉。

　　郭解，轵人也，字翁伯，善相人者许负外孙也。解父以任侠，孝文时诛死。解为人短小精悍，不饮酒。少时阴贼，慨不快意，身所杀甚众。以躯借交报仇，藏命作奸剽攻，休铸钱掘冢，固不可胜数。适有天幸，窘急常得脱，若遇赦。及解年长，更折节为俭，以德报怨，厚施而薄望。然其自喜为侠益甚。既已振人之命，不矜其功，其阴贼著于心，卒发于睚眦如故云。而少年慕其行，亦辄为报仇，不使知也。解姊子负解之势，与人饮，使之嚼。非其任，强必灌之。人怒，拔刀刺杀解姊子，亡去。解姊怒曰："以翁伯之义，人杀吾子，贼不得。"弃其尸于道，弗葬，欲以辱解。解使人微知贼处。贼窘自归，具以实告解。解曰："公杀之固当，吾儿不直。"遂去其贼,罪其姊子,乃收而葬之。诸公闻之,皆多解之义,益附焉。

解出入,人皆避之。有一人独箕倨视之,解遣人问其名姓。客欲杀之。解曰:"居邑屋至不见敬,是吾德不修也,彼何罪!"乃阴属尉史曰:"是人,吾所急也,至践更时脱之。"每至践更,数过,吏弗求。怪之,问其故,乃解使脱之。箕踞者乃肉袒谢罪。少年闻之,愈益慕解之行。

雒阳人有相仇者,邑中贤豪居间者以十数,终不听。客乃见郭解。解夜见仇家,仇家曲听解。解乃谓仇家曰:"吾闻雒阳诸公在此间,多不听者。今子幸而听解,解奈何乃从他县夺人邑中贤大夫权乎!"乃夜去,不使人知,曰:"且无用,待我去,令雒阳豪居其间,乃听之。"

解执恭敬,不敢乘车入其县廷。之旁郡国,为人请求事,事可出,出之;不可者,各厌其意,然后乃敢尝酒食。诸公以故严重之,争为用。邑中少年及旁近县贤豪,夜半过门常十馀车,请得解客舍养之。

及徙豪富茂陵也,解家贫,不中訾,吏恐,不敢不徙。卫将军为言:"郭解家贫不中徙。"上曰:"布衣权至使将军为言,此其家不贫。"解家遂徙。诸公送者出千馀万。轵人杨季主子为县掾,举徙解。解兄子断杨掾头。由此杨氏与郭氏为仇。

解入关,关中贤豪知与不知,闻其声,争交驩解。解为人短小,不饮酒,出未尝有骑。已又杀杨季主。杨季主家上书,人又杀之阙下。上闻,乃下吏捕解。解亡,置其母家室夏阳,身至临晋。临晋籍少公素不知解,解冒,因求出关。籍少公已出解,解转入太原,所过辄告主人家。吏逐之,迹至籍少公。少公自杀,口绝。久之,乃得解。穷治所犯,为解所杀,皆在赦前。轵有儒生侍使者坐,客誉郭解,生曰:"郭解专以奸犯公法,何谓贤!"解客闻,杀此生,断其舌。吏以此责解,解实不知杀者。杀者亦竟绝,莫知为谁。吏奏解无罪。御史大夫公孙弘议曰:"解布衣为任侠行权,以睚眦杀人,解虽弗知,此罪甚于解杀之。当大逆无道。"遂族郭解翁伯。

自是之后,为侠者极众,敖而无足数者。然关中长安樊仲子,槐里赵王孙,长陵高公子,西河郭公仲,太原卤公孺,临淮儿长卿,东阳田君孺,虽为侠而逡逡有退让君子之风。至若北道姚氏,西道诸杜,南道仇景,东道赵他、羽公子,南阳赵调之徒,此盗跖居民间者耳,曷足道哉!此乃乡者朱家之羞也。

40

太史公曰：吾视郭解，状貌不及中人，言语不足采者。然天下无贤与不肖，知与不知，皆慕其声，言侠者皆引以为名。谚曰："人貌荣名，岂有既乎！"于戏，惜哉！

游侠豪倨，藉藉有声。权行州里，力折公卿。朱家脱季，剧孟定倾。急人之难，免雠于更。伟哉翁伯，人貌荣名。

司马迁的《史记》被称为"史家之绝唱，无韵之《离骚》"。《游侠列传》是《史记》名篇之一，记述了汉代著名侠士朱家、剧孟和郭解的故事。司马迁写出了不同类型的侠客，如"布衣之侠""乡曲之侠""闾巷之侠"等，但书中只对其德行进行了记述和评判，并未对其功夫进行描写。不过，司马迁创造性地将侠客记入正史，用宏观叙事的视角来解读侠士，让功夫进入了庙堂层面，提升了功夫的社会作用。

2.《水浒传》中关于功夫的描写

四大名著中涉及功夫的有两部：《三国演义》和《水浒传》。《三国演义》更多的是描写有组织的军事斗争，涉及个人功夫的部分只是描写个人的勇猛仁义，具体的功夫描写并没有多少。《水浒传》描写108位好汉的故事，按理说应该有很多的功夫描写，但遍观全书，描写功夫的具体名称和用法只有少数几处。

在"武松醉打蒋门神"一节中，写出了"玉环步，鸳鸯脚"。

蒋门神见说，吃了一惊。踢翻了交椅，丢去蝇拂子，便钻将来。武松恰好迎着。正在大阔路上撞见。蒋门神虽然长大，近因酒色所迷，淘虚了身子，先自吃了那一惊，奔将来，那步不曾停住，怎地及得武松虎一般似健的人，又有心来算他。

蒋门神见了武松，心里先欺他醉，只顾赶将入来。说时迟，那时快。武松先把两个拳头去蒋门神脸上虚影一影，忽地转身便走。蒋门神大怒，抢将来。被武松一飞脚踢起，踢中蒋门神小腹上。双手按了，便蹲下去。武松一踅，踅将过来，那只右脚早踢起，直飞在蒋门神额角上，踢着正中。望后便倒。武松追入一步，踏住胸脯，提起这醋钵儿大小拳头，望蒋门神脸上便打。原来说过的打蒋门神扑手：先把拳头虚影一影，便转身，却先飞起左脚，踢中了，便转过身来，再飞起右脚。这一扑，有名唤做"玉环步，鸳鸯脚"。这是武松平生的真才实学，非同小可。打的蒋门神在地下叫饶。

《水浒传》写的都是善打的好汉，但真正描述功夫和技术的却不多。武松的"玉环步，鸳鸯脚"是书中少有的一两处写出了功夫的具体名称。

"玉环步"在螳螂拳中也有，见下图。

……沿地面由后向右前方勾划，同时左掌指借拧腰坐胯的劲力向左前方插出，掌心斜向上，高于肩平。右手回拉至右腮下成螳螂刁手。目视左掌（图2-30）。

要点：进步投手回拉，坐胯勾脚插掌，一气贯通。右脚勾划走半圆形，以脚后跟内侧着地，脚拇趾里扣。

（七）白虎洗脸：

1.接上顿，右脚向右前方滑步，同时右手变掌由腮下向前推掌，掌心向外，高于肩平；左掌回收附于胸口，掌心向右，目视左掌（图2-31）。

2.动作不停，左脚后跟半步成右麒麟步。同时左掌沿胸线经面部向正前方推掌；右掌回收左腋下，掌心向内。目视左掌（图2-32）。

要点：斜步闪展身法灵。左右推掌劲力顾达，力发掌根。

（八）封点撩阴脚：

接上顿，右脚稍回收，成半蹲，重心落于左脚；左掌朝下经胸前拍击右肘回收至左腮前变勾手。同时，右掌拇指扣压在食指中节握拳成鸦咀前点；身体重心落于左腿，右腿提起前弹踢，高与胯平，目视右手（图2-33）。

要点：左封手，右点击与起右腿同时进行，拧腰后蹲，重心落于左脚。

（九）双闭手玉环步：

1.接上动不停，右脚经左膝前向左脚后横落步，双手变掌，掌心朝下，掌指向左，随身体左转下捋划弧经

图 2-30

图 2-31

腹上提于左胸前，左掌在上，右掌在下，掌心向内斜向下。目视双掌（图2-34）。

2.左脚后退成右虚步；同时身体右转，双掌借转体向前推出，掌心向前，虎口向上，目视前方（图2-35）。

要点：封掌，撤步协调一致；封挒走弧形，脚走回环。

图 2-32

图 2-33

图 2-34

图 2-35

——摘自樊廷强《中国功夫与拳术》

43

螳螂拳创于明朝，而《水浒传》是宋朝的故事，这就说明螳螂拳在创立过程中吸收了传统拳法中精华部分，樊廷强先生传承下来的这套螳螂展翅拳，有传统武术的历史根基。

"燕青打擂"描写出一个相扑技法："鹁鸽旋"。

当时燕青做一块儿蹲在右边，任原先在左边立个门户，燕青只不动弹。任原见燕青不动弹，看看逼过右边来，燕青只觑他下三面。任原暗忖道："这人必来弄我下三面。你看我不消动手，只一脚踢这厮下献台去。"任原看着逼将入来，虚将左脚卖个破绽，燕青叫一声"不要来。"任原却待奔他，被燕青去任原左肋下穿将过去。任原性起，急转身又来拿燕青，被燕青虚跃一跃，又在右肋下钻过去。大汉转身终是不便，三换换得脚步乱了。燕青却抢将入去。用右手扭住任原，探左手插入任原交裆，用肩胛顶住他胸脯，把任原直托将起来，头重脚轻，借力便旋四五旋，旋到献台边，叫一声"下去！"把任原头在下脚在上，直躜下献台来。这一扑，名唤做"鹁鸽旋"，数万的香官看了，齐声喝彩。

与武松的"玉环步""鸳鸯脚"只写名称和简单的动作描述不同，"鹁鸽旋"写出了具体的技法，即典型的摔跤技法，右扭左插裆，左肩胛顶着胸脯，巧劲钻底拔根扛起来，再借助头重脚轻不平衡螺旋旋转，不费力地将人旋扔下去。

"鲁智深拳打镇关西"又是一种打法。描写了鲁智深粗中有细的智打，和打中后对方的感觉。智打是功夫开心智后的体现。鲁智深见了镇关西并没有直接上来就打，而是说要十斤精肉、十斤肥肉、十斤寸金软骨，并让镇关西亲手剁成臊子，先累他再激怒，然后才打。

这郑屠整整的自切了半个时辰，用荷叶包了道："提辖，叫人送去？"鲁达道："送甚么！且住，再要十斤都是肥的，不要见些精的在上面，也要切做臊子。"郑屠道："却才精的，怕府里要裹馄饨，肥的臊子何用？"鲁达睁着眼道："相公钧旨分付洒家，谁敢问他？"郑屠道："是合用的东西，小人切便了。"又选了十斤实膘的肥肉，也细细的切做臊子，把荷叶包了。整弄了一早辰，却得饭罢时候。

那店小二哪里敢过来，连那正要买肉的主顾也不敢拢来。

郑屠道："着人与提辖拿了，送将府里去？"鲁达道："再要十斤寸软骨，也要细细地剁做臊子，不要见些肉在上面。"郑屠笑道："却不是特地来消遣我？"鲁达听得，跳起身来，拿着那两包臊子在手，睁着眼，看着郑屠道："洒家特地要消遣你！"把两包臊子劈面打将去，却似下了一阵的"肉雨"。郑屠大怒，两条忿气从脚底下直冲到顶门，心头那一把无明业火焰腾腾的按捺不住，从肉案上抢了一把剔骨尖刀，托地跳将下来。鲁提辖早拔步在当街上。

众邻居并十来个火家，哪个敢向前来劝。两边过路的人都立住了脚，和那店小二也惊得呆了。

郑屠右手拿刀，左手便来要揪鲁达。被这鲁提辖就势按住左手，赶将入去，望小腹上只一脚，腾地踢倒在当街上。鲁达再入一步，踏住胸脯，提起那醋钵儿大小拳头，看着这郑屠道："洒家始投老种经略相公，做到关西五路廉访使，也不枉了叫'镇关西'！你是个卖肉的操刀屠户，狗一般的人，也叫'镇关西'！你如何强骗了金翠莲？"扑的只一拳，正打在鼻子上，打得鲜血迸流，鼻子歪在半边，却便似开了个油酱铺，咸的、酸的、辣的一发都滚出来。郑屠挣不起来，那把尖刀也丢在一边，口里只叫："打得好！"鲁达骂道："直娘贼！还敢应口！"提起拳头来就眼眶际眉梢只一拳，打得眼棱缝裂，乌珠迸出，也似开了个彩帛铺，红的、黑的、紫的都绽将出来。

武松的打是拳法功夫的打，燕青的摔是技巧的摔，鲁提辖的打是智慧地运用战术，先累对方使其发怒，再猛击。打法不同而功夫的本质一样。

《水浒传》中亦有对兵器的描写。同样的使棍，王进取胜的功夫，只在一戳。

王进道："恕无礼。"去枪架上拿了一条棒在手里，来到空地上，使个旗鼓（摆个桩架，姿势）。那后生看了一看，拿条棒滚将入来，径奔王进。王进托地拖了棒便走，那后生抢着棒又赶入来。王进回身，把棒望空地里劈将下来。那后生见棒劈来，用棒来隔。王进却不打下来，将棒一掣，却望后生怀里直搠将来，只一缴，那后生的棒丢在一边，扑地望后倒了。

——摘自《水浒传》第二回：王教头私走延安府　九纹龙大闹史家村

而林冲取胜的功夫，却是用棒一扫。

洪教头恼恨林冲，又想赢得这锭银子，便用了浑身的功夫，使出个"把火烧天"的招式。林冲把棒一横，还了个"拨草寻蛇"的招式。洪教头跳起来大喊："来！来！来！"举起棒劈头打来，林冲往后一退。洪教头一棒落空，他一个跟跄，还没有站稳脚跟，就又提起了棒。林冲看他虽然气势汹汹，但脚步已乱，便抢起棒一扫，那棒直扫到他的小腿骨上。洪教头措手不及，"扑"的一声倒在地上，棒也甩出老远。众人见此情景，哈哈大笑起来。

——摘自《水浒传》第九回：柴进门招天下客　林冲棒打洪教头

真正写出枪法功夫的却是谈书法文艺的书——包世臣的《艺舟双楫》。该书中有"记两棒师语"，这段文字清晰地描述出使枪的要领，其论枪者曰：

佩言，歙人，以枪法着声，称潘五先生。其言曰：枪长九尺而杆圆四五寸，然枪入手则全身悉委于杆，故必以小腹贴杆使主运；后手必尽镡，以虎口实撅之。前手必直，令尽势，以其掌根与后手户口反正拧绞，而虚指使主导；两足亦左虚右实，进退自任以趋势。使枪尖、前手尖、前足尖、肩尖、鼻尖五尖相对，而五尺之身自托荫于数寸之杆，遮闭周匝，敌仗无从入犯矣。其用有戳有打，其法曰二曰叉。二以取人，叉以拒人。此叉则彼二，此二则彼叉。叉二循环，两枪尖交加绕指，分寸间出入百合，不得令相附。杆一附则有仆者，故曰，千金难买一声响。

"千金难买一声响"，好功夫！诗意自在在这句话中体现出来。樊廷强先生回忆跟八极名家李赞臣先生学大枪，李师说："用器械都是，一响一哗啦。对方一动枪，我的枪迎着直进，碰着对方的枪，不管有没有碰开，顺着对方的枪杆劈戳进去，只是一下。""一响"，是双方枪的碰撞声音，"哗啦"是兵器落地和对方倒地的声响。这与"记两棒师语"的理路相同，结果一样。所不同的是，"千金难买一声响"是诗句式的价值总结，"一声响"的功夫价值千金。"一响一哗啦"是日常口语，用拟声词"哗啦"来表示对方倒地而败的结果。樊廷强先生就亲眼见过"一哗啦"。有一次，一个天津习武人来济南找李赞臣比枪，双方在济南金牛公园里较量，对方一进枪，李赞臣的枪往前一刺，"啪"的一声响后，果然出现了"一哗啦"。李赞臣的枪在碰到对方枪后，顺着枪杆将对方握枪的前手虎口挑豁，"哗啦"声是对方的枪掉在地上发出来的。

3.《儒林外史》里的功夫

《儒林外史》是安徽全椒县大文豪吴敬梓先生的巨著，他用"戚而能谐，婉而多讽"的手法描写儒林百态，细读就能发现书中有一段很传神地描述了武林真功夫。

到第二日，吃了早点心，秦二侉子便叫家人备了两匹马，同凤四老爹骑着，家人跟随，来到胡家。主人接着，在厅上坐下，秦二侉子道："我们何不到书房里坐？"主人道："且请用了茶。"吃过了茶，主人邀二位从走巷一直往后边去，只见满地的马粪。到了书房，二位进去，看见有几位客，都是胡老八平日相与的些驰马试剑的朋友，今日特来请教凤四老爹的武艺。彼此作揖坐下。胡老八道："这几位朋友都是我的相好，今日听见凤四哥到，特为要求教的。"凤四老爹道："不敢，不敢。"又吃了一杯茶，大家起身，闲步一步。看那楼房三间，也不甚大，旁边游廊，廊上摆着许多的鞍架子，壁间靠着箭壶。一个月洞门过去，却是一个大院子，一个马棚。胡老八向秦二侉子道："秦二哥，我前日新买了一匹马，身材倒也还好，你估一估，值个甚么价。"随叫马夫将那枣骝马牵过来。这些客一拥上前来看。那马十分跳跃，不提防，一个蹶子，把一位少年客的腿踢了一下，那少年便痛得了不得，挫了身子，墩下去。胡八公子看了大怒，走上前，一脚就把那只马腿踢断了。众人吃了一惊。秦二侉子道："好本事！"便道："好些时不见你，你的武艺越发的精强了！"当下先送了那位客回去。

这里摆酒上席，依次坐了。宾主七八个人，猜拳行令，大盘大碗，吃了个尽兴。席完起身，秦二侉子道："凤四哥，你随便使一两件武艺给众位老哥们看看。"众人一齐道："我等求教。"凤四老爹道："原要献丑。只是顽那一件？"因指着天井内花台子道："把这方砖搬几块到这边来。"秦二侉子叫家人搬了八块放在阶沿上。众人看凤四老爹把右手袖子卷一卷，那八块方砖齐齐整整，叠作一垛在阶沿上，有四尺来高。那凤四老爹把手朝上一拍，只见那八块方砖碎成十几块一直到底。众人在旁一齐赞叹。

秦二侉子道："我们凤四哥练就了这一个手段！他那'经'上说：'握拳能碎虎脑，侧掌能断牛首。'这个还不算出奇哩。胡八哥，你过来，你方才踢马的腿劲也算是头等了，你敢在凤四哥的肾囊上踢一下，我就服你是真名公。"众人都笑说：

"这个如何使得！"凤四老爹道："八先生，你果然要试一试，这倒不妨。若是踢伤了，只怪秦二老官，与你不相干。"众人一齐道："凤四老爹既说不妨，他必然有道理。"一个个都怂恿胡八公子踢。那胡八公子想了一想，看看凤四老爹又不是个金刚、巨无霸，怕他怎的？便说道："凤四哥，果然如此，我就得罪了。"凤四老爹把前襟提起，露出裤子来。他便使尽平生力气，飞起右脚，向他裆里一脚踢去。那知这一脚并不像踢到肉上，好像踢到一块生铁上，把五个脚指头几乎碰断，那一痛直痛到心里去。顷刻之间，那一只腿提也提不起了。凤四老爹上前道："得罪，得罪。"众人看了，又好惊，又好笑。闹了一会，道谢告辞。主人一瘸一簸，把客送了回来，那一只靴再也脱不下来，足足肿疼了七八日。

凤四老爹在秦二侉子的下处，逐日打拳、跑马，倒也不寂寞。一日正在那里试拳法，外边走进一个二十多岁的人，瘦小身材，来问南京凤四老爹可在这里。凤四老爹出来会着，认得是陈正公的侄儿陈虾子。问其来意，陈虾子道："前日胡府上有人送信，说四老爹你来了，家叔却在南京卖丝去了。我今要往南京去接他，你老人家有甚话，我替你带信去。"凤四老爹道："我要会令叔，也无甚话说。他向日挪我的五十两银子，得便叫他算还给我。我在此还有些时耽搁，竟等他回来罢了。费心拜上令叔，我也不写信了。"

　　——摘自《儒林外史》第五十二回：比武艺公子伤身　毁厅堂英雄讨债

吴敬梓用反衬法，先写出胡八公子腿功之强，一脚就把马腿踢断了，但踢在凤四老爹的肾囊下阴上，好像踢到一块生铁上，把五个脚指头几乎碰断，肿了七八天。凤四老爹所使的应该是金钟罩铁布衫一类的硬气功。

肆　功夫练用的"时空"

中国功夫是一种生命实践与操作的具体方法，功夫的"修炼"与"修道"一样，本质上就是生命实践，既然是生命实践，重体验而不重言诠，即使有口诀、心法，也不是理论性的系统阐述，而是生活化的感受描述。比如"打人如亲嘴""肘肘不离乳"。这些功夫的具体修炼和使用方法是以师父口传身授为主，后世虽有整理成书，但因以自身的生命体验为主，缺少理论体系构建的完整性，只能凭修炼者个人的悟性从中获取相同的体验。悟性高的一触即通，坚持练习则功夫上身，悟性低的三思而不得要领，即使坚持练习，却只耗费时间出不了功夫。再者口诀、心法既非完整的理论体系，又非具体的实操方法，而是一个包含着理论、方法、个人实践的类比式体验描述，更是超出西方哲学、物理学的范畴。因此，功夫的口诀、心法都是在言与不言、似与不似、是与不是之间游移不定，让人难以捉摸。以至于没有功夫修炼经历或不懂功夫的人会认为尽是些虚无缥缈的话语，形同武侠小说的虚构。这种怀疑到了当下就更加严重了。因为又多了一层科学证伪的实验和逻辑验证。证伪上不能按其范式完成逻辑的自洽，证实上现在会真功夫的人又越来越少，这正是当代武林的尴尬处境。然而，在中国功夫面前，理论永远是苍白而干瘪的，只有生命修炼的长生久视和实战时的致命一击才能显露出来功夫的真相。

"易道生生"，《易经》主要阐述生命的学问，注重对生命本体的认知、自为和自在。不仅在知识上揭示了生命的自为之理和自在之境，更是在功夫论上就进行生命内在的自我修炼提出具体的路径和方法。且《易经》的研究方法、视角、逻辑等与当下我们奉之为"圭臬"的西方哲学和科学不太一样。因此，《易经》哲理指导下的功夫修炼，自然也和西方的不一样。不一样表现在两个方面，即时空观不同（无为之道理），维度不同（有为之事相）。功夫，既要通透无为之道理，又要通达有为之事相。

1. 时空不同

关于时空，有很多层面解读，有哲学意义上的时空，科学（物理学）意义上的时空，生命体验意义上的时空等。本书所探讨的是生命体验意义上的时空，哲学和物理学意义上的时空为生命体验意义上的时空服务。

（1）功夫修炼状态下的内外"时空一体"

西方的知识发展到了近现代，自然科学一骑绝尘，造就整个世界的繁荣，却也带来了不少问题，比如主观、客观，理性、感性，时间、空间等二元对立式的割裂。尼采说"上帝死了"，似乎表达了逻辑思维和辩证思维的茫然无助。而《易经》的生生之理和生生之用表明，生命的实践是融合了形而上者谓之道和形而下者谓之器。人与天地万物本来无间，浑然一体，大化流行。中国式的时间和空间是宇宙。"四方上下曰宇"，宇是空，指的是至少（但不限于）三维六个向度，即上下、左右、前后。这六个向度，两两相对，互为逆反。宇既包含着所有的存在，又不特指某个具体的存在，没有界限和间。"往古来今曰宙"，宙是时，时无间，不可分割，单向度，且不可逆。现在我们说时空，时在前，空在后。古人说宇宙，先有"空"后有"时"。词语的排列有先后次序，但实际上没有，时空一体。功夫的修炼，不只是我们感受到的表象的时空，更重视看不见的内在时空，也就是我们生命的身心安顿。功夫的第三重境界追求的是神明（见第拾壹章"功夫之修悟"），这个神明，基于表象的时空就是"识神"，而"识神"是源于内在时空的"元神"，"识神"劳神用事过度就会伤"元神"，神以气行，也就必耗内在"元气"，而"元气"出自于"元精"，神和气之伤耗必伤"元精"。因此，人一旦为相所困，原本统一的精、气、神就会分裂，神驰于外，耗气伤精，精气耗尽，生命终结，"识神"亦亡。所以，人多数是伤了精气而病死的。神明之神是元神。元神之神，既不是西方人信奉的上帝，也非道教说的神仙，更不是在身体大脑中形成的可以控制生命体行为的意识或理性。相反理性有时会阻碍元神的灵性。只有元神才能与天道的高维智能（智慧＋能量）对接、呼应，从而产生成出如日月的光亮之明。明是神的显现和表达。现代物理研究表明，光是一种能量。神明，是神统领全身而释放出来的能量。

《黄帝内经》中有一段对话：

乃问于天师曰：余闻上古之人，春秋皆度百岁，而动作不衰；今时之人，年半百而动作皆衰者，时世异耶？人将失之耶？

岐伯对曰：上古之人，其知道者，法于阴阳，和于术数，食饮有节，起居有常，不妄作劳，故能形与神俱，而尽终其天年，度百岁乃去。

今时之人不然也，以酒为浆，以妄为常，醉以入房，以欲竭其精，以耗散其真，不知持满，不时御神，务快其心，逆于生乐，起居无节，故半百而衰也。

法于阴阳，和于术数。遵循阴阳天道的法度，和合于术数的推演，求本并按照正确的方法生活，才能长寿。功夫修炼时内外时空一体，将自身的内在"元时空"与宇宙天道相融，不违背天道的法度，选择正确的方式，修炼神明，蓄养元灵。

外在的时空非人能控制，因此，功夫的修炼，更多的是收摄外在高维的智能（智慧＋能量），加之外以形体动作的疏导，内以凝神聚气运行。任督和奇经八脉就是运行的高速公路，炼精化气，炼气化神，养神还虚。将分散外驰的精、气、神，通过功夫练习的自我操作，回归统一到时空一体的"元时空"存在状态，摄收内敛的顺逆修炼，由后天返回先天，不但能在功夫上超越自我，突破常人的极限，在生命上也能实现长生长寿的效果。将"存在"内化于具体的"存在者"之中，提升进化"存在者"的"存在"境界。内家拳的说法，我们不是十分认同，但从这个称谓中也可以看出来功夫由外即内的进化逻辑。拳不分内外家，功夫修炼亦要内外皆修，尤其是内功对精气神的收摄蓄养，特别重要。拳谚云："练拳不练功，到老一场空。"

（2）功夫运用状态下"共有时空"里的"时空互换"

生命体验意义上的时空与哲学和物理学意义上的时空，虽有区别，却并不脱离。在功夫实战运用时，学术意义上的大尺度时空就失去了实操意义。这就如同相对论之于量子力学一样。在运用功夫搏击中，时空为搏击双方所共有，因此，在搏击场中的动态时空，与上述三种意义上的时空都有所不同。那么，实战中的时空共有和互换有什么特点呢？

《易经》是对阴阳追问的宇宙观，下面这个图可以说明阴阳与时空的关系。

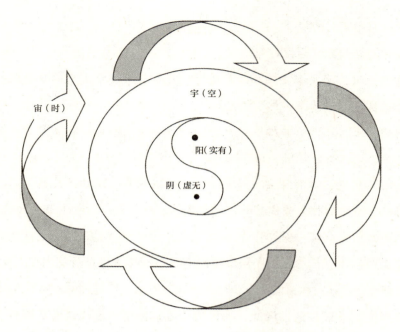

阴阳与时空关系示意图

　　四方上下曰宇，往古来今曰宙。宇为上下、左右、前后之无，合于太极之纯阴。宙为单向正旋不可逆向着未来之无，合于太极之阴中阳。太极之纯阳为能量，阳中阴为质量。由此可知，"宇"是世间万物质量、能量运动存在之虚空；"宙"是单向正旋不可逆之虚矢。清楚这个关系便于我们理解"共有时空"和"时空互换"。

　　明代武术家唐顺之《武编》卷五曰："技欲精、欲多；用欲熟、欲骏、欲狠。两精则多者胜，两多则熟者胜，两熟则骏与狠者胜。""骏"古书上说是一种高大的马，这里引申为"快"的意思。狠是劲力大而重。功夫之术练时求精而多，运用时则是熟、快、狠。搏击双方都精时，会的多则胜；都会的多，则熟练的胜；都熟练，则又快又狠的胜。

　　向恺然先生在《拳术见闻录》里这样说道："百打百破，一硬不破，一快不破。硬者，非身手硬也，劲硬也。快者，非进退快，侧转快也。进退固不能不快。而胜负之数，不在进退，在侧转。盖进短一分，即不及人。退缩一分，即可避敌。远步进退时，与人以可乘之隙。故善拳者，有侧转，无进退。侧转，即进退也。

有进无退，进即退也。进即退者，以攻为守也。"

　　搏击双方均强调劲之硬、狠和快。熟、精、狠、硬皆是个体之功夫，唯"快"既是个体之快，又涉及搏击双方之快，是相对的动态性的。向恺然在解释"快"字之义时，特别强调，快者，非进退之快，而是侧转快。也就是说，快不是指身体的前后移动和出拳攻击之速度。身体进退和出拳速度肯定要快，但不是决定因素。因此，这里的快，不仅是个体绝对速度，更是搏击双方相对位置改变的相对速度。

　　当我们练拳时，时空是自己的，快慢只能纵向地与自己之前作比较，这个时空里的快指的仅是自己的绝对速度，即出拳、踢脚、进退、跳跃的速度，这个当然要快，且越快越好。当进入搏击时，时空却为双方所共有，双方的空间位置随时处于动态的变化之中。时空共有，意味着双方都占有着共同的时空，但因位置、姿势、速度等不同导致各自占有的大小优劣会有所差异，这就是功夫讲究的得势（空间位置和动作角度）、得机（时间节点和打击机会）。

　　我们在训练打击沙袋时，沙袋不动，若身体和沙袋的距离不变，出拳的速度，由拳从打出去到走完这段距离所用的时间决定，且要有力地打中沙袋。时间越短，则速度越快，且此快必须有力打中才有效。这个有力地打中目标的速度在实战中才起作用。有人会以一分钟出多少拳数作为快，此快实战的意义不大。这种轻快即使打中两拳其作用也有限。快和硬要同时在一拳中出现，打击才有效。我们看有的比赛，有人用咏春的"日字冲拳"，连击对方头部好几下，对方一点事也没有，这是练错了，把一分钟出多少拳当成功夫。如果这也是功夫的话，李小龙的截拳道就应该改为快拳道。截拳道的截字也有向恺然"侧转之快"的含义。在实战中，即使是有力地打中沙袋的快，也不一定能用上，因为，对方是有功夫的活人，不会像沙袋一样不动让你打。因此，打沙袋练出的重拳速度虽快，也不一定能打中对方。这就涉及快的两层含义。快的第一层含义当然是指有力地完成动作的速度，快的另一层含义为通过缩短与对方的距离让自己变得更快，这就与空间位置相关了。当出拳速度一定时，距离缩短一半，出拳时间就会快出一倍来。况且我们出拳速度有个身体极限，练到一定程度就不可能再练得更快了。侧转之快，讲的就是快的后一层含义。

能缩短双方距离就是朝着对方前进，但这很危险，很容易为对方所乘，别忘了对方也想要缩短距离，上步前进最容易被对方迎击，让对方变快。这就是向恺然讲的"进退"之快。因此，这时候就出现了"时空互换"的控制技术。这个"控制共有时空"的技术就是侧转。所谓"时空互换"，即用空间换取时间，用时间换空间。"控制共有时空"指的是搏击双方所在的具体"小时空"，而不是广义的"大时空"。在一个特定具体的时空中，站位、姿势、动作、所使用的招数、时机等要素只会呈现出来对一方有利的时空状态，而极少会出现对双方都有利的局面，这就是功夫里说的得势（空间位置和动作角度）、得机（时间节点和打击机会）。也就是说，在共有的时空中，好的势、机只有一个，谁占有控制了，谁就能获胜。时空为搏击双方共同所有时，你如何打，不完全取决你，而要看对方的力量、速度、招数、位置等。这和博弈论类似，搏击双方都追求以最小的代价获得最大的收益。所不同的是，博弈靠的是思维策略，搏击靠的是直觉性动作策略。当然动作策略里包含思维策略。

我们经常在比赛中看到，甲方有意卖一个破绽，让乙方觉得有机可乘，当乙方来利用这个破绽时，却正好落入甲方早已预备好的招数之中。这个破绽就是共有时空中的"势、机"。当然，破绽呈现出的"势、机"不是真的，而是人为设计的。名著中常见的"拖刀计""回马枪"等，都是诈败让对方来追，突然回身一枪。这是典型的"控制共有时空"。在常规的共有时空中，双方都很谨慎，都想占有控制着共有的时空。此时，通过诈败，将对方引到自己设定的新的共有时空中，有利于自己控制这一刻的时空。

"宙"是单向度面向未来不可逆。"宇"是六个向度三对相互对立却又整体统一的三维空间（上下、前后、左右）。"宇"中可顺可逆，六个方向皆可以。在这六个向度里，于身体而言，上下和前后移动做功耗能大，因体重需要移动一定的距离，速度也难以太快。左右侧转换只需要围绕脊柱中轴螺旋，身体并不移动，消耗的能量小，通过改变身体的正反侧角度而让对方的打击落空，因此，改变和占有的有利时空却最大。通过改变空间位置、身体和动作角度来换取时间。即通过"势"的变化，来放大"机"。也就是说，通过空间上的身体侧转可改变时间上的快慢，明明可以打上的，一个侧转就打不上了。明明打不上的，一个侧转就能打上。通过侧转的顺逆，改变了时间上有利于我的"快"。功夫的修炼是内外"时空一体"，功夫的使用却是将"共有时空"变成我能控制的时空，即"我的时空"。从这个意义上讲，时空是功夫的基础，时空问题也是功夫的基础问题。正是有时空的现实约束和限定，功夫才变得神奇。常人在这种约束和限定下无法做到的，功夫者却能轻松完成。同时，时空又是功夫的高境界表达。不对修炼时的内外"时空一体"和搏击时"共有时空"进行梳理研究，功夫实战就无法厘清。

共有时空下的势（空间位置和动作角度）、机（时间节点和打击机会）没有一刻是固定的，都出现在动态的流变之中。先动、后动和主动、被动都包含着有利和不利的因素。先动，先下手为强，但也让对方看清了你的动作和意图。后动，获取的对方信息多，容易找到和借助对方的破绽，但失去了先机。下面这段儒林文字高手的博弈，会对武林搏击时的控制"共有时空"有所启发。

博弈双方：儒林名宿张之洞 PK 文坛新锐梁启超

博弈形式：对对子

博弈工具：思维策略和文字

出对方：儒林名宿张之洞

"四水江第一，四时夏第二，先生来江夏，谁人第一？谁人第二？"

对对方：文坛新锐梁启超

"三教儒在先，三才人在后，小子本儒人，岂敢在先，岂敢在后。"

儒林名宿张之洞，官居湖广总督，探花出身，又是翰林学士，功夫自然了得。他巧妙地运用了他的身份、治理的疆域和季节因素，自雄自傲，以质问的方式，表达出自家不容置疑的气度。中国四大河流中，长江排第一；四季中，夏季排在第二；而江夏又正好是他的天下。梁先生来我这一亩三分地讲学，我们两个谁第一、谁第二呢？空间、时间、地位、身份皆占了"共有时空"中的优势。

文坛新锐梁启超面对张之洞的咄咄逼人、傲气十足的质问，他柔中带刚地运用比官位、地理、季节等更为高雅的"三教"和"三才"，将不卑不亢、不软不硬、不前不后恰好居中的功夫充分展现出来，既回答了张之洞的质问，又表现了自己的才学和态度，更打破张之洞所占有优势的"共有时空"。儒释道三教，儒在前面；天地人三才，人在后面。儒家的道德文章，非第一第二的庸俗比对，且也比不出第一，所谓文无第一。你用谁是第一谁是第二来追问，我引入三来居中，以儒人身份跳开一和二，以不前不后，来回应上联排位式的追问。刚开始张之洞占着"共有时空"中的先机且攻势凌厉，而梁启超不进不退，一个"侧转"，快速控制住共有时空的不对称，避开势背，把不利于我的"共有时空""侧转"成有利的"我的时空"。

在共有时空中，能占有和控制时空互换的是直觉性的中和随身。不管站在什么位置，都是恰好。不卑不亢，非左非右，不前不后。不主动又不被动，不积极亦不消极。守中用中，则时空皆是被利用的工具，任意驾驭。当然，"侧转"更是功夫绝佳的表现场。"侧转"既不能早，也不能迟。防守时，早了，对方就会变招，改变原来的打击方向和位置。迟了，对方就打上了。进攻时，早了，对方就有所防备，只有让对方觉得你在攻击距离之外，这时一个"侧转"却变成近在咫尺，才能打上。迟了，对方已经移位了，没有"侧转"的突发性了。在对方快要打到你时或对方认为你打不到他时，"侧转"对时空的控制才能有效。"侧转"更体现出功夫的综合性，胆量、自信、精准、速度、直觉判读力、打击力缺一不可。"侧转"就是螺旋，在防守时，能于寸许间让对方打击落空；在打击时，能整合全身系统之力完成快速而致命的一击。只有螺旋"侧转"才能将"快"与"硬"统合于一。

2. 维度不同

功夫追求天人合一，功夫是直觉性自觉的诗意自在，直觉、自觉、诗意、自在等，都是来自于天道，摄收于天道，又自合于天道。天道是古人体证出来最高的维度。现代物理学的超弦理论研究认为，宇宙有十一个不同的维度。功夫的宇宙观是大化流行，视天为最高维度。因此，功夫自我操作的思考和方式必然有其特点。

"宇"（空）三维六个向度，即上下、左右、前后。三对六个向度，两两相对，既对立又统一。想要一个动作涵盖全部六个向度，且六个向度又对立统一于一个"向量"，一个"向量"就能让三对六个方向矛盾的力统于一，只有螺旋动作才能做到。直线的动作，连一对相反方向的力都统一不了，更别说三对六个方向的力了。加上"宙"（时）的单向度不可逆，这样就成了四维时空。但这不是西方的时间和空间的叠加组合，而是功夫之"大化流行"，时空是"无间"的。无间的一体时空，才能产生出通过"宇"（空）中螺旋的"侧转"，既改变"宙"（时）的快慢，又统合六个方向的力为一个"向量"服务。当然，其他四个向度（前后、上下），也可以体现快慢，比如前后之进退，上下之高低，这也重要，但却不是与敌相对时的位置、角度等"顺背"之快，"侧转"才是决定胜负的关键之快。宇宙，在功夫中都可以变成被利用和驾驭工具，用一句话来表达就是：侧转以空间换时间，螺旋变散力为智劲。

但仅是时空四维，肯定解释不了功夫。功夫还要加上几个维度，即心事维、引力维和智劲维。也就是说功夫在运用时，涉及这七个维度方能奏效。或者说这七个维度才能体现功夫在实战中的价值。

心事维。我们知道低维只是高维的"相表达"，"相表达"看上去好像是真实的显现，但其背后高维的"元存在"才是真实。古人认为宇宙中最高维度是天道，人们只能通过各种修炼的方法和方式，从天道中收摄智能（智慧＋能量），但并不能清楚天道的全貌和形态。老子也只能说"道可道，非常道"。功夫者修炼纯阳之体来"天人合一"，接收天道的智能（智慧＋能量）。佛家讲的"着相"就是执于当下时空中表达出来的"相"（相表达）。功夫修炼与禅修有很多共性，但也有差异之处。功夫修炼是收摄"相表达"背后高维"元存在"的智能（智慧＋能量），通过接引、共振、收摄而进入自家心身。心是高维"元存在"智能（智能＋能量）得以证入人体的转化官。心中如无天道，在四维时空里肯定做不出来符合天道的动作和功夫这一"相表达"。比如练太极拳，心念中若无太极之道，如何能练出符合太极之道的太极拳呢？"相表达"和"元存在"互为表里，"相表达"能体现出部分"元存在"的智能（智能＋能量），但不是全部。"元存在"智能（智能＋能量）却能包含着所有的"相表达"。心作为高维向时空四维的转化官，显得十分重要，但心却不能无体无事地存在，心必须靠身体和具体的事才能显现。

心事，心志也。心事里含着心态和心理，心态和心理太宽泛，比较笼统，没有具体的指向，而心事就是眼前必须要解决的事。有具体的事，有明确的目标。人是理性和感性的统一，统一成志性。心志意念作用下的身体才有可能出功夫。

心事，既要"有事"，又要"无事"。功夫就在有和无中进化。"有事"是有心有体，通过"有事"来练成达到"无事"，即心身皆忘，心身已与事合一。这就如庖丁解牛，解牛就是具体的事，但这个具体的事在庖丁这里却已经升华到艺和道这个境界。为对自然之理的顺随和呈现。身体好练，心灵难觉。约束我们的是具体的心事，但也只有在这个具体的心事里面磨炼才有可能得道。这种认识东西方一样。富兰克林·罗斯福说过"人类不是命运的囚犯，而是他们心灵的囚犯。"功夫者身心皆觉醒为身体无碍，心灵自由，诗意自在。

有徒弟问："拳有心法，心法大于身法吗？练拳究竟练什么？"

水宗一答道："练拳练的是身心，练实又练虚。练实是基础，练虚是神明之境界。练实就练身嘛，骨、肉、筋、膜、气、血、脏器等。太极拳独特的螺旋缠丝，转着圈的松、紧、柔、刚反复绞拧，全身没有一处练不到。因此，说练筋或练气或练膜，也不算错，只不过有点偏颇狭隘。太极拳练的是全身的整体系统。练虚就是练心，这里的心不是指具体心脏，而是指心窍、心智。是王阳明的'心学'之心。拳或拳的延伸刀、剑、枪等器械，都是搏杀之术，不过用拳用剑的是人，是人就会有心理活动，人的心理状态直接控制着拳的力度、速度、角度、弧度等。心里一害怕，技术练得再好也用不上。功夫练到一定程度后，心灵层面的修炼远重于具体的技术。但又不能脱离具体的技术来说心。心法，对心的修炼可分为心意和心态，心意指导动作和内劲运动，何时、用啥招式、多大力、作用到何处都靠心意。心态是加强或减弱心意的。练武的讲究武德，讲究天人合一，讲究参功悟道。从拳中领悟的心法，又可以贯通到一切事物上，拳理通万物之理。"

——摘自王圣贤《武码头》第拾壹章：至武为文臻化境

引力维。引力，是指具有质量的物体之间相互吸引的作用，也是物体重量的来源。引力与电磁力、弱相互作用力及强相互作用力一起构成自然界的四大基本相互作用。在这四种基本相互作用中，引力是最弱的一种，但同时也是一种长程有效作用力。引力一般由广义相对论来精确描述，认为引力反映了物体的惯性在弯曲时空中的表现。人们生活在地球上宇宙中，引力无处不在，人类受到地球吸引力的影响最大，因此，我们身体的重量，抛起的物体皆向下。月球的引力只有地球的六分之一，人在月球上面能腾空而起。但人们久而久之就忽视了地球的引力存在，功夫所做的动作，打击的瞬间，都是在克服引力的同时借助引力。太极拳、摔跤等都有借助于看不见的引力来实现使对方跌倒的目的。引力是看不见的存在，对于所有人都平等。但功夫高手能巧妙地随心所欲地借助利用它；功夫低的，只能被它作用和限制。

　　智劲维。劲力的智慧化，就是利用身体的结构训练出来的直觉反应，借助于对方的本能反应、引力、时机、位置、速度等，巧妙地将全身之劲力作用于对方的关键部位。就像庖丁解牛那样，动刀甚微，謋然已解，轻得连刃都不会磨损。劲的智能化是将前面六个维度全部包含在内，这是功夫最具代表最神秘的一个维度。这一维集中地体现出功夫最本质部分。智是心之灵，劲是身之能。只有智才能理解和驾驭时空、时机、心事、引力等维度，劲则将这种智能（智慧＋能量）表达出来。智就是劲，劲就是智，同时启动，同时作用。有理性和计算，更多的是直觉性自觉，诗意自在。智劲近于神明。《淮南子·兵略》说："见人所不见谓之明，知人所不知谓之神；神明者，先胜者也。"

伍　阴阳——功夫的核心法理

《黄帝内经》有一段话：

黄帝曰：余闻上古有真人者，提挈天地，把握阴阳，呼吸精气，独立守神，肌肉若一，故能寿敝天地，无有终时，此其道生。中古之时，有至人者，淳德全道，和于阴阳，调于四时，去世离俗，积精全神，游行天地之间，视听八达之外，此盖益其寿命而强者也，亦归于真人。其次有圣人者，处天地之和，从八风之理，适嗜欲于世俗之间。无恚嗔之心，行不欲离于世，被服章，举不欲观于俗，外不劳形于事，内无思想之患，以恬愉为务，以自得为功，形体不敝，精神不散，亦可以百数。其次有贤人者，法则天地，象似日月，辨列星辰，逆从阴阳，分别四时，将从上古合同于道，亦可使益寿而有极时。

从这段话中可以得出一个结论，即人的长生久视取决于对阴阳的把握方式和程度，亦可见阴阳之重要。1. 贤人，逆从阴阳，益寿而有极时。2. 圣人，不昧阴阳，精神不散，可以百数。3. 至人，和于阴阳，益其寿命而强。4. 真人，把握阴阳，寿敝天地，无有终时。纯阳之体而不死，才是功夫修炼实现长生久视，得诗意自在的终极目的。这里的阴阳既是指人体内的生命系统，亦指人体和宇宙系统的关系。一阴一阳之谓道，阴阳是道的具体变化表达。因此，阴阳对于人的生命和功夫而言十分重要。

阴阳，世界上一切事物中都具有的两种既互相对立矛盾又互相融合的力量。我们根据"一阴一阳之谓道"推导出来"阴阳相济谓之功"的功道论断。阴阳和后来的五行学说成熟于宋代。历史上就有关于阴阳平衡是否就是阴阳对等的质疑？阳重要还是阴重要？抑或同等重要？明末清初的思想家王船山先生有"阴阳并建"之说。功夫是实践的学问，所追求的不仅是一个理论自洽，更是一个实操自洽。物理学家李政道博士说过，理论上对称的实际上不一定对称。

很多人都在说功夫之理源于《易经》，但真要问及于何处，所答的都是一些大而化之的道理。初听似乎什么都讲到了，什么都包括了，细究或真做起来却是混沌一片，似乎什么也没说清楚，什么也用不上。

那么，《易经》中什么才是功夫的核心法理？六十四卦中，具体哪一卦是功夫的外在形态之象、内在劲运之法呢？

清楚前者，则明功夫的宏观法理；搞懂后者，则通功夫的微观具体形态和用法。

在本书第贰章我们推论出功道修炼三卦：《咸》《艮》《豫》。《咸》是功夫小成之象，《艮》是功夫大成之象，《豫》是功夫练成之态。功道的价值承诺是《乾》，功夫的有效打击是《大有》。那么，在这些卦中阴阳是如何分布的，又是如何变化的呢？

所有的功夫（武术）都是为了技击而被创造出来的，在实现打击的一瞬间，都是以阳刚为主导的实劲。否则，就无法格斗和拼杀。因此，无阳刚就无技击。但如何实现一击瞬间的阳刚打击力，各个拳种的实操路径和技巧不同，不过可以从中提炼出来普遍的内在逻辑和规律。

所有的功夫里都在分合阴阳（刚柔、虚实），不懂阴阳就不懂功夫。因此，首先要搞清楚阴阳的道理。

阴阳，是中国古代文明中对蕴藏在自然万物背后，推动其发展变化的根本因素的界定，为世间万物生发、成长、衰亡的原动力，是中华文明思维基础的核心要素。

传统观念认为，阴阳代表一切事物内部和外部之间最基本的对立统一关系。是自然的客观规律，是万物运动变化的本原。阴阳的概念源自古代中国人民的自然观，古人观察到自然界中各种对立又联系的大自然现象，如天地、日月、昼夜、寒暑、男女等，便以哲学的思想方式归纳出"阴阳"这个概念。

阴阳虽是中国根源性思想，但真正要理解和运用亦非易事。人们说得最多的就是阴阳平衡，仿佛都理解并会运用之。实际上，这是大而化之的说法。如何是阴阳平衡？阴阳如何平衡？阴阳各自是多少才平衡？缺乏精确的衡量标准。很多人认为，一精确就不是中国文化了。这是借口，更是不求甚解的糊涂。祖先创造的东西，正是在这种说起来什么都能解释，用起来却四六不通的糊涂中失传了。注意这里用的是糊涂，不是模糊，因为模糊是一种更高级更精妙灵活的精确，是建立在精确基础上的巧妙运用，现代科技里很多都在使用模糊技术。传统功夫正是这种比局部精确（小精确，结果和整体不一定精确）更高级的整体模糊式大精确。

阴阳之说始于《易经》。从大的方面来说，阴阳有四对关系：阴阳互体，阴阳化育，阴阳对立，阴阳同根。但这些归纳并不能用。只能以此判断用得对不对。《易经》的结论是"一阴一阳之谓道"，这个结论是孔子研究《周易》所得的论断。注意，这里用的是"之谓"，不是"谓之"。"之谓"有"叫作""称为"之意，而"谓之"有"就是"之意。"称为"道和"就是"道有很大的区别。孔子在这里不是直接定义道是什么，而是给出一个悟道、证道的指引，在天地万物和自家身体的一阴一阳变化中体证道的本质，阴阳只是鲜活的指标，不是道的本身。也就是说，这个高度概括的哲理，对任何事物都具有指导和解读的意义，但无法直接使用，且不具有特指性。

那么，阴阳在功夫中起到什么作用？如何练？如何用？

我们认为，从阴阳关系来看，就是以阳为主的阴阳（刚柔）相济。从阴阳的表现形式来看，就是阴外阳内、阳主阴从的反对称动态质平衡（非数量或重量的半斤八两对等）。下面具体来分析论证这两个论断。

1. 阴阳关系：以阳为主导的阴阳（刚柔）相济

中医如何看待阴阳平衡？

记者： 我感觉您特别强调阳气的作用，但是一般人都认为，一个健康的人，阴阳要平衡。

李可： 这个观念不完全对。为什么呢？从《内经》开始，从《易经》开始，就特别强调——人的阳气乃是生命的根基。阴这个东西，阴是包括你人体的所有器官，你所吃进去的食物，各种营养成分，这些东西是属于阴的。那个阳气是居于统帅地位的，是一个主导。所以阴的东西，都是在阳的统率下，绝对不是半斤八两，平起平坐，阴阳平和。这个阴阳平和是指这个阳气主导下的阴阳平和。《内经》有几句话，一个是"阴平阳秘，精神乃治"，还有一句"凡阴阳之要，阳密乃固"。阴气和阳气的重要性在哪呢？阳秘，当你的阳气处在一个固秘（饱满）的状态下的时候，才能达到阴平阳秘。另外《内经》有许多重要观点，比如说"阳气者若天与日，失其所则折寿而不彰"，折寿就是短命啊。易经也讲：大战乾元，万物资始！通俗讲：有了太阳才有了生命，阳气就是人身的太阳……

中医有一句话俗语叫：气为血之帅。气和血的关系是什么？他们绝对不是半斤八两，气血平衡，这个血能不能够在血管里面运行畅通、流动、运转，把营养输送到五脏的各个部位，就靠气在推动它，领导它。假如没有气的领导，气弱了就会出血。

——摘自李可《捍卫阳气不生病》

李可老中医从理论和治病实践上否定了我们平常所说的阴阳平衡，笼统地说阴阳平衡囫囵且不精确。明确且能运用的是：阳主导下的阴阳动态质平衡。阳居于主导地位。

功夫大师李小龙对阴阳的看法：

阴阳原理在武术中的运用体现为"和谐法则"，它旨在告诉我们：对于对手的力量不要顽抗，而要顺势而为。凡事发乎自然，更重要的是顺其自然，不要刻意或勉强为之。当甲对乙施加"阳"的力量时，乙不必以蛮力来抗击它，也就是说乙不应该以"阳"克"阳"，而是应该以柔克刚，顺应甲的力量。当甲的力量发挥到极限的时候，"阳"即开始转为"阴"，乙则在其力道将竭之际，发动力量（阳）来反击对手。这样，所有的动作过程纯系发乎自然，而非竭力为之。乙只需顺着对手的来势做出和谐、连贯的配合，不用负隅顽抗或竭力挣扎。

——摘自李小龙《生活的艺术家》

李小龙强调，阴是形式上的顺应，阴的背后是阳在起主导作用，并在合适的时机瞬间就能转化成打击之阳刚来。

中国传统文化阴阳变化的观念在武术技法中最简单的体现，就是古人用阴阳来表示身体部位或动作方位或者姿势，进而用阴阳来表示武术动作的做法和用法。武术演练中有阳手、阴手之说，手心向上为阳手，手心向下为阴手，如程宗猷在《耕余剩技·长枪说》中说："枪法，亦不过二手持以阴阳，一仰一覆运用而已。"

戚继光在《纪效新书》中收录了俞大猷的《剑经》，书中说："阴阳要转，两手要直"，"棍提起手阳，杀去及打去俱手阴，阴阳最要识透"，"小门阳手扇下，阴手请起"。《手臂录》中有一句非常重要的话："攻为阳，守为阴。"这些例子都是用阴阳来说明手的姿势和动作，从而说明用法，也是将阴阳之理运用于武术技法最明确的表达。

元阴元阳是人身立命之根本。但是在阴阳两纲中，表面上看，阴阳在相互为用的关系里，二者处于等同地位，互为消长，缺一不可。然而在相互消长的本质上却是"阳统乎阴""阳主阴从"。清末著名中医郑钦安也持这个观点，他认为阴阳二者之间的关系，关键在于阳，阳为主，阴为从。只有阳气致密于外，阴血才能固守于内。二者虽说互根，但又有主次之分。所以郑钦安特别重视阳气，认为"阳者阴之根""有阳则生，无阳则死"。郑钦安善用辛热扶阳治法，擅用姜附等药，显然都是建立在注重阳气的理论基础之上。在其著作中，他反复阐述这些观点："阳者阴之根也，阳气充足，则阴气全消，百病不作。""阳统乎阴，阳者阴之主也，阳气流通，阴气无滞。""阳旺一分，阴即旺一分，阳衰一分，阴即衰一分。""人身所恃以立命者，其唯此阳气乎。阳气无伤，百病自然不作，有阳则生，无阳则死。""人身立命就是一个火字。……人之所以立命者，在活一口气乎。气者阳也，阳行一寸，阴即行一寸，阳停一刻，阴即停一刻，可知阳者阴之主也。""人生立命全在坎中一阳"，"坎中一阳"即肾阳为人身阳气之本，立命之根。

以太极拳为例，因为太极拳就是以阴阳变化为主的拳，更具代表性。身上真有掤劲的人，对阴阳的理解，和理论上所说的阴阳有所不同。下面这段对话清楚地阐明了太极拳中的阴阳。

有徒弟问："有个太极拳口诀，一阴九阳跟头棍，二阴八阳是散手，三阴七阳尤觉硬，四阴六阳是好手，唯有五阴并五阳，阴阳不偏称妙手。如何理解？"

水宗一答道："先贤有'知行合一'，我模仿其意，也可以说'理身合一'。武文两极，理却一道。有相同，有不同。文理自圆其说即可，能不能实行，则另当别论，且实行之结果短时间内也看不到。武理却不能仅自说自话，理上再通，一试手，立马见分晓。理通而身败，是理错了？还是练错了？理上参悟容易混乱，同样一个理却能产生不同的诠释。你有体证，犹如锤击。他无感觉，屁淡筋松。

同样一个理，用不同的话表述，却又能曲径通幽。同样一个绝招，武理和文理既有一样的地方，又有不一样的地方。武学是靠实实在在的身体来显示理的具体存在和功效，不是抽象的空理，而是基于自身不脱离自身又高于自身的理，所以，武学更多的是身体的体悟，而不仅是思想的感悟。武术技击，搏命之技，涉及个人的生死存亡，虚不得，空不得，假不得。先祖在传授时，更多的是在教如何做，有啥效果。这样做对方就会被发起来，那样做就发不起来。这个教授过程是具体的，就是你这样做，我这样发。你的身体矮，就会调整具体的做法。这个过程就是最好的诠释太极拳。我们平时说的天人合一，天是一样的，人却不一样，不是空的抽象的人，而就是你自己。人拳合一，人剑合一，此中的人不是他人。如果你理解成他人，你就是在空悟。空悟之理，解决不了具体事，空悟之理，是上不了身的。

"善道禅师初偈乐普问：'一沤未发已前，如何变其水脉？'乐普说：'移舟谙水势，举棹别波澜。'善道没啥感觉。又去问盘龙同样问题。盘龙说：'移舟不辨水，举棹即迷源。'善道却一下子悟道了。后来善道住木平，凡有新僧到来，不能参礼，先要去挑三担土。并有偈子说：'南山路仄东山低，新到莫辞三担泥。嗟汝在途经日久，明明不晓却成迷。'练拳嘛，理中参，身中验，缠丝一闪就不见。理身合一练中求，功成可欺理一头。

"你问的这个口诀是想说阴阳相济，但这样表述容易让人产生误解。太极图用S线来连接和分合阴阳，不是用直线从中间来平均分合阴阳。太极拳的平衡，不是静态的直线对称式数平衡，那样就滞死了，而是动态的曲线反对称式质平衡。有阴有阳更有中，阳中含阴，阴中含阳。大阴中有小阳，大阳中含小阴。中是阴阳动态螺旋而生出来。比如掩手肱捶，前手捶螺旋缠丝打击出去，你边打击边想着只能出五分力，否则就过了不平衡，这样即使打上对方，对方也能承受。掩手肱捶这一拳打出去，必须是'一阴九阳'，通过腰裆的螺旋开合，将全身之力发将出去，才能产生惊人的打击力。前手捶为九阳，后手肘为一阴。一阴也不是蓄留住力，而是发出去。只不过方向相反，既能向后产生攻击，又能辅助前手拳的九阳，让其更有打击力。这才是打击时真正的动态平衡状态。绝对不是五阴五阳对等对称平衡。其实，所有的致命一击都是全力而为才能成功。后手肘看起来是向后发劲，实际上是身体向左旋转带动后手肘向后发的劲。从而产生出一个反对称动态平衡的身体状态。很多人认为，所谓内家拳，出拳都不能将胳膊伸直，是曲臂留力，这是误解。你用全力也不一定能打过比你强壮的对方，别说留着力了。曲臂是指最完美的打击状态，即曲臂打击作用到对方身上的力量最大，手臂完全伸直就没啥打击力了，更会被对方所乘。要实现曲臂打击的最好方式，靠近对方，或诱使对方全力向自己冲来，这样可以曲臂迎击。当距离远时，要用腿法和身法，让自己贴近对方从而进入可以曲臂打击的范围，或者通过牵动、捋、採等方式，让对方靠过来进入曲臂打击的范围。太极拳中掤、捋、挤、按、採、挒、肘都是曲臂的。

"'拳者，权也。'搏击是在双方相对相互的运动变化之中进行的，这就会在时空里形成不同阶段的'时机'和势的顺背。太极拳是'与时屈伸，视机而动'的，即在动态变化的情况下采取不同的对策。此一时不得势可以'柔从若蒲苇'；彼一时得先机更可以'刚强无不伸'。在各个具体的情况下，或柔或刚，或左或右，流于一偏，会于一极。这并不背离太极之理，而是更灵活的太极之道。也就是说太极拳不能囿于一时的静态数平衡，而是在整个过程中螺旋成动态质平衡，即随遇平衡。"

——摘自王圣贤《武码头》第拾壹章：至武为文臻化境

阴阳平衡囫囵且不够精确，阳主导下的阴阳动态质平衡才是真谛。在太极图中，白鱼代表阳，黑鱼代表阴。有些地方阳多，有些地方阴多，阴阳鱼的大小头，不管是阴或阳，该小的时候就小，足够的小；该大的时候就大，足够的大。但再大里面也有一点反面的东西，没有就偏了、丢了，因此，阴阳并不是数量上的五阴并五阳对等平衡，而是质量上的反对称式动态活平衡。一九、二八、三七、四六、五五都是一些具体的表现形式，不具备拳理上的规律性意义。这样的表述容易让人产生歧义，亦容易误导人。

太极拳中的阴阳，转化到实际运用中来就是刚柔和虚实。

所谓刚柔相济，也是刚主导下的刚柔相济。太极拳没有中指领着那一点贯穿始终的刚劲，仅强调松柔练不出来打击力。刚为君，柔为臣。没有一点"刚"领着，"柔"就是一盘散沙，一堆懈肉。刚不能理解为骨头，柔也不能理解为肉。刚柔是意念指导下劲力的分合和协调。中指领着一点劲，其余的全部放松，《坎》卦之象，坎中满，坎内含一阳正是此意。任何时候，中指领着的这一点阳劲不能丢，这是主导，一丢，就全是松柔了，根本不能技击。所以，太极拳的刚柔，绝不是半斤八两的对等。刚柔相济，讲的是刚柔一体，融合配合得非常好。

中指领着一点劲，身体能运动起来就行。从这个要求来分析，中指领着的一点刚劲是一分，那么，全身的松柔就是九分。如此一来，如何能体现刚占主导呢？在阴阳系统中，占不占主导与数量多少关系不大，与地位正相关。刚虽只有一分，但因其在引领的位置上，这一分就相当于九成。而柔处于附属地位，虽数量上占九分，但对于全局而言也就相当于一成。这就相当于皇帝就一个而大臣有一群。从数量上来看，大臣多而皇帝寡。但皇帝的一句话，能顶一群大臣的一百句话。所以，皇帝虽然就一个，但仍然是皇帝主导。很多人在练太极拳时，只是表面地理解松柔，把身体放松成一堆烂泥，如何能练出来功夫呢？这些松柔，如果没有中指擎着的一点刚劲统领着，只能是挨打。中指擎着的一点刚劲一螺旋就是挪劲，缠丝只是外形表现出来的动作。腰裆旋转出来的力量，如果没有中指引领，也是无"向量"的劲力。只有双手中指统领下的，放松积蓄的旋转力才能打出合力的整挪劲来。当然，中指领着的一点刚劲，练成了，不一定需要手，或不仅限于手，身上的任何部分都可以发出打击力，这就是所谓的全身都是手，即太极功夫。以此类推可以得出下面这几个结论：以实为主导的虚实相生；以动为主导的动静结合；以内为主导的内外合一。

2. 表现形式：阴外阳内、阴前阳后、阳主阴从的反对称动态质平衡（不是数量或重量的半斤八两对等）

功夫，在临界点附近小参数的精妙控制，就能产生有利于我的大突变。

既然是阳主导下的阴阳动态质平衡，那么，阳和阴的位置就十分重要了。中国功夫向来是阴柔儒雅示于外，阳刚武猛蓄于内。所有的功夫，包括现代的拳击，也都是外在肌肉自然放松，内里擎着一份劲力，一份警觉。在保持自身平衡稳定防护好重要部位的前提下，得势时才瞬间将全身的劲力打击释放到对方身上。

传统文化的代表形象：大表哥式的儒雅外表＋横扫六合的刚劲内核。外表孔武有力的多数被视为一介武夫，所以就有了至武为文的追求。功夫练到一定境界后，人越来越温润，身手越来越柔软灵巧。

外阴内阳，且阳不能多，多了则乱，功夫中就叫一个劲，这一个劲分合皆有，阴阳相济。

《周易》六十四卦中一阳主导五阴的一共有六卦：地雷复、地水师、地山谦、雷地豫、水地比、山地剥。在这六卦中阳爻的位置，分别是初九、九二、九三、九四、九五、上九。那么，在这六卦中阳爻位置的变化会引动什么变化呢？阳爻的位置起到什么决定性作用呢？

《复》卦

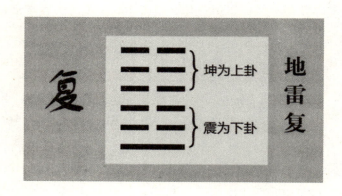

《复》卦一阳生于五阴之下，表示天地之心于重阴凝闭之中呈露出来。《复》卦极具启示性，儒道两家都据此创建了其修炼体系。朱子言："积阴之下，一阳复生，天地生物之心，几于灭息，而至此乃复可见。在人则为静极而动，恶极而善，本心几息而复见之端也。"朱子善释《复》卦一阳，由此来阐明儒家修养功夫的下手之处。

道家内丹根据《复》卦，建立其练功之法。修炼在于脚下涌泉（或会阴）中透出一阳，积至六阳圆满而先天性命全现。也就是说，于后天之身中找出先天之元阳并将其回复本数，便是内丹修炼首要的功夫。陈虚白《修真秘旨》曰："返者，返本也；还者，还原也。不过返其后天者复还于先天而已。"因此，《复》卦的功夫被称作返还。返还之功包含两个密切相关的环节：一是将散于四肢百骸、五脏六腑之中受后天支配的先天阳气收归本源，将后天支配先天的状况扭转过来，此为"返"；二是将随生命流转而耗散的先天阳气补足，即回复到本有之数，此为"还"。

《复》卦是功夫中阳劲生成之始根，阳气刚劲从下面启动，如雷般震出来。中国功夫，注重下盘，即根。劲发于双脚，传于腰裆转化主导协调形成一股打击力，通过躯干、肩胯、手腿等部位作用给对方。

《复》卦一阳爻在下，五阴爻在上，与《剥》卦正好相反，《剥》卦五阴爻居下，一阳爻在上。《易经》以《剥》《复》二卦交替变换之间（六十四卦排序分别是 23 位、24 位），尤为重要。次之为"泽天夬"和"天风姤"二卦（六十四卦排序分别是 43 位、44 位）。《剥》《复》为阴消阳息。《夬》《姤》为阳消阴息。一阴一阳，一消一息。乃易卦变动之枢纽。在练功的火候上，也是武火为阳息，文火为阴消。六十四卦都由此阴阳消息推衍而来。而《剥》《复》和《夬》《姤》却为之首。《夬》之于《姤》为消，《剥》之于《复》为息。《复》是易道最重大之数，实为全易以《复》卦为窍要。因此，懂得《复》卦，就能理解《豫》卦的功夫体之态。练功修养，在于保合太和，孕育真元，即养其元气，使之凝固而不散失。养气之功，端在止静，不乖于《艮》《坤》之德。唯止乃行，唯静乃动。唯《艮》《坤》乃能出震。这是卦位排序和各卦之间的相应变化决定的。人于静极中，自觉元气冲动，而生机忽来，正是《复》卦之象。《复》自《坤》，非静有所动，乃静极而内动。外静内动，动仍需静。若动而不静，则阴气又生，性命不得正。卦名为《复》因其义，易为逆数，复返复。逆则夺造化之用，返则达本原之功。懂得这个道理，则能明功夫之理。

一阳来复，却是从《剥》尽中生，从阴中长，这是阴阳回复之理。乾元不可能从阳中求之，那样所得非阳乃阴，非《复》乃《姤》，《姤》乃顺下，哪有返乾之望？功夫之阳刚亦是从阴柔中生成，集阴柔之刚才是真刚。只有体味出《易经》中的一阳左右升降之数理，变易之根本，才能知道顺逆反复的真义。

《复》卦一阳在下而五阴在上，阳升阴降，阳长阴消。虽有竞争之嫌，数量上也不平均对等，却是和平之道。阴多不与阳争，而相助于阳。虽一阳在下，却有蒸蒸日上之势。而能渐复其初，初指乾元。一阳既始，数少机微，却质大主大，

69

所生升甚大，生机之所在。由此也能看出来《易经》尤为重阳主导下的阴阳平衡。

　　《易经》中以卦象及象象爻之辞指明修养练功之内在秘诀。以坎离既济为工夫；以地雷复为窍要；以乾元为指归（修炼成纯阳之体）。纯阳之体是价值承诺，一阳升腾于众阴底为要诀，阳主导下的阴阳相济为功夫。阳《复》生于初九，《师》于九二，《谦》于九三，《豫》于九四，《比》于九五，《剥》于上九，这是大纲领。《复》之所重，一阳在下，生乃无穷，这是天地生化之机。《复》乃阳初生，《师》乃阳之规，《谦》乃阳之蓄，《豫》乃阳之用。《咸》《艮》两卦讲感言止，止之又止，则近于道，不静止则气不复。当然也描述出真气在全身的运行路线，按此运行修炼，则培阳固本。而阳生长变化兴衰之态，则由《复》阳之震，《师》规之严，《谦》守之蓄，《豫》备之势，《比》围之放，《剥》落之衰六卦来体现。一卦之中有六爻，亦分主次，所谓二五中位，三四中爻。二爻五爻处于上下两卦两爻中间位置，决定了其重要性。三爻和四爻又是处于整个卦的中心，爻辞亦是本卦的要点。一阳腾升，谦蓄于九三，预备于九四，是吉祥恰当的。《谦》卦是六十四卦中唯一六爻皆吉之卦，一般卦到第六爻就变化衰败了，就是上上之《泰》卦也概莫能外。可见阳内敛于中，物来顺应，谦逊收纳，预备警觉之妙。再者，如果从数量上来看，《泰》卦上坤下乾，三阴在上，三阳于下，数量对等，阴阳平衡。但《泰》卦的第六爻却说，上六，"城复于隍"；勿用师，自邑告命，贞吝。《象》曰："城复于隍，其命乱也。""城墙倒塌在久已干涸的护城壕沟里"说明形势已经向错乱不利的方面转化，其前景不大妙。也就是说阴阳的数量平衡或对等，并不是最好的。因此，这也证明了我们的推论，阴阳平衡不是数量对等的半斤八两，必须有主有从，阳主导下的阴阳相济才是真相济。因此，"五阴并五阳"之说不妥。

《师》卦

《师》卦为地水师，师之为象以水居地中，水为天一所生，地六所成，以其类聚。故有师旅之象，亦喻师长之意。就卦象言，上坤下坎，五阴一阳。阳爻位九二居内卦正位。阳在下位为长为师，督率群阴。阳少阴多，阳主阴从。位于下而得中，从于旁而得众。这是一师统众徒之象。师卦乃由众中得一人为长，而号令群集。让群集行止有序，上下有度。左右有法，进退有步，连接有方。一长使之，群集从之。一长挥之，群集应之。不乱其行，不越其秩。

阳气由《复》卦震动往上行走，居于九二，此位之于身体是膝盖部位，此部位在身体运动过程中，十分重要。功夫练得不当，最容易受伤的就是膝，因为膝关节每时每刻都承受身体的重量，膝部所有动作全部在负重的前提下完成，这就如同建筑中的承重墙一样是房屋的核心所在。阳居九二，主下而不当权，号令而督群阴。师者，无权无势，位置不高却极为人尊重。天地君亲师，为中国儒家祭祀的对象。太极拳谱云："拳者，权也。"之所以能权者，皆是双膝如秤杆上的秤砣，通过提坠来化发来劲，实现权衡。

膝，在功夫里主要作用是劲力的输送。形意拳谱云："消息全凭后腿蹬。"就是膝关节瞬间塌实关节卯榫，筋肉收缩，将劲力全部输送传递上去。膝部由于形状和结构的原因，能活动的范围不大，只能前屈，向后只能伸直。在承重的情况下前屈时，也不能过脚尖，过则膝盖会受伤。左右的活动很小，过大就会别坏膝盖。膝的用法也不多，有提膝、顶膝、飞膝、跪膝等。膝打的力量较重，一般来说用上了就会产生很大的伤害。比如太极拳的膝，提膝化力，坠膝发力。螺旋靠两膝的提坠来实现其立体性。其中金刚捣碓和白鹤亮翅中都有提膝打裆的用法。膝部之阳在于严守法度，不能发软。这就和老师教化卫道的严于规矩、法度，师长带兵率众的严于军令一样。规矩、法度和军令是刚性的，否则教不成学，带不动兵。膝部运动的关键在于严守法度，动的少，保持住与身体相对关系不变的多。

虽说人体任何一个部分都要分阴阳，处处有阴阳，但就功夫而言，必须有关键的主导的阴阳。卦象里二五爻为主爻。人体的阴阳虚实形成拳头的打击力，要靠膝盖的提坠来发动，前发后塌，后塌就是后膝的下坠，下坠的反作用力向上传递在腰裆发生螺旋，才能整合全身劲力。一侧松开裆内大筋合住裆劲，另一侧就要拧填腰胯。拧腰填胯一侧为阳，为实；松合的一侧为阴，为虚。双膝如不能一边提一边坠，则腰裆的侧转就实现不了螺旋。提膝化消对方的来力，坠膝发放全身的劲力。阴阳虚实就在这一提一坠中完成转化，腰裆就在这一合一开中实现螺旋，阴阳相济。

《谦》卦

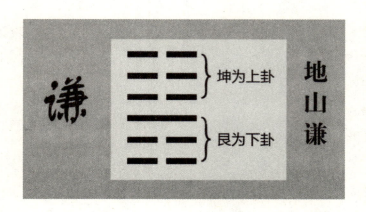

《谦》上坤下艮，厚德载物，如山岳安稳。山高，却伏于地下，而不自以为高，此为谦义。阳居九三,九三的位置之于人体为任脉上的丹田穴，在督脉就是命门穴。这个部位是人生殖繁衍的重要之所在，更是人体系统劲力生成、传递、协调之中枢。阳居九三，气沉丹田，谦纳内敛。《谦》卦因其谦蓄而六爻皆吉，所谓

"谦受益，满招损"。《谦》卦是收摄宇宙智能（智慧＋能量）之象。谦，非仅心念，而含行为；非仅态度，而是实力。山高，却甘伏于地下。山若不高，本就在地下，就没有谦了。谦之阳，一方面，是从《复》卦之初九上升而来，此乃身内本元之阳；另一方面，其气、信息、智能（智慧＋能量）是从天道高维上下来的，通过九窍行功摄收到丹田。下升腾，上收摄，只有从高收敛到低的丹田处才是谦。功夫中，气沉丹田为第一要诀。丹田腰裆居身体中部，乃是身体储能蓄劲之核心。气、能量不能沉于丹田，非但不能为功为用，若气浮上焦，血冲于首，皆为病态。谦摄精华而蓄养，必能添油续命，长生久视。

　　《谦》卦取中爻九三六四合于既济，是为下济。《豫》以九四六二相应，乃为刚应。一济一应，见于象辞，可知其取用之道。一阳往上升至九四，则是预备刚应，刚应是全身放松，外柔多阴，内擎一阳，可防可打，亦防亦打，即防即打。一阳贯通引领着全身松柔而出的刚劲，瞬间发出，就是功夫的刚应。

《豫》卦

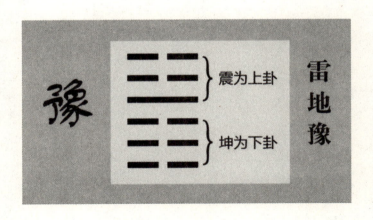

　　《豫》上震下坤，与《复》卦同体而异位。皆以阳爻为主，为阳上升之卦。《复》卦以震居坤下，一阳在初九，为阳气初复之象。而《豫》卦震反居坤上，一阳在九四，是阳气奋升之象。其异在位之高下和道之远近。《豫》与《谦》为来往卦。《谦》以艮在坤下，一阳居九三。反上为下，所以为谦退。《豫》以震出坤上，一阳登于本位，所以为豫逸。退而内蓄，逸而外放。豫，余盈、宽裕。谦退而内敛，豫亢而能进。谦自下，豫自宽。豫以有余，而得地有为，宜进，其动至顺。豫能体坤之顺，应乾之刚。一阳在内，五阴从之，志行而用利。所以《豫》是功夫练成的预备之象，功夫体之态。

豫字从予从象，言天所予，因此，豫有天予之象。予是自称，豫之所得由天予，豫之所成由自致。因此，五阴包裹一阳就是自然加自致之态。而顺势、顺时、顺机亦是遵循或利用天予。但豫的成就和结果，却要靠自己遵循天予的规律，顺应和利用天予的时、势、机而取得。因此，功夫者预备之势，不动如山，动也不乱动，顺势，顺时，顺机而动。顺应，借天地给予之力。

彖曰：豫，刚应而志行，顺以动。豫，顺以动，故天地如之。《豫》卦的结构为五阴爻和应一阳爻，象征多柔者服从一刚者。下卦为坤为地，意味着顺，上卦为震为雷，意味着动。《豫》卦的意义是顺时而动，顺势而动，顺机而动。也就是说，豫卦九四阳爻之动，不是乱动，强动，无目的动。而是顺随着时、势、机的智慧之动，这正是功夫的本质。且刚行柔地，无所阻逆。因此，群阴裹阳，群阴应阳，阳刚主导在阴柔中运行，就会将阳刚劲力全部顺遂地传导到外面，而不会产生阻碍，此乃功夫在运用时状态。正是这种外松柔内紧刚，阴阳相济，松紧一体，使得功夫之动有刚应而志行的结果。对应的结果卦象有二：一是功夫之用的结果——《大有》卦；二是功夫之价值承诺的追求目标——《乾》卦。

《豫》是功夫练成之象态。所谓重阴必阳，重柔必刚。豫乃一阳预备九四于内，五阴从助于外。功夫强调自然放松，只有放松身体后，所打出来的劲力才是真刚。功夫的刚内而柔外，体态放松，内擎一丝警觉，一股刚阳，如如自然，却随时可以做出理性缜密的防卫，更可以发出轻松巧妙的致命一击。

《比》卦

《比》卦上坎下坤，一阳五阴。阳爻位于九五，正当其位，至尊。《比》卦和《师》卦正好相反。师阳爻居九二，比阳爻居九五，一下一上，皆居上下卦之中，位差而事异。上坎下坤，水在地上。象有相聚而朋处之态；情有相洽而同流之意。师阳居下乃是内圣，比阳居上而为外王。《比》：吉。原筮，元，永贞，无咎。不宁方来，后夫凶。阳升到九五之尊，已经无处可升，所以《比》卦之上六爻辞为，比之无首，凶。《比》之九五阳爻之于身体，就是阳升到喉头。此处是呼吸之关键所在。人无食无水，尚可能撑上十天半月，无气则片刻即亡。功夫谚语曰："内练一口气，外练筋骨皮。"一口气能对等筋、骨、皮等整体，可见气之重要。但拳谚也有云："气不过喉，力不过肩。"气要下到脚后跟，才能使全肺、胸膈膜、皮肤等皆参与呼吸。但气上走到喉部就要外泄，不能往头部走。人无过头之力，力过肩则必衰，且容易造成自身的头重脚轻。气和力如往头部走，会对大脑产生伤害。举重时憋住的一口气，必须在喉部停止住，要是跑到头部，轻则满脸通红，重则会将脑部血管崩裂。有时我们可以看到电视上非专业训练的人拉起超重哑铃，满脸通红，鼻子流血，就是这个原因。功夫中的发力也是从任脉膻中穴后、督脉神道穴之前这个区域。因为，脊柱是人体骨骼结构的动力中枢，发力离不开脊柱。但颈椎是脊柱的上面部分且连接着大脑，颈椎和大脑都相对比较脆弱，发力过肩就会对颈椎和大脑产生伤害。有人出拳，力没有完全通过肩传递到拳，部分会通过肩上传到颈椎和头部，这样练久了必会导致颈椎不适或头痛。太极宗师洪均生先生要求练拳时，眼看固定目标（对方），而不是随着自己的手动，其实就是不让头乱动，头虚领顶劲，乱动则身力必散乱。有人把脊柱比喻成竹竿，握住尾闾往外抽打，这样搞不好就会伤及颈椎和头部。实际上头不动，尾闾在动，尾闾后翘且左右甩动，才能将双膝提坠、腰裆侧转的螺旋劲发出来。头部是视觉、听觉、触觉、直觉的总部所在，牵一发而动全身，是最需要保护的地方。其他地方受伤，可以坚持再战，头部挨打受伤，就立刻失去战斗力。虽然功夫中有头捶用法，但那也是在恰当正好时用头顶击对方的鼻眼等薄弱器官。少林七十二绝技有铁头功，也仅是练头部抗击打，没见到有人在擂台上用头满世界顶撞而获胜的。

南怀瑾先生说，喉轮是生死的关，这是十六条脉向上的联结。喉，道家叫十二重楼。所以，有时候打坐坐得好，就有甘甜的口水流下来，这叫玉液琼浆，久咽此浆，可以返老还童。现代西医也承认，人静坐生出来的口水，有一种甘甜的味道，常常浸润出来口液的人身体必定健康，而且没有消化不良的毛病。密宗叫喉轮，如果喉轮打开的人，没有什么烦恼，思想方面比较清爽。所以打坐修定，这里气脉一定要打开。

太极拳《周身大用论》云：一要心性与意静，自然无处不轻灵。二要遍体气流行，一定继续不能停。三要喉头永不抛，问尽天下众英豪。喉头不抛即藏喉。藏喉才能气固、气顺、颈正、虚领顶劲。《心会论》云："腰脊为第一主宰，喉头为第二主宰，地心为第三主宰。"腰脊是发劲之中枢，藏喉能使颈椎骨拔开，使头、后颈、背部形成一条轴，能使督脉和中枢神经机能旺盛，有开阳之功。喉头是人体相对比较脆弱的地方，搏击有三大禁击部位：眼睛、喉头、阴裆。藏喉有保护喉头的作用，护住喉头保证呼吸畅通。有些故事也能印证此理。民间传说杨七郎是秤砣星下凡。潘仁美将其绑着，用箭射，却不能伤害他的性命，因为秤砣乃生铁铸就，刀剑不能伤。潘仁美只好找来算命先生算，才知道他是秤砣星转世。秤砣全身是铁，只有穿挂绳的洞眼是其脆弱之处。于是，潘仁美让人假扮佘老太君在上面喊七郎儿，杨七郎听见母亲的呼唤，一抬头，正好露出久藏的喉头，才被射死了。

喉部后面是颈椎，俗称脖子，中医认为这个地方负责人体上升热气的冷却。丹田处的小肠属火，火乃心火下降至小肠，小肠之火烧肾之水，热气顺督脉升腾而上，必须经过脖子冷却降温后，才能上供给大脑。

《剥》卦

《剥》卦上艮下坤。地山为谦，山地为剥。地山谦阳爻居九三，吉祥。山地剥阳爻居上九，凶险。吉凶之变在阳爻之位，可见阳爻位置之重要。剥，以少阳加阴，其阳至顶尽，不胜五阴，阴盛阳衰，阳到尽头为凶。《剥》与《复》相对，一个阳在顶，必衰落；一个阳在底，必升腾。阳气在九五，已至关隘，故要藏喉，再升，则气已外泻，乃变为剥。物极必反，盛极而衰，乃天时往来之数，万物兴废之理。《剥》卦又称秋卦，言时近秋阴，万物凋敝。天已寒冷，人感衰微。阴已剥阳，刚不复主。阴盛于内，无阳自溃。此时一阳已经主导不了众阴，阴阳失去了"质平衡"。从这个意义上来说，"质平衡"的"质"可以等于"置"（位置）。

阳爻升到上九，这是人体头部的位置。头为诸阳之会，人体十二经脉中，手三阳的经脉是从手走向头部，足三阳的经脉是从头走向足部。但实阳不能上头，劲力也不能上头，头部印堂（上丹田）也只能藏摄虚神。实阳、劲力、气上头，必头重脚轻，站立不稳。实阳上头，会伤及大脑，中医认为高血压就是阳亢上头所致。从现代科学来看，大脑思考，需要消耗很大能量，且必须保持清凉、清醒。这与电脑的主机一样，不但不能发热且要散热。功夫更多的是直觉映像，所有的动作皆为脑神经指挥控制，脖子起到将上升之热冷却的作用。中医也有"凉头暖足"的说法。头为诸阳之首，头顶之百会穴乃诸阳之会，但阳热真气入首却要阴之。因此，功夫之道十分忌讳《剥》卦之象，即劲、气、热上浮于首。临敌实战，如见对方挺胸仰头，劲气浮于首，则不需惧，此是《剥》卦败象。如对方步法沉稳，气定神闲，放松中内擎一阳于膻中，此乃《豫》卦之态，则需万分小心。有此态之人，宁可为朋，不可为敌。一阳五阴六卦中，以《剥》卦的阳居上九不当正位为凶险。

《大有》卦

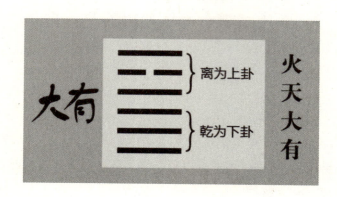

功夫的预备之象、功夫体之态是《豫》，功夫之用和作用效果乃是《大有》。

《大有》卦是功夫作用效果之象。《大有》：元亨。大有乃大大的有，即收获很大。火天大有，火是升腾外逸，天为刚健不息。火为离，离字的甲骨文意为捕获小鸟，即收获。乾阳为刚为大。五爻阳为功夫打击发力一瞬之刚，一爻阴辅之且保持自身质平衡。太极拳的偏沉则随是动态质平衡，掩手肱捶的发劲则正是大有。《豫》卦五爻皆阴，唯九四爻为阳，乃功夫练成预备之象，功夫体之态。《大有》卦五爻皆阳，唯六五爻为阴。象辞曰："柔得尊位大中，而上下应之。"基于功夫就是上下相随整劲出。《豫》为内擎一阳刚统全身之阴柔，预备态势。《大有》是《豫》之一阳统领的整劲全部外逸发出，五阳之刚全部作用给对方，仅留一阴保持平衡。必有很大收获。

《乾》卦

《乾》卦是纯阳之体的象征，六爻皆阳，阴已经柔化其中了，这是功夫的价值承诺和追求。阴阳对半的三阴三阳只有两卦《否》和《泰》，这两卦分别是天道和地道的价值承诺。在功道三卦中，《咸》卦是功夫小成功法，上泽下山，阳爻分别位于九三、九四、九五，且九四阳爻不当位，这表明功夫初练时，阳在体内分布比较凌乱，无规律可循。《艮》卦乃功夫大成功法。上艮下艮，《艮》卦中阳爻由《咸》卦的三个变成了两个，且分布已有规律。位于九三和上九。《艮》卦表明功夫大成，身体的控制趋于自觉和自如，当行则行，当止则止。到了功夫已经练成的《豫》卦，阳爻已经练为一阳居于九四之位，即人体的胸部在两乳头连线中间的膻中穴，此穴位为中丹田，气之海。《抱朴子内篇·地真》说："心下绛宫金阙，中丹田也。"《东医宝鉴》："中丹田，藏气之府也。"也有人认为中丹田是中脘穴，即心窝处。这两个地方相距很近，可以这么说，中丹田是指胸口这个区域。阳气在下丹田为蓄养，阳气在上丹田印堂穴是藏神醒神，所谓虚领顶劲者，乃虚存神上丹田，屏寂思虑。气沉丹田者，乃沉气脐下，欲其充实。《黄庭经》上说，呼吸庐外入丹田，审能行之可常存。盖常人呼吸短促，不能直达脐下，故肺量窄狭，排泄力因之薄弱，影响寿命极大。阳气居中丹田为豫用。《乾》卦六爻皆阳，是为纯阳。内外如一，形质如一。纯阳之体，可以不死。功夫体之态为《豫》，久《豫》养灵通于神明，九四一阳则充盈全身，真气弥布，润泽真元，纯阳一体，真身不坏。

通过上面对《复》《师》《谦》《豫》《比》《剥》六卦、功夫之用《大有》卦和功夫之价值承诺《乾》卦的分析，阐述清楚了阴阳在人体内位置变化之理。可以得出下面的结论：功夫之道在于阳主导下的阴阳相济，纯阳之体在于能逆从阴阳，不昧阴阳，和于阴阳，直至把握阴阳。

陆　功夫的密钥

功夫是有密码的。基于拳谱，就是文字密码；基于口授，不传六耳，就是口诀或心法；基于身教，就是"一摸胜万言"的体证。后二者必须是有缘之人，亲耳闻，亲身验。而读拳谱则可以隔空与历代古贤进行对话交流。但拳谱的文字本身就是一套加密体系，不懂古代汉语的人很难理解，再加上涉及关键的秘诀和心法，因其重要又加了密，多数用诗或比喻写成，等于是密上加密。古代有功夫者，大量时间用在练功上，多半文化程度不高，拳谱多数是找文学修为高的人，口述笔记，以音译字，笔记者不练功夫，不能保证所记之字全部正确。再加上功夫有自身的体（体＋语）境，体境中的术语，不练功夫者，对于这些术语的真正含义无法准确理解并体证到。上述四个方面的重叠，就使得拳谱等功夫秘籍的解码极容易出现问题。古拳谱的解码，有四种方法：考据、推理、联想、体证。一个都不能少，少了一个都会影响解码的正确性。但这有一定的难度，特别是推理和体证。推理只要逻辑思维强即可，体证却是要用身体来证实。把推理做出来，没有功夫不行，做不到也不行。因此，拳谱经常会出现误解、歧解、多解、少解、文解（仅是文字考据，自身做不到）、武解（仅是身体做到，不知其为什么）、不解等情况。时间一长，以讹传讹，众说纷纭，莫衷一是，有些真经就在解码中遗失殆尽了。

1. 功夫语言

语言的最大作用是沟通，或者是思想的表达和交换。语言又因其应用的专业领域不同，有着不同的范式和分类，如商业术语、文学术语、哲学术语、科学术语、功夫术语等。科学史家认为科学源于早期的修辞术，而修辞术所产生的"美""独特性""冲击力""易记性"都是针对人们记忆的。因此，语言修辞和记忆是相互依赖而生成的知识。费耶阿本罗说:"'宣传'才是科学的本质。"

语言是现代哲学的一个重要的方向。语言哲学的两个代表人物就是海德格尔和维特根斯坦。在语言哲学家那里,语言不被认作某种在自然之外生活之外反映自然、反映生活并和自然生活符合或不符合的符号体系,而是被认作一种活动,和人的其他活动编织在一起的活动。陈嘉映先生说:"就本质言,语言不仅仅是一种工具,语言支配人而不是人支配语言。"欧洲语言哲学的开山鼻祖洪堡说:"语言是一个民族的精神,而一个民族的精神就是它的语言。"语法的逻辑来自生活实际发生的事实逻辑,但语言给予我们的不是一堆事实,而是连同事实把道理一起给了我们。同理,传统功夫的语言亦是如此,招数、口诀等都是通过偈诗和比喻的形式存在和流传的,这些口诀将拳理和关于招式的事实一并传达出来。比如洪均生先生太极拳法的歌诀"十字手、庇身捶:十字手开右下挤,手合步开右靠成。庇身捶先左转掤,右肩靠法在转中。因敌变化用肘挤,左引右拨腰裆功。"歌诀中有招式、动作次第、应对逻辑、功法等。

诗的作用在于造就规范,在于揭示语词的意义。海德格尔说:"与制造器物不同,艺术作品不耗用材料,而是使材料本身的色彩和力量凸显出来。"艺术关心的不是有用,而是让存在者如其所是地显现自身。事物的本然面貌在诗中现象,诗从存在的无声之音那里承接下本质的言词,而后才有语言的日常"使用"。那么,我们唯有通过诗才学会适当地"使用"语言,用语言来表达思想、传达信息、下达命令。按照海德格尔的说法,我们可以说功夫语言是一种新的哲学思考实践——不再在概念之间滑行,而是在粗糙的地面上寻找路标,在肢体的起承转合中感受力度,寻找"向量"和"智劲",体证功夫的真谛。

"诗意自在"是功夫之"存在",练功夫的人都是具体的"存在者"。让"存在"进入"存在者"的身心,离不开诗。但偈诗式的描述和比喻,很难被理解,亦很难被正确地动作化练习。我们在修炼和传承功夫的时候,都绕不开描述性陈述,文学性形容,体悟式比喻。不管是师父心口相传,还是阅读拳谱秘籍。这些语言和文字带给我们对功夫的理解,其歧义或误解可能远远多于其正确的含义。出现误解、曲解和歧义的原因很多,总结一下有下面几条:

(1)文字本身的含义变迁。古代汉语和现代语言之间,其使用方式、习惯、字和词意有着很大的不同。阅读古代武术典籍需要翻译成现代语义，但古代汉语是加密的，在翻译过程中就会产生分歧和信息丢失。

（2）功夫是用身体表达的技术和艺术，所使用的语言有不少属于专用术语，和日常用语不同。有些特殊的体验，只有练到一定阶段后，才会出现相应的感觉。功夫没有上身仅看文字描述的体验，也是无法感受到。比如太极拳功夫的关键在腰裆部，尾根（长强穴）是密窍。但不管是功夫秘籍，还是心口相传，尾根的运动方向和方法也是众说纷纭。有的说尾根向后上翘，有的说尾根向前上兜，有的说尾根垂直于地面不能动，有的说尾根左右甩，有的说尾根是甩不动的，能动的只是肛肌，提肛、运动肛肌等等不一而足，所说皆能找到部分道理和体证的支持。

（3）功夫门派众多，所传拳谱功法也是五花八门。别说伪造假传的了，即使是名门正派的拳谱，研究起来也非易事。由于个人所练功夫侧重点不同，所证不同，因此，说法各异，南辕北辙，矛盾重重，莫衷一是。明谱上的文字很少有科学定性或精确描述，多为隐语譬喻。并且，为了安全保密的需要，往往在最关键的地方文字被省略去，只由师父口头传授。即使是师父传了口诀，因体悟、智力等因素，也不一定能练得真传。因此，功夫之事，犹如道教的内丹术，无师指点，此事难知。古语有云："饶君智慧过颜闵，不遇真师莫强猜。只缘丹经无口诀，教君何处结灵胎。"

（4）古今文武兼通者少。很多功夫高手，连字都不认识，这种情况一直到20世纪50年代也属于常态。

以太极拳为例，王宗岳在《太极拳论》中有四句话："立如平准，活似车轮；偏沉则随，双重则滞。"对于这四句话的真实含义，同出太极拳一门，各家有各家的认知，有的认识却正好相反。

何谓偏沉？前说车轮之譬，犹用一脚偏踏车轮，自然随之而下。何谓双重？犹右脚踏上右方，左脚踏上左方，两方力量均衡，则滞而不能转动，其理甚明。

——摘自董英杰《太极拳论详解》

能做到阴阳相等，就能达到不偏不倚的平衡，即所谓"立如平准"和"不丢不顶"的对等。阴阳不相等，必至偏沉劲力会随之一边倒，出现丢顶的现象，即所谓"偏沉则随"（此随非顺随得力之意）。只有做到阴阳既对立，又相等，才能谓之阴阳分清。

两相比较，两位前辈的解读大相径庭，尤其是"偏沉则随"一句的理解。下面的这一段摘录，也许可以解开两位前辈矛盾解读的困惑。

见李能问问题而得到老师的表扬，众徒弟中程得成也想表现一下，见有话缝便问道："老师，王宗岳拳论上说'双重则滞，偏沉则随'，双重如何是错？偏沉是对是错？如何沉？"

"喔，是得成在问吧。"水宗一说道："太极拳螺旋缠丝，围绕着脊柱这个中轴做'S'形螺旋旋转。支持和保证完成螺旋运动的包括双脚、双膝、双裆、双胯、双腰、双肩、双臂、双肘、双手。双字很重要，之所以重要，是因为太极拳最为重要的法度——不能双重，'双重则滞'嘛。双一定是二，二不一定是双。双还有一层意思，即一对都是一样的，对称性的。上面说的九个成双的人体部位，都是左右对称分布在同一条水平线上。脊柱和"九双"形成一个螺旋结构。才能产生掤劲。不动步时，脊柱不能移位或上下不在一条线上或摇摆。动步时随遇螺旋，脊柱移动的方式是弧线形高低移动。双脚靠脚后跟内侧是接触地面的主要部分。双膝只能做上下的提坠运动，不能左右摇摆。提膝化力，坠膝发力，膝只做支撑体重，传导力量，不能让力作用在膝盖上。上下提坠是保证螺旋能作立体旋转，避免腰裆出现平转。一条线上水平旋转不是螺旋，产生不了复合劲力。里为裆，外为胯。双裆、双胯一体，但裆胯的运动方向左右相反。松柔裆内大筋，才能旋开外胯。一边松塌合住内裆，另一边必螺旋撑填拧坠外胯，反之亦然。左右双腰随裆胯的开合运动而左右侧转。双肩任何情况下必须松开。双手的运动复杂需要单独讲。双重，指的是出现了两个中轴，无法转动了。到了高深境界，双眼都要分虚实，不能在一条水平线上。

"太极拳的人体虚实是'S'螺旋形分布。下腿重实则同侧的上手必轻虚，下腿轻则同侧的上手必重。这正好形成'S'形上下两个半圆的左右分布格局。双腿有虚实，转动皆是合着裆劲向着一侧螺旋下沉，偏沉则随嘛。偏是偏重，重是知虚实轻重之重，不是向一侧偏斜倾倒。随是脚踵或跟随。沉是螺旋形松塌而下。我们理解文中句意，既要了解每个字的本义，又要结合上下文通篇整体语境，如

84

此才能准确。仅从字面来思忖，容易偏颇。有人一看'双重则滞'不对，那我就来个单重吧。又有人造出来双轻、双浮等不知所云的概念出来。这些都是片面理解的结果。

"'双重则滞'后面的一句话是'每见数年纯功不能运化者，率皆自为人制，双重之病未悟耳。'双重的结果是'滞'和'不能运化'，'滞'，凝也。是说水凝为冰不能流动。综合上述，可以得出不能流动或螺旋的就是双重，除此之外，都不是双重。人站在地上，与地面的接触点越多越稳，三个支点或四条腿肯定比两条腿稳，既然说双重是病，那就单重吧。重量都移在一条腿上，这是小么子的思维，关键是一条腿能稳吗？双重，如果有对称的反义词的话，也不是单重，而是单中。双重则滞，单中则转嘛。也就是说，避免双重之病的，是保持住单中，即只能有一个中轴。所有能作螺旋的都只能有一个中轴。这个中不一定是人体的物理重心，它是中庸的中，是靠四周来确定的中，这个中是不能摇晃乱动的，又是随时变化的。

"古代骈文讲究两两相对，讲究对仗的工整和声律的铿锵。拳论中这段话是四句：'立如平准，活似车轮，偏沉则随，双重则滞。''立如平准'，身体就像天平一样，中轴稳定，左右平衡，这个平衡不是死平衡，而是活平衡。靠双手双脚协调来实现，即动态的权变平衡。控制活平衡的方式：双手的轻重远近，双腿膝盖提坠。膝如砣，提膝可以化力，坠膝可以加强自身的稳定和发力。这句对应下面的一句是'偏沉则随'，如果别人在你的左边或者右边加大了力，天平就会向一边倾斜，这时要保持平衡的办法，一是在另一边加大力量与之抗衡，显然这不是太极拳的做法。二是在倾斜的方向随着，在反方向提膝化着，随着是顺而不从，边顺随边把对方的力卸化于脚下，同时，腰裆螺旋，坠膝发力，通过手部的角度和转动将力量折返给对方。'活似车轮'是说身体保持随遇平衡时，必须像车轮一样旋转灵活。这句对应的是下面一句'双重则滞'。保证车轮旋转活动的重点：只能围绕一个中轴螺旋。身体上下左右形成一个太极图里融合阴阳鱼的'S'形虚实轻重反对称分布平衡，这样的状态才能保证螺旋。再看后文，《太极拳论》中接着给出了治病的方子，即'欲避此病须知阴阳'。'单中'保证车轮不'滞'，阴阳虚实保证螺旋活起来，'偏沉则随'保证了不顶不丢，是螺旋状粘黏连随，这样才能做到即化即发，直线的粘黏连随则是无用的。太极拳中的阴阳，非直线分割的死的半阴半阳，而是螺旋开合的活阴阳，是'S'形虚实反对称融合之阴阳。左下小轻虚，右上一定要大重实。右下小轻虚，左上一定要大重实。往右螺旋时，松塌裹合右裆，微提右膝，同时，左膝下坠，左胯向右拧开撑填。反之亦然。"

——摘自王圣贤《武码头》第拾壹章：至武为文臻化境

拳谱理解得对不对，要从下面几个方面来衡量。

第一，是否符合人文逻辑。功夫文化脱胎于传统文化，不可能违背传统人文逻辑。如果功夫理论与人文逻辑不一样，那么，其理论要不就是没有依据，肯定有问题，要不就是一种创新。

第二，从文本原义和理论逻辑上理解。古代功夫理论的形成有其特定历史、社会和文化背景。上面所说的王宗岳《太极拳论》大约在清乾隆年间写成（一说为明朝中后期），此人在史书上没有记载，因此，生平和具体年代已经不可考证。而太极拳论的另一个著名人物就是张三丰，历史上虽有记载，但身为道士的张三丰并不会太极拳或功夫。龚鹏程先生在《武艺丛谈》之"张三丰武学考论"中有专业的历史考据。民国时期唐豪的太极拳考证也没有将陈式太极拳与武当张三丰扯上关系。古人和现代人不同，现代人为了出名，把别人的作品抄写过来就说是自己创作的。而古人呢？明明是自己创作的，但担心人微言轻，就伪托说是某某名人的，这样可以利用名人效应，便于流传下来，这是古人的智慧。至于武当的太极拳和陈氏太极拳谁早？是否就是一个？目前也是众说纷纭，并无定论。不过，陈氏太极拳向下传承的谱系十分清楚，有"一祖、二宗、四小家"之说（参见王嘉祥《太极拳研究——杨氏太极拳篇》）。一祖指的是温县陈家沟陈家，二宗指的是杨家和武家，四小家为李、郝、吴、孙四家。从时间对应关系来看，王宗岳《太极拳论》是结合太极思想并以陈式太极拳为实际拳架提炼出来，因此，理解王宗岳的《太极拳论》要以陈氏太极拳为蓝本。我们学习拳谱或功夫秘籍时，要辩证地思考。既要厘清文章理论的源头和实际依据，又要结合全文通篇理解，不能断章取义，以偏概全。对于古谱，还要理解古汉语的原义和引申义，通假字，现在使用字的意思变化等因素，通盘考虑。以王宗岳《太极拳论》中的"偏沉则随"一句为例来分析。《说文解字》里说：偏，颇也。从人，扁声。译成现代汉语就是，偏，斜侧。字形采用"人"作边旁，采用"扁"作声旁。斜侧，就是"S"形向着一侧。"偏"字的词性褒贬皆有。比如《颜氏家训·书证》中的"偏精"是指特别精通。清《豫省试策一》中的"偏胜"是指某一方面的过人之处，相当于是特长。中医中药治病就是利用药的"偏性"等。"偏"的贬义常见无须举例。沉，古文字是水 + 🐂（头朝下的牛），表示将牛羊牲畜投入河湖作活祭。作为动词的意思是没入水中。沉是没入水中，则下沉之势或劲，就有上浮之力，所以，太极拳在沉（坠）一侧膝发劲的同时，一定有另一侧是浮（提）膝。如只有下坠，就不能叫沉。浮（提）膝可以化力，化发同时才见真功。提膝、坠膝练化发劲是陈式太极拳具有代表性的动作，不如此，就出不了螺旋缠丝劲。正因为一侧坠一侧提，才找到这个"沉"字来准确表达，没入水中的物体，虽往下沉，却也有向上的浮力，如没有浮，就不叫沉了。沉浮在两端相反相成，在一个手臂上也上下相反地同时存在。比如，中指领劲往上走，肘却往下沉。则，这里作副词讲，表述承接关系。随，从也。从辵，省声。《易经》第十七卦就是《随》卦。卦辞曰：随，元，亨，利，贞，无咎。意思是如果随从、随和，便能始终亨通，和谐有利。固守正道，没有任何危险。《易经》成书时间很早，能准确地表达"随"字的本义。随字不但表达出内劲在体内的运行方式，更体现出太极拳的独特技击技巧，舍己从人，粘黏连随。因为，太极拳是以"借力"作为自己打击的前提和妙用。能借的最大力量是"地心引力"，而"地心引力"天然地无处不在。想借"地心引力"不能使用主动力，否则就由借变成对抗了，只能顺随。所借的第二大力量是对方打击过来的力，因此，顺从，跟随，顺其来势而动，将借来的力通过腰裆侧转返折回给对方，才是十分有效且消耗较小的方式。那种认为"偏沉则随"和"双重则滞"一样，是练拳的毛病，从字义、文理和太极拳理上都说不通。

偏沉则随是被动式主动。偏沉则随是劲力的流动旋转，而不是脊柱弯曲移动或肩腰乱晃。偏沉则随是"S"形阴阳鱼式的虚实质平衡，对称式平衡是个死结构，作为运动方式锻炼可以，但不能用于搏击。可以这么说，不能偏沉则随，就不能螺旋，就不是太极拳。

即使从字句原义来理解也有局限性，还要从通篇的上下文整体逻辑和逻辑指向上来体悟。拳论上的这四句话，前三句在讲规律和方法，最后一句讲法度，其共同逻辑指向是在表明太极拳的核心特征——上下向螺旋为核心的运动方式。我们将"螺旋"带入这四句话中，就能清楚地知道整体逻辑上能不能通顺，逻辑指向准确与否。人体站立着是个上下向且反对称式平衡的秤杆机制（螺旋）结构，能随遇平衡，（螺旋）旋转的像车轮一样灵活，（螺旋）的运动方式是向一边遍沉，要顺随（螺旋）的运动方式，但如果出现两个中轴，（螺旋）就旋转不动了。有人认为太极拳不是螺旋，是圆或环。但把圆或环带入其中，整体逻辑就解释不通，逻辑指向更是模糊。"立如平准"的逻辑指向是随遇平衡，"平准"只是用来比喻。"活似车轮"的逻辑指向是"活"，"车轮"也是用来比喻。"偏沉则随"的逻辑指向是上下向螺旋的运动方式。"双重则滞"的逻辑指向是"单中"即只能有一个中轴，同侧的手腿不能同时重，双腿、双胯、双手不能在一条水平线上，这些要求只有一个目的，保证人体在受负荷的状态下能做灵活的螺旋运动。

再者，不要轻易地否定或改动拳谱名称的叫法或练法。有人学拳没几天，对整体拳架的内在逻辑、劲力走向、目的和妙用都不太清楚，就仅凭着日常生活化的理解和自己所练动作顺不顺来改变拳架或名称。比如螳螂拳中有一招"腰斩"。有人会问为什么不是"斩腰"呢？"腰斩"和"斩腰"听起来所表达的意思差不多，实则有较大的区别。螳螂展翅拳中"腰斩"的动作构成："腰斩"是接在"左挑封赶捶"后面的一招。第一动，左脚向前上一步，右拳变八字掌，掌心向外，经左腮，由腋下，沿左臂外侧投手；左拳同时变掌，内旋收回左腰间，掌心向上，目视右手。第二动，身体后坐，主劲塌于左腿，右脚勾起，沿地面由后向前勾出，同时左掌借拧腰坐胯的旋转劲力向左前方插出，掌心斜向上，高于肩平，右手回拉至右腮下成螳螂刁手，目视左掌。要点：进步投手回勾，坐胯勾脚插掌，一气贯通。右脚勾划走半圆形，以脚跟后内侧着地，脚拇趾里扣。（参见樊廷强《中国拳术与功夫》）

从上面一连串动作的描述可以知道，左掌的斩不是一上来就直接斩，而是，先用右手往右勾住对方的右腮脖，同时右脚往左上勾住对方的左脚后脖子，上右下左同时发力，使对方头脚上下不能相顾，而将右腰肋暴露出来，在不能或来不及防护的时候，用左掌斩击。因此，"腰斩"是一个招数，由一连串的动作构成。而"斩腰"仅是一个动作描述。"腰斩"通过向右后上勾拉头脖子，向左上勾脚脖子的技术使对方失去平衡，暴露右腰肋时，进行斩击。如果上来就直接用左手"斩腰"，对方就可能防护住了，实现不了斩击的效果。

第三，从实际对抗中验证对错。套路、拳架、招数等都是以用为目的，实践是检验真理的标准。对错，不能仅从推理逻辑到纸面道理，从纸面到纸面，从思维到思维，这都是务虚。功夫之道，仅务虚是远远不够的，还要从思维到行为，从文化到武化，从拳谱文字逻辑到肢体运动逻辑，必须经过身体对抗搏击之务实。不能被实战检验的招数，多数都是冥想臆造出来的。当然，从思维到行为，是一个从普遍性到具体性的过程。当功夫练上身后，还必须有个从具体的行为到普遍性的提升。所以古人有至武为文的高境界追求。你说"腰斩"不如"斩腰"直接，那你用"斩腰"我用"腰斩"，比试一下，动手才知谁的好使，谁的有效。当然，招数还有一个谁使和对谁使的区分。同样是"腰斩"，师父告诉你其中的用法和妙处，将技术要领、动作要求、内劲走法、拳架特点、逻辑关系等都分拆给你看了，让你试了，但师父对你一用就灵，你对师父却不一定使用得上，这就是功夫的深浅高低。师父功夫高，告诉你就用这一招，你可以从任何方向、角度，使用任何招数，他只用这一个招就能将你制服。因为，师父已经将此派拳架的内劲逻辑体证通透了，化了。这一招可以打出不同招数的劲，这个劲能用在不同的招数里。

2. 功夫文字

拳谱功法中最著名的莫过于少林，少林功夫秘籍有二：《易筋劲》和《洗髓经》。通过李靖的《易筋经序》就能知道这两本秘籍的传承情况。

后魏孝明帝太和年间，达摩大师自梁适魏，面壁于少林寺。一日谓其徒众曰："盍各言所知？将以占乃诣。"众因各陈其进修。师曰：某得吾皮，某得吾肉，某得吾骨。惟于慧可曰"尔得吾髓"云云。后人漫解之，以为入道之浅深耳，盖不知其实有所指，非漫语也。迨九年，功毕示化，葬熊耳山脚，乃遗只履而去。

后面壁处碑砌坏于风雨，少林僧修葺之，得一铁函，无封锁，有际会，百计不能开。一僧悟曰：此必胶之固也，宜以火。函遂开，乃熔蜡满注而著。得所藏经二帖，一曰《洗髓经》，一曰《易筋经》。

《洗髓经》者，谓人之生，感于爱欲，一落有形，悉皆滓秽。欲修佛谛，动障真如。五脏六腑、四肢百骸，必先一一洗涤净尽，纯见清虚，方可进修，入佛智地。不由此经，进修无基，无有是处。读至此，然后知向者所谓"得髓者"非譬喻也。

易筋者，谓髓骨之外，皮肉之内，莫非筋。连络周身，通行血气，凡属后天，皆其提挈；借假修真，非所赞勤，立见颓靡。视作泛常，曷臻极至。舍是不为，进修不力，无有是处！读至此，然后知所谓皮、肉、骨者，非譬喻，亦非漫语也。

《洗髓经》帙归于慧可，附衣钵，共作秘传，后世罕见。惟《易筋经》留镇少林，以永师德。第其经字，皆天竺文，少林诸僧，不能遍译。间亦译得十之一二，复无至人口传秘密，遂各逞己意，演而习之，竟趋旁径，落于枝叶，遂失作佛真正法门。至今少林僧众，谨以角艺擅场，是得此经之一斑也。

众中一僧，具超绝识，念惟达摩大师，既留圣经，岂惟小技？今不能译，当有译者。乃怀经远访，遍历山岳。一日抵蜀，登峨眉山，得晤西竺圣僧般剌密谛，言及此经，并陈来意。圣僧曰：佛祖心传，基先于此，然此经文不可译，佛语渊奥也；经义可译，通凡达圣也。乃一一指陈，详译其义。且止僧于山场，挈进修，百日而凝固，再百日而充周，再百日而畅达，得所谓金刚坚固地，驯此入佛智地，洵为有基筋矣。僧志坚精，不落世务，乃随圣僧化行海岳，不知所之。

徐鸿客遇之海外，得其秘谛。既授于虬髯客，虬髯客复授于予。尝试之，辄奇验。始信语真不虚，惜乎未得《洗髓》之秘，观游佛境。又惜立志不坚，不能如僧不落世务，乃仅借六花小技，以勋伐终，中怀愧歉也。

然则此经妙义，世所未闻，仅序其由，俾知颠末。企望学者，务期作佛，切勿要区区作人间事业也。若各能作佛，乃不负达摩大师留经之意。若曰勇足以名世，则古之以力闻者多矣，奚足录哉？

时唐贞观二载春三月三日李靖药师甫序

从唐·李靖的序中可以知道，《洗髓经》到慧可禅师这里变成的心口相传，后世罕见了。少林寺留下的《易筋经》也是"第其经字，皆天竺文，少林诸僧，不能遍译。间亦译得十之一二，复无至人口传秘密，遂各逞己意，演而习之，竟趋旁径，落于枝叶，遂失作佛真正法门"。因为经文用天竺文写成，只能识得十之一二，就是这识得的一二，也是各自按照自己的理解来练习。如此看来，功夫密码的解码，从唐朝开始就出现了问题。

下面是一段关于心诀的对话，也许能改变一般人对秘诀的认知。

"记住我下面说的内容。"灰衣人强调道。

"正襟危坐，素目素思，前念已去，后念未生。周身通泰，一意独擎。此时，对外不睹不闻，对内全知全晓，这便是心。所谓孔颜乐处，不传之密。此心难觅难存。十分着意时又要十分无意，一紧则逸，一懈则驰。先儒谓如龙养珠，似猫捕鼠。"

孔子之乐是："饭疏食，饮水，曲肱而枕之，乐亦在其中矣。"颜回之乐是："一箪食，一瓢饮，在陋巷，人不堪其忧，回也不改其乐。"非常明确，缘何为千古不传之密呢？世间真诀有两种存在形式。一种是暗诀。暗诀，口口相传，不立文字，后辈用肢体、语言等形式，表达出前辈的东西，前辈认证，即传衣钵。像禅宗传正脉，在于我拈花，你微笑，心领神会。像一些武艺绝技，也是心法不传六耳。但这种形式因为文字记载少，不使用概念，无法应对改朝换代、战争、死亡等突变，容易失传断代。即使留下一个故事或公案，后人修为不到，也无法体会理解。本是实修证悟的精华，却容易当成话语诡辩之术；本是苦练而成的绝世武功，却成了虚无缥缈的故事传奇。一种是明诀。明诀，明立文字，一清二楚。此法可以流传万代，万众皆可研读，像儒家的《论语》。不过，即使刻文画像，有文有解，怎奈慧根不同，同样一句文言，百人百解，万人万样。真诀就在眼前，而且言之凿凿，就是学不会，悟不出。这两条线时而交会，时而分离。明诀，易得难悟，修如千重山，百步就一关。暗诀难得易练，修如一层纸，一点就到底。

古语云："拳练万遍，其理自现。"前提是姿势正确，才能现。否则，傻练一辈子也出不了功夫。有诀，没有师父纠姿捏骨，正对身法，诀也无用。无诀，亦能自创心诀，开宗立派。

——摘自王圣贤《武码头》第玖章：孔林薪传儒家艺

不错。明诀，易得难悟，修如千重山，百步就一关。暗诀，难得易练，修如一层纸，一点就到底。

让我们一起来看看明诀吧。

……

91

《汉书·艺文志》是中国最早的史志目录，东汉班固在撰《汉书》时，为纪西汉一代藏书之盛，根据《七略》改编而成。分六艺、诸子、诗赋、兵书、数术、方技六略。

《马槊谱》作者不详。

《角力记》宋代调露子著，是中国五代十国到宋初的有关角力和拳术的史料书，有述旨、名目、出处、杂说等篇。

《武经总要》宋代曾公亮撰，涉及功夫的内容颇多。

《武编》明代唐顺之编著。

《江南经略》明代郑若曾著。

《纪效新书》明代戚继光著，有关武术的篇章有长兵、牌筅、短兵、射法、拳经等。《纪效新书》收录了"杨家六合八母枪法"，俞大猷的《剑经》和戚继光自编的《拳经》三十二势图诀等。

《五杂俎》明代谢肇浙著。

《阵纪》明代何良臣著。

《续文献通考》明代王圻著，此书兵考"总论军器"篇中记述了枪、刀、弓、弩、棍、杂器等各派武术。

《三才图会》明代王圻著。

《耕馀剩技》明代程宗猷著，有《少林棍法阐宗》《单刀法选》《长枪法选》《蹶张心法》四篇，主要介绍了少林棍法，有理论，有动作图解。

《涌幢小品》明代朱国祯著。此书卷十二载有武术内容，记述了当时的武术家和拳术等。

《武备志》明代茅元仪著，其中第84卷至第92卷载有弓、弩、剑、刀、枪、钯、牌、筅、棍、拳等武术图解。

《手臂录》清代吴殳著。

《万宝全书》清代烟水山人编。

《拳经》明代少林寺玄机和尚传授，陈松泉、张鸣鹗撰。曾先后被改名为《玄机秘授穴道拳诀》和《拳经拳法备要》印行。此书是记述少林拳术的名著。

《太极拳论》清代（一说明代）山西王宗岳著。

《内家拳法》清代黄百家著。黄百家自幼从王征南学内家拳。书中记述有"五不能""打法""穴法""禁犯病""练手者卅五""练步者十八"等内容。

《苌氏武技书》清代苌乃周著。全书共六卷，记述拳术、拳理、枪法、猿猴棒、双剑等。

《清稗类抄》清代徐珂编撰。此书是一部有关清代史实的笔记集，全书分九十二类，其中技勇类记述武术较多，如"叶鸿驹精内家拳""蒋志善枪术""草庵和尚用铁杖""德宗十三响枪""江阴煎海僧所用铁刀重八十斤"等。

《陈氏太极拳图说》清代陈鑫著，记述陈氏太极拳的动作和理论，并附有图解，是太极拳的重要著作之一。

《陈氏太极拳实用拳法》洪均生著，书中将陈太极拳各式分门别类，从名称、拳理、招式、内在逻辑等方面进行解析考证。总结出"太极是掤劲，动作走螺旋""自转＋公转"等论断，并创编有太极拳"三字经"传世，因其拳架独树一帜，被人们称为陈式太极拳"济南架"、洪传陈氏太极拳、洪均生太极拳。

……

3. 功夫塑像

金庸的武侠小说中经常有武功秘籍出现，谁能获得秘籍，谁就能成为武林至尊，如《葵花宝典》《辟邪剑谱》《九阴真经》等。真经秘籍就是文字加图案来说明练功方法。古汉语本身就加了密，图又是二维的，画不出来三维的实际动作轨迹。再者绢、纸一类的书籍很难长久保存，容易毁于虫蠹、战争、火灾等。于是就出现了下面这种秘籍的保存形式：塑像。

水宗一不知道彩虹和尚为啥要让自己来看彩塑罗汉，既然如此安排就一定自有道理，慢慢看吧。到千佛殿里一细看，水宗一吓了一跳。有人说，如果自己只有一把锤子，看世间所有对象都像钉子。水宗一常年练拳，心身具在太极拳中，心里除了拳式，就是拳理。休闲或与人聊天时，也是用肩画"∞"字练功。此刻仔细观看罗汉塑像，竟然觉得罗汉们在练拳，那些姿势、表情、神态分明是在练功。

水宗一见一泥塑罗汉双手如抱球状于胸前上方，一脸的安静，下颌微收，顶劲虚领，双肩松松如挂肩上，合着下溜的肩头和手臂，形成的弧形曲线自然流畅，肘坠如砣，一身浑圆之气。祖父练拳站桩起势时，就是这个样子和神态。看旁边的名字却是灵岩开山法定老和尚。看着看着，觉得身上真气腾腾上拱，双手欲动，中指微翘，有跟着灵岩开山法定老和尚做同样动作的意思。

水宗一转眼看到东边有一罗汉，右脚放在左大腿上，右手弧曲四十五度露着中指直指上方，大拇指压住其余三指握屈在中指根部。旁边有字：东土摩诃菩提尊者。这不就是太极拳中的中指领劲吗？心意一动，手不知不觉动起来，中指领劲在胸前旋转四十五度外开，指领手，手领肘，肘领肩。手围绕中指自转，下塌外碾，松肩坠肘，收合于腰，收肘不收手。水宗一刚画了一个正手圈，猛然心中一热，从右胸前的天池穴一股温热的真气经天泉、曲泽、郄门、间使、内关、大陵、劳宫拱走到中指指端中冲穴，把水宗一吓了一跳。真气拱串的经络正是手厥阴心包经。

水宗一又看一尊罗汉，却是宾头庐婆罗多尊者。就见这位尊者，右手似拈花形，旋缠约四十五度弧形扬在右胸前，左手微曲指，掌向上托于右手下方，与太极拳中高探马一式相似。这边心念刚想到，身子外形没有动，内劲竟然按高探马的发劲路线动将起来，自己想要不动，却止不住，心中大惊，怕劲气乱动走火入魔，忙吸一口气，直沉丹田，那行至肩井穴的劲气却不听使唤，心中一急，忙把眼光移到另一个罗汉上。

这尊罗汉是济颠和尚。只见他左手握拳弧于左耳边，右拳合于左拳边，这姿势就是"庇身捶"。练庇身捶全身左右缠丝拧动，心中刚想到这里，从脚底的涌泉穴到头顶的百会穴被一股温热真气整个螺旋贯通。

四十个罗汉看下来，水宗一竟然全身被汗湿透。人走了一圈，真气按着彩塑罗汉的身姿在体内走了三十二遍，奇经八脉都通了。足足看了六十分钟，这六十分钟相当于增加练六年拳的功夫，身子竟有点虚脱。这个感觉只有那次在杭州与日本人拼内力后才有，这次还要更虚一些，有点移不动腿。正在这时，彩虹和尚走进殿来，见水宗一如此，就知道水宗一已经识得彩色泥塑罗汉之密了。忙吩咐小和尚出去，把殿门关上，守在门口任何人不准入内。

彩虹和尚问："施主练过易筋经？"

水宗一答："没有，只听说过，乃少林至尊武功秘籍。"

"没练易筋经，身上却有易筋经的劲气，赏佛姿竟通懂内劲，天数呀！"彩虹和尚又说，"缘分到了，赶也赶不走。今天我就告诉你一个千古之秘吧。"

原来少林寺自唐朝开始，因与皇权关系的亲疏，也是屡遭劫难。少林寺最神秘的两部武术秘籍《易筋经》和《洗髓经》，更是为武林人士觊觎。宋治平初年少林寺当家住持，怕真经丢失，就将一部《易筋经》秘密转移到灵岩寺内保管，灵岩寺方丈唯恐绝学失传，按照其三十二式功法塑造成三十二尊罗汉。一则塑像能神形兼备，准确地表达出功式身形。二则塑成菩萨后一般人不敢毁坏，能永世流传。懂者，一见就知；不懂的，天天看也是泥胎塑像。此密一直在住持方丈之间秘密传承，外人，包括寺内僧众都无从知晓。灵岩寺中的罗汉塑像，实乃拳式。古人传武功，乃口口相传，担心失传，乃以文字和画像记之。文字容易产生歧义，画像是二维平面，也难渲染表现拳架之妙，且书籍容易毁于虫蛀、火灾、人盗。唯有塑像可以全方位精确地表达拳架姿势，塑成罗汉，谁也不敢盗，也盗不走。针灸的传承练习，也有造铜人仿真，铜人的三百五十四个穴位留有小孔，装入水银，用蜡封住，针对了穴位，穿透了蜡，水银就流出来了。易筋经乃三十二式，因此塑了三十二尊罗汉。到了万历年间，又将易筋经八步心法，塑成罗汉，遂成为四十尊罗汉彩色泥塑像群。

彩虹和尚道："武人，能懂得三十二式易筋经的少，懂得八步心法的就更少了。今天，施主竟然自通三十二式，我就将八步心法传给你。眼见，倭寇猖獗，国人惨遭蹂躏。不过，此次灾难会过去，当再次国泰民安之时，恐怕儒释道都又是另一番面貌了。我已无时日，无法细传功法，好在有罗汉塑像在，你懂得心法后，用观师诀，自参吧。"

观师诀，亦称"观师默相"，是学手艺人的方法。从师那天起，就要随时随地学习模仿老师的一举一动。这样所传法子才真，手艺才精。其实，观师决亦不神秘，就是跟着老师，依葫芦画瓢，他咋练，你咋练，学其行，求其神，练出师父的味道。到自己练时或用时，默想老师做手艺或练拳的神态，摆起老师的架子，一切手艺或拳势中的规矩，自然会显现。水宗一家学渊源不说，就是儿时国学启蒙，到现在吟诵诗文，还是授业老师的做派，微眯双目，平声起韵，及至妙处，摇头沉醉，待到高潮，陡然提声，猛睁双眸。老师是个精瘦的老头，那时却目露精光，神采飞扬。长时间的观察学习，自然就会模仿老师的言行举止。

彩虹和尚指着一尊罗汉道：

一曰立鼎增内强，

第二安炉煮阴阳，

三炼外肾造精袋，

四静心原息万方，

五锁玉关真精长，

六透三田气自刚，

七贯任督冲天狼，

八藏马阴龙虎降。

彩虹和尚边念边指边说，说完问水宗一记住了吗？水宗一点头。水宗一此时知道彩虹和尚乃世外高人，心中有不少疑问，父亲已死，自己藏身闹市，不敢抛头露面，这时正好能破心中疑惑。水宗一此刻的心思，既非谦虚，也非客套。真有半疑要解，更多的是求个印证。自己多年的参悟，需要印证。既然有此机缘，当然拣要紧的问。

——摘自王圣贤《武码头》第柒章：真经活在灵岩寺

上面的摘录虽是小说，但逻辑上是可信的。比如中医在传承针灸技法时，宋代以前就是靠师带徒手把手教，或看书上的文图。又不能拿病人给徒弟练手，书上的图是二维，更无法精确。到了宋仁宗时，翰林医官王惟一于1027年设计并主持铸造铜人针灸孔穴模型两具，并编撰《铜人腧穴针灸图经》，对腧穴理论进行考证并规范，以便更直观地观察人体周身的腧穴分布及经脉归属。宋代周密撰《齐东野语》记载："以精铜为之，脏腑无一不具，其外腧穴则错金书穴名于旁，背面二器相合，则浑然全身。"铜人是三维的立体的，和真人一样大小，里面装有铜铸成的脏腑，躯壳表面，刻有三百五十四个穴孔，孔内装满水银，外封黄蜡，以防水银流出。练习认穴时，若针得正确，一进针水银便会流出。若针得不对，就刺不进去。穴位位置准确而清楚，便于认找、识别和练习。拳法功夫就是姿势和运动轨迹的集成，用塑像更能正确表现出来。

4. 功夫身体

身体语言——"一摸胜万诀"。

哑巴卖刀，因不会说话，用的全部是动作语言和刀的实际功能。哑巴先用刀剁一段很硬的铁块，刀口不留任何痕迹，再用刀切很软的棉花，表明刀的锋利，这样哑巴不用语言仅用动作就能将刀卖出去。

言传身教，古语很精确。对于功夫而言，言只能传，身才是教。古人有"观师默相"的学习方法，默记和模仿师父的动作和精神。武谚云："宁传十口，不教一手；宁教一手，不传半摸。"功夫是身体语言在说话。外形动作上的相似做到不难，但包裹在衣服皮肤下面的骨骼、筋膜、气血、意识在如何运动却看不到。这种内劲的运动，任何语言描述都力有不逮。此时，师徒之间要进入互摸体验式传习。一是徒弟摸师父，体验师父的内动，这是摸对；二是师父摸徒弟，看看徒弟拳架和内动，这是摸错。对的要学，错的要改。师父会对徒弟进行正架、捏骨、顺气、理劲等纠正。如果徒弟练对了，师父会进一步进行喂招、喂劲，师父将自己当成活靶子，让徒弟使招发劲，来检验其拳架内外运用得正确与否。摸要摸关键、要点，摸整体，不能像盲人摸象一样，只摸一条腿，就说象是圆柱形的。洪均生先生教拳在高兴的时候，也会让徒弟用手摸他的尾根，让徒弟感受他在发劲时尾根的运动方向和轨迹，好让徒弟摸到并学会尾根正确的运动方式。

柒 功夫之"手眼身法步"

功夫不分内外家，任何功夫都是内外一体。就拳法而言，有人说拳分内外，有内家拳和外家拳之分。此说法最早见于王征南的墓志铭。《王征南墓志铭》是现存最早记述内家拳名称概念、历史源流、风格特点的文献，该铭以千余字篇幅，通过王征南的生平事迹记述了内家拳的产生、特点及二百余年的传承关系。

《王征南墓志铭》

少林以拳勇名天下。然主于搏人。人亦得以乘之。有所谓内家者。以静制动。犯者应手即仆。故别少林为外家。盖起于宋之张三峰。三峰为武当丹士。徽宗召之。道梗不得进。夜梦玄帝授之拳法。厥明以单丁杀贼百余。

三峰之术。百年之后。流传于陕西。而王宗为最着。温州陈州同。从王宗受之。以此教其乡人。由是流传于温州。嘉靖间张松溪为最着。松溪之徒三四人，而四明叶继美近泉为之魁。由是流传于四明。四明得近泉之传者。为吴昆山、周云泉、单思南、陈贞石、孙继槎。皆各有授受。昆山传李天目、徐岱岳。天目传余波仲、吴七郎、陈茂弘。云泉传卢绍岐。贞石传董扶舆、夏枝溪。继槎传柴玄明、姚石门、僧耳、僧尾。而思南之传。则为王征南。

思南从征关白。归老于家。以其术教授。然精微所在。则亦深自秘惜。掩关而理。学子皆不得见。征南从楼上穴板窥之。得梗概。思南子不肖。思南自伤身后莫之经纪。征南闻之。以银数器。奉为美槚之资。思南感其意。始尽以不传者传之。

征南为人机警。得传之后。绝不露圭角。非遇甚困则不发。尝夜出侦事。为守兵所获。反接廊柱。数十人轰饮守之。征南拾碎磁偷割其缚。探怀中银望空而掷。数十人方争攫。征南遂逸出。数十人追之。皆地蔺匐不能起。行数里。迷道田间。守望者又以为贼也。聚众围之。征南所向。众无不受伤者。

岁暮独行。遇营兵七八人。挽之负重。征南苦辞求免。不听。征南至桥上。弃其负。营兵援刀拟之。征南手格。而营兵自掷仆地。铿然刀堕。如是者数人。最后取其刀投之井中。营兵索绠出刀。而征南之去远矣。

凡搏人皆以其穴。死穴。晕穴。哑穴。一切如铜人图法。有恶少辱之者。为征南所击。其人数日不溺。踵门谢过。使得如故。牧童窃学其法。以击伴侣。立死。征南视之曰。此晕穴也。不久当苏。已而果然。

征南任侠。尝为人报雠。然激于不平而后为之。有与征南久故者。致金以雠其弟。征南毅然绝之。曰。此以禽兽待我也。

征南名来咸。姓王氏。征南其字也。自奉化来鄞。祖宗周。父宰元。母陈氏。世居城东之车桥。至征南而徙同岙。少时隶卢海道若腾。海道较艺给粮。征南尝兼数人。直指行部。征南七矢破的。补临山把总。钱忠介公建□以中军统营事。屡立战功。授都督佥事副总兵官。事败。犹与华兵部勾致岛人。药书往复。兵部受祸。雠首未悬。征南终身菜食。以明此志。识者哀之。

征南罢事家居。慕其才艺者。以为贫必易致。营将皆通殷勤。而征南漠然不顾。锄地担粪。若不知己之所长。有易于求食者在也。一日。过其故人。故人与营将同居。方延松江教师讲习武艺。教师倨坐。弹三弦。视征南麻巾缊袍若无有。故人为言征南善拳法。教师斜盼之。曰。若亦能此乎。征南谢不敏。教师轩衣张眉曰。亦可小试之乎。征南固谢不敏。教师以其畏己也。强之愈力。征南不得已而应。教师被跌。请复之。再跌而流血破面。教师乃下拜。赞以二缣。

征南未尝读书。然与士大夫谈论。则蕴藉可喜。了不见其为麤人也。余弟晦木尝揭之见钱牧翁。牧翁亦甚奇之。当其贫困无聊不以为苦。而以得见牧翁。得交余兄弟。沾沾自喜。其好事如此。

予尝与之入天童。僧山焰有膂力。四五人不能掣其手。稍近征南。则蹶然负痛。征南曰。今人以内家无可眩。于是以外家搀入之。此学行当衰矣。因许叙其源流。

忽忽九载。征南以哭子死。高辰四状其行。求予志之。余遂叙之于此。岂诺时意之所及乎。生于某年丁巳三月五日。卒于某年己酉二月九日。年五十三。娶孙氏。子二人。梦得前一月殇。次祖德以某月某日葬于同岙之阳。

铭曰。有技如斯。而不一施。终不鬻技。其志可悲。水浅山老。孤坟孰保。视此铭章。庶几有考。

苍龙后记

《王征南墓志铭》是"内家拳"一词最早的出处。拳是否分内外家？各家有各家的观点。但功夫不分内外家，不管是所谓的内家拳或外家拳，功夫练到一定程度后，都是阴阳相济、内外一体。少林拳属于"外家拳"吧，济南少林拳名家朱宪章先生练"少林拆"时，犹如风摆杨柳，忽忽悠悠，若隐若现，柔化蹁跹，犹如跳舞。陈式太极拳可谓"内家拳"吧，其传人陈发科，以自家太极拳在京参加比赛，只获得了三等奖，这还是裁判组看他年纪大了送的。因为，他演练的太极拳，蹿蹦跳跃，展闪腾挪，其气势犹如蒸汽火车奔驰。裁判组集体认为这不是太极拳。因此，不管是内家拳和外家拳，所练的功夫都有其共性特征。这就是所有功夫都讲究的"手眼身法步"。

百度百科上这样解释手眼身法步：戏曲表演艺术的五种技法。亦称五法。手指各种手势动作，眼指各种眼神表情，身指各种身段工架，步指各种形式的台步。法则总指上述几种表演技术的规程和法则。

京剧名旦程砚秋先生所倡之五法为：口、手、眼、身、步。口指各种发声的口法，余者与上述同。"唱做念打"四种表演要素与"手眼身法步"五种技法合称为"四功五法"，是戏曲演员的基本艺术修养。中国戏曲学院副院长钮骠先生说，前辈艺术家曾说过，"手为势，眼为灵，身为主，法为源，步为根"。其中"法"是指戏曲表演所不能背离的规矩和法度，否则就不是戏曲了。它是演员在舞台上展现戏曲表演意境和神韵的技法。

洪均生先生曾质疑过"手眼身法步"的排序。认为应该是"眼手身法步"，因为，武术不管是练拳还是格斗，最先用的是眼，眼要看到目标，才能动手。

1. 历史上的"手眼身法步"

"手眼身法步"的解读之所以说法不一样，皆因"法"和"步"的困扰，亦因"手眼身"的次第。程砚秋先生大概认为这个"法"字在中间很难说通，于是在前面加了个"口"字而去掉"法"字。"口手眼身步"说的都是身体，似乎通顺。但按照排列顺序，"身"字的位置也不对，应该放在最后面。"步"字似乎也别扭，其他都是名词指身体的部位，单独"步"是动词。步有另外两种词性，步作名词，意为脚步、步伐。步作量词是古代中国旧制长度单位。显然这两个词性用在此处皆不妥。钮骠先生的说法，"法为源，步为根"对"法"界定很到位，即"规矩和法度"，但"步为根"亦牵强，脚为根好理解，"步"如何为根？

还有其他说法，一种认为"法"是头发的讹传，发指甩发的技术，如果是"发"就满足五法了。可是问题来了，甩发不是个常用的技巧，为啥要强调单独甩发呢？一种认为把"法"放在手眼身步的后面就通了，因为法是方法，后缀于前面四个字，问题是这样就成了四法，没有五法了。这两种说法理由也不够硬。

考证"手眼身法步"的文章不多。吴华闻先生在《究其"身"而正其"法"》一文中认为，"身"特别重要，所以"法"是"身"的后缀，修饰"身"，应该是"手、眼、身法、步"。强调"身"的重要不错，但这样还是只有四法。陈古虞先生在《谈手眼身法步》一文中说，他研究了其出处，但因教授戏曲的老艺人从实际出发，你跟着做对就行了，有文字记载的不多，无法考据清楚最早的出处。只是说周贻白先生有一本《戏曲演唱论著提示》，书里面注解了戏曲重要论著《明心鉴》，此书本来就是老艺人的手抄本，注解有"身段八要"里面的三条：一条是眼先引，二条是步宜稳，三条是手为势。这个倒是比较符合洪均生先生的看法，眼在最先。有意思的是，文中引用了这段文字："郭东篱先生到少林寺访问，了解武术发展情况，讲到拳经里有两句话：'手眼身法步，精神力气功'。郭东篱先生认为'手眼身法步'原来可能是'手眼身步法'这样就和'精神力气功'对仗比较合适，而且也比较通顺。我说，这就对了，'手眼身法步'这几个字的源头是武术，是直接从武术中来的。大家一直认为'手眼身法步'是戏曲的'五法'，搞了半天是从武术中借过去的。"陈古虞先生文章最后的结论是，基本上说"手眼、身法、步"这样的关系，是个有机整体，统一的整体，不能分割。仅就对仗而言，即使按照郭东篱先生的改动，将"法"字移到最后面，也不工整。不管是对仗的平仄，还是字义，皆有不妥。总而言之，关于"手眼身法步"的解读，吴华闻先生用三个顿号"手、眼、身法、步"形成了四层意思。陈古虞先生用了两个顿号"手眼、身法、步"形成了一个有机整体的三层意思。从五法减少成"三法"了，但好像还是没有解决疑问。

"手眼身法步"的源头是戏曲？还是武术？暂且不论。因为，戏曲和武术也割裂不开，都是演练，既然都是演练就有共性。只不过两者在功效的追求上不一样。戏曲是练为演，武术是练为打。为演，好看就行；为打，好用才行。从这个角度来说，武术要比戏曲更深入全面。因为"演"只需要一面对观众，解决的是一个近似180°单向面的视觉上好看，是视觉和听觉上审美的追求。"打"要把对方打倒，需要解决的是360°上下、左右、前后六面时空四维的动态的有效，为身心合道显术赢得对抗的追求。审美只是作为一个外在表现的附加值，功夫所追求的不仅是打倒，更要巧妙、轻松、漂亮地打赢。功夫之美有三个层次，立体的形体之美，鲜活的劲力之美，灵性的气韵之美。舞台上的"演"，只要对观众这一面好看就行，比如亮相，后面看不到，就是看到了也不一定好看。而擂台上的"打"，不管从哪个角度看都好看。因为，功夫的招数是为了应对四维时空中的打斗，哪一面注意不到就会出现破绽，要求眼观六路、耳听八方。这个推论如果成立的话，只要从功夫的角度论证清楚这个问题，戏曲上就能适用。

武术的拳谱记载，和戏曲一样，多为口述之作，因发音等问题，会产生歧义。有功夫的人多数不大识字，文学修养好的，身上又没有功夫。拳谱多为口述笔记，只能根据发音来显字，至于是不是这个字？这个字能不能代表这个音？能不能说清楚动作的含义，就全凭记录者的理解了。但只要是忠于原发音，即使用了错别字，后人也能根据实际验证，找到对的字。因此，可以考证单字的对错，千万不要随意改动拳谱上字的位置，位置一动，含义就完全不同了。再者，不要低估古人的智慧，对于拳谱中记载的招式名称也不能随意改动，除非你有足够的考据和功夫体证。关于这一点在，在第陆章"功夫的密钥"之文字功夫中，已经用螳螂拳中"腰斩"一式说明了。

2. "手眼身法步"正解

从功夫的视角，结合"手眼身法步"五个字的原义，我们推导出下面的解读。

"手"是双手，在这里代表着四肢（双手和双腿）。如果手仅代表上肢，腿上哪里去了呢？是后面的"步"吗？"步"是指腿吗？如果"步"代表腿，为什么要放在最后呢？因此，手在这里代表着四肢，是表现动作的关键。四肢中腿为根，因要支持身体的重量，腿部的动作一般较少。不管是功夫还是戏曲，打击和表现动作的主要靠手。传统功夫用腿攻击时基本上没有高腿，腿的高度很少抬过脐，且抬腿都要提膝合在中线上，一是防止对方攻击下阴，二是为了站得稳。实际上不是提膝，而是要抬腿的一侧腹股沟韧带一收，丹田一紧，膝就提起来了，虚合着裆劲，这样出腿收回又灵又快且稳。西方的拳击则是完全用手，不准用腿。有人说功夫中腰重要，腰是重要，但腰只能发劲并不能直接作业。能表现和完成动作的就是手。手最为灵活，最能表现，是使用率最高的打击"利器"。民间自古就有"高手"之说。以洪均生太极拳为例，其手法最为复杂和奥妙。下面是洪均生太极拳手法三字经，需要注意的是，手法之法是"法度"，即在顺逆缠丝时的规矩，不仅是方法，至于用法更是千变万化。

洪均生太极拳"手法"三字经：

讲手法，最复杂，顺逆缠，互交叉；

凡顺缠，掌上翻，小指裏，拇上捻[①]；

凡逆缠，掌下翻，拇内裏，小指转[②]；

顺缠时，沉肘腕，带手掌，划弧线；

逆缠时，掌当先，手领肘，肘带肩；

顺逆缠，属自转，自转时，有公转；

公转变，正反旋，正旋圈，顺逆半[③]；

逆上出，右下还，低平脐，高齐眼[④]；

肘收沉，贴肋边[⑤]，手开合，胸前变[⑥]；

反旋转，亦同前[⑦]，逆下出，顺上还；

---

① 指小指里裏，拇指向外上捻。

② 指拇指里裏，小指向外上转。

③ 正旋一圈，必然半圈顺缠，半圈逆缠；反旋圈亦然。

④ 低不过脐，高不过眼，是指画圈的极限。在这个范围里或大或小，要随式子的需要，而加减之。

⑤ 肘的位置也因敌而变，需要贴肋则贴，否则不贴。"肘不贴肋"之说不是陈式太极拳的规律。

⑥ 陈式太极拳要求手不过中界，以手心对心口窝为度。

⑦ 指一圈中顺逆缠各半，见注③。

肘收还，齐乳前，缠为顺，掌勿偏①；

下转肘，贴肋边，手领肘，作逆缠；

缘胯开，再上转，肘松沉，永不变；

公转形，如鸡蛋，大小头，有定限；

正小头，心口前②，反小头，齐眼变③；

或左右，或后前④，左右圈，正或反⑤；

前后圈，多反旋，其缠法，变化繁⑥；

手逆出，后外偏⑦，变顺回，经耳边⑧；

另一圈，八法含⑨，基本功，莫轻看。

法度森严，规矩如此多，又如此精妙的手法都能练好，要表现戏曲中的兰花指、莲花步，当然不在话下。李小龙、成龙、于承惠、于海、李连杰、甄子丹等功夫人，都不是专业学表演的，却很容易就能上手演戏，成为电影明星，就是这个道理。

"眼"指的是双眼，代表着神。眼是我们接收外界信息最主要的器官，为表现表情神态的核心。眼在洪均生太极拳中有"顾盼"二法。即左顾右盼。洪均生太极拳中对眼法规矩很严，眼看"固定"目标为练，眼随目标动为战。眼不是常人理解的看着手，跟着手走。"眼"有法度，即眼神也要分虚实，不能双重。顾的是目标点，为实；盼的是一面，为虚。练一趟拳眼睛一直要瞪着不能眨眼，提着神，保持着高度警觉。"眼法"三字经：

意发令，凭眼传，审地势，察敌变；

---

① 肘收到乳前，手仍指原方向。

② 正旋的小头在心口前，大头高与眼平。

③ 反旋的小头在外，于上转到眼齐平处，转腕变顺缠之际；大头则在收肘经乳前，手缘胯外转。

④ 如云手等。

⑤ 如搂膝拗步、倒卷肱等。

⑥ 左右正反旋圈的缠法只一顺一逆互变，或双顺、双逆的变化。前后圈虽用反旋。但缠法变化至少四次，甚至多至五六次，如搂膝拗步、倒卷肱、护心拳、伏虎等式。

⑦ 反圈中，手走到胯的外下侧。

⑧ 必须先收肘贴肋，然后手经耳边，腮旁，转向胸前。这是陈式太极拳的规律。

⑨ 指掤、挒、挤、按、採、捌、肘、靠八种手法都随眼、身、步法的转换，而因敌变化。

眼所视，有点面，实点顾，虚而盼；

身步手，随顾盼，盯目标，莫乱转。

"身"是躯干。身是主导，功夫的劲力皆发于腰身。身法大于其他的技法，手上对了，错一点，问题不大。身法不能错，腰身错了，是最要命的。手势再美，没有身段的枢纽、协调，也出不来整体的风韵。运动之美在于腰身和四肢的协调。拳经上讲"主宰于腰"。练身要出腰身劲，出腰身劲就是整劲，能将全身协调统一。练拳出不出味道，就看腰身。比如洪均生太极拳的"身"的法度是只能围绕脊柱中轴做螺旋运动，不能"双重"。一旦违背，双重了，所有的方法都会不起作用而失效。

洪均生太极拳的"身法"三字经：

讲身法，上中下，顶劲领，裆劲塌[1]；

腰如轴，戒凸凹[2]，长强穴，尾骨端；

体里裹，微后翻[3]，气松沉，小腹间[4]；

重心低，动无偏，胯里松，裆开圆；

既灵稳，且自然[5]，两膝盖，与踵齐[6]；

随身转，互落提[7]，杠杆理，支重力[8]；

如磅秤，称粮米，物加重，砣随移[9]；

---

[1] 上则虚领，下则松塌。

[2] "凸凹"读音为"tū āo"。

[3] 这个要求为洪式太极拳与其他各式太极拳的根本区别。

[4] 指脐下气海穴。道书称"丹田"。

[5] 重心随裆开圆而增加稳定度，胯内腿根大筋放松，可加大左右旋转的灵活性。

[6] 不许膝与足尖齐，否则会使小腿向前倾斜，成双重，而转换不灵。

[7] 身左转，则左膝提而右膝落；身右转，则右膝提而左膝落，以保持重心随遇平衡。

[8] 支点在头顶百会穴向上领，向下至尾骨的立轴；重点是对方加在我身上任何部分的力；力点是我用以引掤对方身体任何部分的力。

[9] 古拳论说：立如平准。这是合乎力学原理的。秤的物体分量加大了，则必须将砣拨向适当的位置，以保持力点与重点的平衡，才能斤两不差。这是太极拳掤法的作用。

使重心，得随遇①，守中立，莫挪移②。

"法"是法度。法在这里指的是法度，而不是方法。"手眼身"当然都有方法，但此处的法不能作为方法来讲，否则，就令人费解了。

法字的繁体字为"灋"，早期的金文为🔣，字的组成是：🔣去+🔣水+🔣廌。意思是人们从水、鹿等自然中领悟并践行的生存之道，即暗合宇宙万物的本质精神、顺其自然的原则性行事准则。书法中有个总结性的说法：晋人尚"韵"，唐人尚"法"，宋人尚"意"，元、明尚"态"。魏、晋时期讲究风度韵致，尊崇"神采为上，形质次之"。唐代重视法度，唐代书家对前人的书法进行了总结，在书法结体和用笔方面实行了规范化和精微化，规定一些不能违背的原则法度。宋代追求意趣。苏轼说："诗不求工字不奇，天真烂漫是吾师。"元、明时期偏重于摹仿，在字的形态上下功夫。很显然这里的"法"也不是方法，而是法度。既然"法"的原义是行事准则，为法度，因此，"手眼身法步"中的"法"在此处不能作为"方法"来理解，而指的是"法度"。法度，不是具体的方法、技巧。方法和技巧不能言尽，且能层出不穷的创新。法度是不能违背的原则。这个法度规定了"手、眼、身、步"，即四肢、眼神、腰身、步（整体移动式的运动）等不可违背的原则性规矩。

比如太极拳中的"不起肘"。作为法度"不起肘"是不能违背的原则。因为一起肘，肩部必紧，只能调动使用胳膊的局部力量。"不起肘"则能将全身的劲力传递到手上。只有在遵循"不起肘"这个法度原则的前提下，太极拳的八法"掤、捋、挤、按、採、挒、肘、靠"才能有效。也就是说，必须守住"不起肘"，至于用什么手法，不做规定，可以千变万化，但手法再变"不起肘"却不能变。

法度规定了哪些事不能做，哪些动作违背武学之理。至于能做的方法则可以不断地创新，但法度到任何时候都不能违背。因此，"手眼身法步"中"法"是法度。

"步"是身体整体移动式运动的方式和轨迹。"手眼身"的运动，都可以在身

---

① 指随遇平衡。

② 按古拳论："立如平准，腰为车轴"要求（车轴不能前后左右移动）身法必须做到：中正安舒，不偏不倚。有人说陈式太极拳的练法为：重心全部移于某一腿。这不符合陈式太极拳的规律。

体整体不移动的状态下进行，但一涉及"步"，则是指身体的整体移动，不单纯仅是四肢围绕身躯的运动。很多人把"步"理解为腿，"步"包含着腿的运动，但腿和步是完全不同的两个概念。腿和手一样，是四肢之一，而"步"指的是行走。步，甲骨文的为 🀄，即 ⊥（一个四通八达的大路）+ 🀄（两个"止"，止即脚，两脚南北方向一前一后移动）+ 🀄 🀄（两个"止"，代表两脚一前一后东西方向移动），表示两脚在大路上交替迈进。武术中的步，是个比较隐蔽的奥秘。步有上步、垫步、箭步等。当然步里包含着步型，比如弓步、马步、盘步、麒麟步等，但步型不是"步"的核心，步的法度才是。腿不同于"步"。腿法，指的是用腿法度和方法。腿法有鞭腿、侧踹腿、正蹬腿、扫堂腿等。步法是身体整体运动的法度。必须涉及两条腿同时移动才叫步。身体整体的移动，就会带来"手眼身法"的全部变化，原来在身体不整体移动时的规矩和技法都要根据身体的整体移动而做出改变。因此，"步"是动态的全局性和整体性，指的是身体整体移动过程。拳谚有云："教拳不教步，教步打师父。"这是因为步里涉及身体的整体运动管理，更包含着与对手的相对位置、角度、招数用变、时机等动态关系。这些关系和法度才是实用打法的核心。天下功夫，唯快不破。要打上对方必须快，功夫之快包含三个方面：第一是侧转；第二是进退；第三是手脚的速度。三者都涉及步。

"步"放在最后，有其依据和道理。双腿是支撑身子的平台，而双腿的移动——"步"，则是招式得以实现的保证。功夫的劲力起于脚腿，但能将劲作用于对方，同时，在对方攻击时能有效避让，全靠灵活有效步的站位和移动。在这一点上中外功夫一致，拳王阿里的成名绝技就是"蝴蝶步"，飘逸灵活的"蝴蝶步"带动身体避让了很多重拳，同时完成了许多有效的攻击。洪均生太极拳步的法度是弧线运动，不能走直线。

洪均生太极拳的"步法"三字经：

步进退[1]，随身转，斜或正，因势变；

论步型，马弓盘，虚与实，互转换；

动如水，流曲弯，静止处，稳如山；

———

① 步法的进退必须走弧线，这是脚尖或里扣或里外摆形成的，绝不能直线进退。

沉着中，有轻便。

　　"手眼身法步"中"手眼身"涵盖了全部身体和精神，"法"为身心运动的法度，"步"是身体整体移动的轨迹和过程。有次第，但不是程序性和步骤性的，而是从局部到整体，从有形到无形，由外而内，从四肢到神态到腰身（有形），继而上升到整体运动的法度（无形），这是个有机的整体，涵盖了全部。这五个字不是简单讲身体运动的方法。如果仅是方法就降低了它的高度，它是更为高级的原则和准则。它不能被修改，字不能改，字的位置和次序不能动，只能被理解。

捌 功夫的模式

模式，解决某一类问题的方法论，即把解决某类问题的方法总结归纳成理论并形成一套操作标准。它揭示了对象之间隐藏的规律关系，对象可以是数字、看不见的轨迹、思维的方式等。模式强调形式上的规律，而非实质上的规律，是前人积累的经验的抽象和升华。从不断重复出现的事件中发现和抽象出规律，将解决问题的经验总结并固化。

1. 套路——功夫的模式之路

百度百科上这样解释"套路"：武术套路就是一连串含有技击和攻防含义的动作组合，是以技击动作为素材，以攻守进退、动静疾徐、刚柔虚实等矛盾运动的变化规律编成的整套练习形式，又称之为"套路运动"。中国武术各家各派都有表现自己门派特色的套路，且套路多是循序渐进的，初学者和久练者学习的套路是不同的。套路是中国武术中的一种独特形式，也是区别于其他武术的一大技术特征。但武术的核心并不是套路而是体能、少而精的技法及反应的锻炼，将功夫放在套路上是一种低效率的练功方法。

解释的前一部分说出了套路的作用，但最后一句话却让人感到费解，既然套路作为练功方法是效率低的，古人为什么要创造套路呢？套路的传承有上千年的历史，如果真的效率低，在如此长的时间里，早就被人们淘汰了。当然，最后一句话比较能迎合当下大部分"吃瓜"群众的看法，套路都是花架子，银样镴枪头，好看不能打。套路，或真的就是效率低，抑或是百度百科解释错了。

套路在功夫中究竟是个啥角色？有啥作用？可有可无？还是功夫的奥秘所在？

关于套路我们可以追溯到上古。《山海经·海外西经》中记载说："大东之野，夏后氏于此舞九伐。"《宋史·乐志》中有这么一段描述:"舞者发扬蹈厉,为猛贲趫速之状。每步一进,则两两以戈盾相向,一击一刺为一伐,四伐为一成,成谓之变。"清代段玉裁《说文解字注》中释义:"伐者,击也。诗勿翦勿伐传。郑曰:一击一刺曰伐。诗是伐是肆笺云。伐谓击刺之。"由此可知,古人说的伐就是由几个动作组成的套路。套路的目的是打击对方。当然,"伐"出现在史中属于官方文言的称谓。宋代民间有套子的说法。南宋《东京梦粱录》中有记载:"瓦市相扑者,乃路岐人聚集一等伴侣,以图摽手之资。先以女颰数对打套子,令人观睹,然后以膂力者争交。"

　　套路的本质是具体招法、技法的集合,训练、蓄养劲力的载体。有人会说还有养生和竞技表演的套路。确实有,但那不属于功夫的范畴。这里只分析功夫的套路。中国各拳种都有套路,只是长短不一。"无套路"的拳好像中国功夫里没有。套路是中国功夫的载体和特征。套路是中国功夫由原始杂乱无章走向理性规范的标志,套路使功夫趋于有规律的模式化。

　　中国功夫源远流长,拳种和门派众多。功夫的本质是智劲,智劲的修悟必须靠一套特定的动作组合,套路正是这种动作的组合。功夫的本质是智劲,但能练出智劲的并不一定就是一种动作的组合,而是条条大路通罗马,曲径通幽,殊途同归。因此,各门各派,套路都不一样,每个门派的套路都呈现出某种特定的动作形式,一看就能辨认出来,如螳螂拳、鹰拳、黑虎拳、蛇拳、白鹤拳、梅花桩、八卦掌、形意拳、太极拳等。

　　洪均生先生常说太极拳的基本功"画圈"十分重要。在教金刚捣碓一式时,强调此式乃太极拳母式。于是就有不明就里的学生,或只练"画圈",或仅练金刚捣碓。洪均生先生知道后说,太极功夫只有在全部的套路里才能习得。并用书法举例,点、横、撇、捺等是书法的基本笔法,"点"特别重要,是笔势的起始,但如果只练"点",是无法写好书法的。在洪均生先生的教学实践里,比较系统地理解和传承了太极拳套路,并把相同或相似的式子分门别类地归类,分析其中共性规律。用"画圈""提水"等基本功练习太极拳基础,用每个单式的反复练习训练招数和技法,用整体套路集成训练系统的太极劲力,用推手训练本能的反应和招劲的运用。他特别强调,太极功夫只有在太极拳一路和二路的套路里才能习得,这对当下的中国功夫传习具有十分重要的棒喝作用。

套路是中国功夫的范式。套路是招数、技法的集合，这是"术"的操作性。同时，套路内在的功夫逻辑，却蕴藏着功夫的范式，这是"学"的知识结构性。只有"术"没有"学"，功夫只能是"手上高"，只知其用，不知其哲理和所以然。只有"学"没有"术"，功夫只能在"嘴上高"，只知其理，却不能妙用。很多练武人，不研究套路，不在套路上下功夫，只想要一两句所谓的"心诀"，拿"真经一句话，假传万卷书"来说事。须知一句"心诀"是多年来反复练习理解套路并在实践运用中所得。古人云："听君一席话，胜读十年书。"这句话其实应该要反着来理解，只有读了十年书，才能把一席话听懂，听上身。换言之，只有练上十年的套路后，那一句"心诀"才能听懂。没有练过十年套路，即使听到了一句"心诀"，"心诀"也不会起作用。

套路会不会是花架子？套路能不能打？这样的疑问和争论不是现在才有的，从套路形成后就一直在争论不休。

一说到套路之弊，人们自然会想到戚继光《纪效新书》中对武艺之病的批评。戚继光说："奈今所学所习，通是一个虚套，其临阵的真法真令真营真艺，原无一字相合；及其临阵，又出一番新法令，却与平日耳目闻见无一相同，如此就操一千年，便有何用？临时还是生的。且如各色器技营阵，杀人的勾当，岂是好看的？今之阅者，看武艺，但要周旋左右，满片花草；看营阵但要周旋华彩，视为戏局套数，谁曾按图对士一折一字考问操法，以至于终也。此是花法胜，而对手工夫渐迷，武艺之病也。"这段话表达了三层意思：其一，所练的是虚套，到用时一点也用不上，虚套多练无用。其二，格斗是搏命的，不是为了好看的。其三，之所以出现虚套是人们为了追求动作的好看花哨所致。戚继光并没有批套路无用，如果套路真无用，那么他就不会创编拳经三十二式了。戚继光所批的是虚假的套路，练用不一的套路，为了好看的套路。批判的言外之意实际上在强调，实战时怎么用，套路就怎么编、怎么练。为实战而练，而不是为好看而练。实用套路所展示出来的功夫和姿势确实好看，但好看是好用带出来的附加值。虚套路所展示出来的只是姿势好看，却是花拳绣腿。真功夫一定好看，但好看的不一定都是真功夫。

套路是将功夫练上身的一套模式，我们从套路中习得功夫的原理和逻辑。这就和物理学的公式差不多，有人学了 E=MC² 能研究出来原子弹，能搞出宇宙飞船飞上月球。但有的学了后啥也搞不出来，不能因为有人啥也搞不出来而否定 E=MC² 不成立。

套路是中国功夫的范式，其内在逻辑所体现出来的是一套公式般模型。离开套路模型，中国功夫将永远失去其存在的价值。陈发科先生在教洪均生时就强调，陈式太极拳一、二路，没有一点角边料，每个招式都有实战的用处。因此，洪均生先生将自己创作的书命名为《陈式太极拳实用拳法》，用"实用"二字突出了陈家拳套路的精髓。在征得陈发科先生同意后，洪均生先生从实战角度出发将陈式太极拳的起势（双手同时抬起），改成左手在前、右手在后的应敌势（右手顺缠走里左上弧线转到胸前，手心侧向左后上斜角，中指扬向右前上斜角。左手配合右手同时逆缠走外右上弧线转到下颏前方的一尺位置，手心侧向右后下斜角，中指扬向右前上斜角）。他通过对太极拳一路八十一式和二路六十四式的反复练习、试验，得出了"太极是掤劲，动作走螺旋""公转＋自转"等太极拳套路的内在规律和本质。因此，除了为看而练的虚假套路，源远流长的中国功夫套路都是宝藏。洪均生先生在书中提到一位习燕青拳的闫老师，称他是济南最能打（实战）的人。闫老师曾说过："传统的功夫都是好的，但要看谁使、对谁使。同样一招，我能使用上，你却用不上。还是这一招，对你使管用，对我却不管用。"这句话道出了套路的真相，没有不好的套路，只有不会使用的人。功夫的高低取决于对套路模式的理解、练习、体证和活用程度。

传统套路的练习亦很科学，可分为五个方面。1. 从套路中提取出来的基本功训练。比如太极拳的"画圈""提水""三换掌"，形意拳的"三体桩""鸡步"等。这些基本功是训练套路中频繁出现的常用动作和劲力。2. 单式的练习。在套路中摘出一些十分好用的招式反复练习，强化某种特殊擅长的技能。3. 套路系统练习。套路练习是系统地训练核心技术，掌握劲力的运行规律。核心技术和劲力的运行规律绝非单独练某个部位，虽然核心劲力和技术是由某些部位主导生成的，比如腰裆就是劲力产生的关键部位。但核心劲力和技术仍然是由全身系统统筹协调出来，仅练某个关键部位，不利于系统整体劲力和技能的运用。现代运动学研究表明，人体运动的速度、力量和准确性，取决于肌肉群的运动次第。由大肌肉群带动小肌肉群参与活动，即核心关键部位统筹带动各个起作用的局部参与形成系统整劲。通过对太极拳一路、二路的反复练习，使得以大肌肉群以及神经为主的整体系统获得持续的螺旋式运动强化。牛建华先生曾运用肌电测试系统来记录太极推手初学者与优秀武术运动员之间肌电图（EMG）的变化，然后进行比较与分析。结果表明：太极推手过程中初学者技术动作不协调，发力肌群为上肢肌群，下肢肌群用力相对较少，上肢肌肉、躯干肌肉和下肢肌肉同时开始放电，混乱不协调。而优秀武术运动员为部分下肢肌肉和腰腹肌肉率先放电，技术动作协调、连贯。也就是说，没有经过套路反复训练的人，只是自然身体反应，用的是上肢局部的力量。而多年套路练习者是下肢关键部位率先放电，带动协调身体系统的整体参与运动。这也是要练整体套路的原因。4. 对练或推手。对练或推手是在模拟实战，训练受到各种形式外来攻击和力量负荷的反应能力和应对技巧。5. 散手。散手是实战，用实战来检验练习的好坏和功夫的深浅。

　　套路是中国历代武术家的心血结晶，是在实战中不断改进的成果，又是在搏杀中不断地改良提升的精华。练习者往往要通过数年甚至数十年才能领会和参悟其中的真谛。套路讲究慢修细练，心身和文武双修，忌快。套路才是真正的中国功夫的精华固化，那些没有领悟或者对套路并不熟悉的人，对套路的认知是偏差的。套路是中国功夫精髓所在，练套路就是在练功夫。

　　套路练习，第一是着熟，第二是懂劲，第三是神明妙用，任何情况下都能用上。套路也不是会得越多越好，而是熟、精和妙用。套路是练习功夫的外在姿势运动轨迹、内在劲力运行和表达释放。

　　套路和功夫是分不开的，功夫出于套路。功夫要靠套路里的一招一式来释放表达出来。没有这些套路招式，功夫是无法释放的。功夫出在套路里，要在套路的一招一式里找，要在一个动作接一个动作的转化间释放。所以，想出功夫，就必须练熟套路，或者将套路分拆成一个个单式进行强化练习。一直练到一个动作完全变成自己的自然本能反应，在任何情况下（包括有外力作用）都能不思考不变形地本能使用。这样一个一个的式子慢慢累加纯熟，一动手就是这样，功夫才能表达出来。练武练功夫要有次序，不能空缺中间的部分和过程，也不能揠苗助长。那么，有没有不练套路，就能有功夫的呢？有！非常少。其实懂得步法、身形和内劲就是真正的高手。有些人天生悟性高，经过简单的训练，就能掌握。套路如果只有外形好看、优雅，没有内在的劲力，那只能是舞蹈或者花架子。套路有了外形，要往内里找，通过外形来懂得内部劲力的运行，直到内外合一。

当前，很多人练套路练不出来功夫，于是就有"功夫架"的说法产生。练不出功夫来的原因很多，比如练习的次数和时间不够，缺少实际的切磋，误解拳架的作用等。其中一条最重要的原因是，没有正确地理解和恪守拳架的法度和要求。只要照着拳架的规矩下功夫，功到自然成。没有练不出功夫的套路，只有不按规矩练不出功夫的人。

有人说，功夫套路和实战之间存在着巨大的差异，这是不了解套路本质所产生的误解。如果认为差异很大，那就是着熟这个层面都没有做到，更别说运用得神明了。这与大学生走向社会参加工作一样，很多人认为自己在学校学的知识，在工作中很多用不上，最主要的原因就是没有学通，所以才用不上。

几乎所有的拳种都声称，自己的套路是用于实战的，没有多余的动作，不是为了表演。同时一部分练习者却十分困惑，自己所练的拳架在实际的打斗中几乎用不上。套路活用的实践少是主要原因。比如1953年在澳门，吴式太极吴公仪先生与白鹤派拳师陈克夫先生的一场比武。我们不判断双方有没有真功夫，也不是看搏斗动作的难看与否，而是从搏斗双方的攻防意识，拳种该有的技术动作，打击到对方时的作用效果等方面来分析。该比赛既没有看到接手即仆的巧妙，也没有看到该有的拳架和劲力，手法、技术单调到在一个方向上连击三个空拳。当然，这不能说明两位拳师没有真功夫，但多少能表明他们缺少实战经验，至少是平时的实战检验比较少。因此，我们只能相信套路，而不能迷信传说中的大师。

套路是功夫的练习形式，只是一种可能性的应对形式。如大部分套路中都有设敌出右拳击我胸或脸，我则如何等。但敌出右拳，却有着多个打击的可能性。敌出右崩拳击脸，中途就变成撩下裆，左手同时按切小腹或起腿。而套路中只会列出一种应对模式和内在逻辑。因此，套路只是在练一种应对模式。通过对这种应对模式的练习，而掌握多个应对可能的内在逻辑规律。这需要练拳的人有一通百通的悟性，如果死记硬靠套路，临战时当然用不上。实用和妙用是套路的练习内容，内容决定形式，形式服从内容。套路的实用，不是指对方的来拳和套路中假设对方来拳一致时，所练的套路正好能用上。而是真正搏斗时，对方的打击不一定和套路中的假设一样，而是多点同时快速打击。如果硬是用平时所练的套路来应对，肯定无法应对。此时，囿于套路的要求和固定动作是愚蠢的。临战要靠从套路中所练出来功夫的实际妙用，即通过练习套路这一种应对模式而掌握了临敌时所有可能性的原则和规律，对决时起作用的是功夫，而不是套路的形式。比如太极掤劲，手往上是掤，手往下也是掤，往左往右皆可以掤，而不是死守着套路中的右手往上外掤。套路是练功夫和出功夫的，功夫是怎么练，怎么用。套路用得上是招数，用不上就是一个模型死物。因此，套路没有能不能实战之问，功夫和拳法则一定有实用和不实用之分。

　　我在美国时居住的佐治亚州 Tifton 有一家 Taekwondo USA（美国跆拳道），全美连锁店。有次散步顺道就进去瞅瞅，老板兼教练叫 Terry，一位非常好客且有礼貌的美国人，跆拳道黑带，在当地教拳十几年了。当他知道了我练太极拳时，就指着几个正在对打的徒弟问我，慢且柔的太极拳能不能像这样对打？我怕他误解，于是就说："我练的太极拳不打架，但可以进行技术交流。"Terry 先生很友好，告诉我可以免费使用他的拳馆。第二天晚上我应约来到拳馆，跟着 Terry 练了练跆拳道的几个动作，就和 Terry "交流"起来。Terry 站成弓步，双手推按我的右手，力量大且冲。我全身放松，沉肘斜着右手小臂毫不用力地松着一掤，感受到他往前推的大力后，瞬间将劲力空掉，变成顺势轻轻一掤採，Terry 立刻身体前倾，双手趴按在地上。起来后，Terry 弓步站得更低了，双手力量更大地直推过来，我稍微加大一点掤劲，就空松掉右手全部的力量，这次没有採，Terry 还是往前趴下去。因为他遇到了稍大的掤劲阻力后，加大了双手的推力，我一松空劲力，他立刻就前趴。连试了好几次，都是这个结果。最后一次，Terry 聪明了，不再用全力推，但我顺势一採，他反应极快地往后一撤手和劲，我右脚跟上了半步，右手顺随着他后撤，中指尖贴在他的右胸上，一领劲，下塌外碾，螺旋一按，Terry 立刻向后摔出去，我想拉没拉着，他向后翻了一个跟头才站了起来。我太太当时在现场，因怕出事，说我出手别太重了。我告诉她："我并没有用多大的劲力，而是 Terry 自己用劲过大才摔出去。"我说这件事并非想表现我的功夫有多强，而是表明太极拳套路的可用性，掤、採、按相机活用，完全可以比试。事后，当地有朋友知道此事就恭贺我赢了，我说："没有输赢，仅是一个小小的测试，真打起来，胜负未可知，因为 Terry 强壮且劲力很大。"Terry 没有遇到过太极拳，不太适应太极拳的螺旋而已。但有个心得却是可以说的，就劲力的攻防实战逻辑而言，我直觉性自觉的身体动作逻辑反应和运用经得起对抗实践，而这是反复练习太极拳套路所得。此事让我和 Terry 成了朋友。

少林拳谱杂俎中有一段"练拳秘钥"，十分清楚地表达出套路、技术规律和妙用之间的关系。

拳者，权也。万不可泥于死手，而又不可擅离老母。何则？盖拳中之变化无穷，千变万化须由母生。世人所常习者，不过眼前明着供人尝玩，一望而知其就里。经云：拳以熟为乖。若学者果留心玩索，将老母习练精熟，经师拆讲，又复自己参悟，将老母中身法、手法、步法一一推寻。如某手可做如何使，某手可变某手，某手可连某手。站一式则思其所以站此式之由，变一式则思其所以变之故。反复思维，俨如敌人在前，既寻敌人之破绽，又将自己周身破绽一一寻到。倘稍有不得力之处，即寻师考证，务要求出所以然之故。而后如此演来，方觉可刚可柔，可即可离，可变可化，此真可为攻拳也。歌曰：惟母能生子，拳家妙理深。个中真变化，只待会心人。

"拳者，权也。万不可泥于死手，而又不可擅离老母。"说得多好呀。"死手"即拘泥于套路和招式，不知变化，不能活用、妙用。"老母"者，母式，法度，技术之规律、本质，这个却是任何情况下都不能忘记和违背的，必须严守。泥于死手，则死；不悖老母，则活。

练法和打法如何变化衔接？

薛颠把《象形术》一书写出来后，请他徒弟、朋友中的文化人斟酌词句，此书用语极其准确，既有境界又实在，千锤百炼，的确是国术馆的经典。薛颠写书准确，武功也是求准确。他气质老成，有股令人不得不服的劲，干什么都显得很有耐心。形意拳是"久养丹田为根本，五形四梢气攻人"，首重神气，所以眼神不对就什么都不对了。他教徒弟管眼神，身子步法要跟着眼神走。他说，比武是一刹那就出事，一刹那手脚搁对地方，就赢了。所以他校正学员拳架极其严格，不能有分毫之差，说："平时找不着毛病，动手找不着空隙。"他是河北省束鹿人，有着浓重的口音，他爱说："搁对地方。"他一张口，我就想笑。李存义说："形意拳，只杀敌，不表演。"形意拳难看，因为拳架既不是用于表演也不是用于实战，它是用来出功夫的。拳架出功夫可以举一例，练形意拳总是挤着两个膝盖，磨着两个胫骨轴，一蹲一蹲地前进，用此打人就太糟了，两腿总并在一块，只有挨打的份。其实挤膝磨胫的目的，是练大腿根，大腿根有爆发力，比武时方能快人一筹，这是功夫。形意拳专有打法，那是另一种分寸。薛颠的打法，在"占先手"方面有独到之处。示范时，做徒弟的防不住他，他的手到徒弟身上，就变打为摔了，把人摔出去，又一下捞起来，在他手里不会受伤。做徒弟的被他吓几次，反应能力都有所提高。飞法便是练这份敏捷。

——摘自徐浩峰《逝去的武林》

上面这段文字涉及了练法和打法。但这段话容易让人产生误解。认为套路和实用有巨大差异的人会引用它来证明。实际上，李仲轩的这段回忆恰恰说出了套路的本质和作用。

这段话的第一层意思，套路是用来练出功夫。"形意拳难看，因为拳架既不是用于表演也不是用于实战，它是用来出功夫的。"功夫不仅是出于天天练习的基本功，也并不是仅出于某些单式或几个核心式子，而是出于整体套路中。因此，练套路就是练功，这是整体全面的功夫，除此之外，找不到功夫会出于哪里。否认套路就是在否认功夫，至于练习了套路，却不能打，那只是说明不会用，只会生搬硬套拳架。对方是活人，并不按照套路中的假设来配合，因此，用不上，是因为不通"老母"，与套路实不实用无关。再严密的套路或组合，只能部分预设对方怎么来，我方怎么应对，而不能全部"遍历式"假设出所有可能性的攻击招数、角度、劲力的全部变化。如果有这样的套路，那么一辈子也学不完。套路的原意是用其中的每个招式或者组合，来练习人的直觉本能反应、身手的内在运用逻辑和规律。这种反应和回击的速度、思路和身手，就是功夫。初级能见招拆招，高级就能用一招对付所有的招数和变化。最高级的是无招胜有招，连一个固定的招式都没有了。随行就市，随曲就伸。想怎么用，就怎么用；怎么用，怎么有。看最高级的功夫实战，不是把人打倒，而是打得巧、打得妙。实际上在搏命，但看起来却如师父教徒弟般的闲庭信步、随心所欲。只会练套路中的招式，不会变化，或囿于招式的外形，当然就会觉得套路不能用、不好打。

第二层意思，练法是出功夫的，而打法是用功夫的。"挤膝磨胫的目的，是练大腿根，大腿根有爆发力，比武时方能快人一筹，这是功夫。"挤膝磨胫是练法，练的是快人一筹，不是用挤膝磨胫的这架势去打人。因为能比别人快，所以薛颠在用时，可以随心所欲地将打变成摔，在徒弟摔出去时，又能快速地捞起来。当然，他也可以将摔变成打，因为，他的大腿根有了爆发力，有了快的功夫。功夫上身后，打法只是形式上按照自己个人的意愿和擅长使用的动作表达而已，又打又摔又能捞。因此，练法可以学，打法不一定能学会。一是练不出来大腿根的爆发力，不能更快，就是学了如何由打变摔，也用不上。二是打法是实战临敌，各种变量都在起作用，即使有了大腿根的爆发力，但因位置、态势、时机、心理等因素的制约，依然可能用不上。套路好学，功夫难练；老母不守，妙用难成。

2. 套路的"深度学习"与身体的直觉智劲

将理性设计好的格斗逻辑，练成不用思考计算的身体直觉的自然反应，统合神经网络感知传导系统和自觉的运动方式，由此产生出智劲。在这个练功夫的过程中，套路的练习尤为重要。这和现在最先进的人工智能（AI）十分相似。人工智能有两个方式：机器学习和深度学习。机器学习就是机器自己通过大量数据，学习到其中的规律。深度学习就是使用神经网络进行机器学习，更快更准确地提供最好的结果。相对于功夫来说，套路练习，就是身体的"机器学习"。套路是一套集合了多个攻击可能性的应对模型。不管是少林拳、太极拳，还是形意拳、螳螂拳，其套路都是古人从多次实战中总结出来不同的应对模型。里面有大量的实战数据和规律。身体向"意"（思考判断、理性计算、方式方法、应对模型）学习，通过固定套路，将"意"练成身体的自然直觉反应。人体本身就有一个高度发达的神经网络，"深度学习"就是对固定套路进行演习式实战化的分拆练习，使得身体这台机器，拥有更快更准更强的预判和打击力，然后才能散手实战。深度学习让机器人战胜了围棋大师。套路和机器学习一样，可以做出解释性预测，而深度学习和功夫高手一样，实际中可以更快更准确，但不一定能清楚解释。洪均生先生就练成了高度发达的神经网络系统的太极掤劲，有时候将人轻松地发出丈外，被发出去的人能感到一股强大的力量。事后问理于洪均生先生，洪公却说，我也不知玄又玄。

因此，套路的练习是功夫的必经之路，但如不会"深度学习"，即使练好套路也不一定能成为功夫高手。功夫高手用的都是神经网络式的系统直觉智劲，而不是囿于固定套路，或局部的力，或拙劲。

3. 练习有套路，妙用无模式

功夫的练习必须经过套路，或者说功夫的真谛就蕴藏在套路之中。但功夫的运用却不是生搬硬套套路的程序。那种只会练套路、不会用拳法的不是功夫，而是只会按套路出牌的傻把式。功夫实战需要活用套路。套路仅是一种模型，对方是活人，不可能站着不动让你按套路的程序一二三地使用。死板的按套路在实战中行不通。实战使用的是在套路中习得的格斗之本质规律，视对方的动作和目的来巧妙地运用其规律，而不是套路程序的次第。比如太极拳的掤劲和掤法。掤劲始终贯穿于各种手法之中，掤法是接手引化之法。在套路中有正反掤，而在实际运用中，上、下、左、右、前、后、进、退皆可以掤。因此，太极拳实战接敌是活用套路，掤法引化，掤劲贯于掤、捋、挤、按、採、挒、肘、靠八法之中。从不囿于套路的次序，更不硬用某个具体的招式，而是随曲就伸，随招就势，遇到即用，视势而用，随时妙用。练习有套路，妙用无模式。因此，功夫的实战有三"无"，即无招，无形，无模式。

（1）无招

人们常说无招胜有招。何为无招？又如何胜过有招？

有招，即有固定的招数，有动作的次第。只要有固定的动作次第，招数再妙，也能找到规律和破解之法。无招，即无固定的招数，没有固定次第，应敌出招，超乎常理，出乎意料，更难以预料，属于神明妙用之境，随时随势而变化。无模式，就是无重复出现规律性动作，难以有破解之法。程咬金的三板斧属于有招，有次第，有模式，三招不管用，就从头再来一遍。

无招，不是没有招，而是没有固定的路数。

无招，不主动出击，而是随着对方动而动。

无招，并非乱舞，无招本身就是精心修炼成的一个模式，不过这种模式是无模式，即用"无"作为模式。没有预设，没有固定的套路，没有重复出现的规律性动作，没有人为的痕迹，没有应该如此的想象，没有必须如此的羁囿。随曲就伸，随直就偏，随动自化，动圆用中。动作"圆"，则无头无尾，无始无终；运用"中"，则涵盖六方，映带八面。无曲无直，但随对方的变化又有曲有直；无竖无横，但对方的感觉却是有竖有横。有的背后不是依据所练的套路，而是根据对方的反应。即依据于"无"，有生于"无"。因此，神明妙用的"无招"自生自化。按套路出牌不懂活用的"有招"，永远也打不过随时随势自生自化的"无招"。

无招是见招而招，随动而招。见招拆招，拆不好就容易进入别人设计好的圈套。无招是见招顺招，显自己的破绽，让对方以为得势得机，在不知不觉中陷入被动。不预设，不强为，不主动亦不被动，示局部之弱，借对方之招、势、劲，用自家系统之强。不先动亦不后动，该动时动。该静时，刀枪扑面而来也岿然不动。该动时，霎时片刻也不能耽搁。

（2）无形

无形就是"打人不见形"。所谓"打人不见形"，就是无法看清动作的过程。高手打人从不见形，见了形就打不上了，即使打上也难称高手。真功夫者无形无相，即招而形，即形而形。如水性，似光影。一击之后，即复原状，旁观者无法看清楚打击的过程。无形有三层意思：

①快而不能见。眨眼间即完成。快分大快和小快。大快乃侧转之快，此为空间换时间。小快乃松柔所致的身子进退，四肢的收放。此为时间换空间。

②藏而不可现。藏是藏着、藏拙、藏能、藏巧、藏劲。智劲、手法、技术等藏于视觉不能及或视而不见的地方。比如打出去看见的是拳，击中了却是一个凸起的中指中关节。看见的是巴掌扇中了脸，实际上却是五个指头击中头侧的五个穴位。看是拳力，暗里却是腰裆劲。看是单手，实际却是双掤手，用上了全身系统的劲力。看是向左的动作，要的却是向右的结果。真实意图和目的不到最后一击时，必须藏住。藏住自己的，却要感知、引出对方的。太极拳中的"听劲"，就是感知对方的路数、招法、目的，却不能暴露自己的信息。螳螂拳有八原则专门

讲藏：虚步藏实步，虚打藏实击，慢打藏快击，轻打藏重击，长打藏短击，高打藏低击，软打藏硬击，弱打藏强击，小打藏大击。

③借而不能拒。无形还表现在借来对方和环境的一切能量帮助自己实现目标，即借招，借势，借劲，借力，借地心引力。因为是借来的，所以表面上看起来好像没有动作，或动作很微小。一旦有形，对方很容易判断出目的，就借不上了。智劲的目的不存在预先设定，一设定就会显示出有。智劲的目的永远在对方的动作中产生、完成。借，必须借成才能有效。想借，对方不一定会给。因此，才要无形，让对方不知道或无法判断，只有如此才能借而不能拒，不是对方不能拒，而是对方不想拒。只有对方认为找到了破绽，不但不拒绝而且还强化，这样才能借成。一借即还，这样的效果就是让对手自己打自己，或者是让对手自动送过来挨打。无形无相又活形活相，体现出来的是功夫的化境，即大无大相，自然而然，无牵强、做作、假态，更无畏。瞬间显相即变回常态。

（3）无模式

无模式不是没有模式，而是以"无"作为模式，全部的"有"皆生于这个"无"中。但不是无中生有的生成论，而是有生于无。

无模式就是没有固定套路、技巧、招数、形式、劲力。但却能涵盖和应对全部的套路、技巧、招数、劲力。什么东西没有自己固定的样子，又能涵盖所有？只有本性神明的智劲。功夫是把"知"（逻辑、设计、推理、计算）练成本体直觉，直觉进入"无模式"境界，就会产生智劲（神明），即直觉性自觉的诗意自在。功夫是转"思知"成"智劲"。"无模式"乃神明之境。丘处机说："道含天地，神统百形。生灭者形也，无生灭者性也，神也。有形皆坏，天地亦为幻躯，元会尽而示终。只有一点阳光超乎劫数之外，在人身中为性海，即元神也。故世尊独修性学，炼育元神。"功夫修悟的是智劲神明。人们对佛"空"和道"无"的理解有时仅限于玄或形而上，其实，空非虚空，无非没有，空无皆是修炼的手段，目的是锻炼我们本体心性，使得我们的心性融合入"无模式"，从而能"感而遂通"，应对和化发一切。

无模式绝非随意而为，而是有着严谨的逻辑思维线路图，只不过"此图"已经练上身了，成为自然自觉，将"此图"打破，可以任意拼接，随心变化，即直觉性自觉的诗意自在的非线性随机应答。无模式强调，不以自身主观应该如此的有招或用力来格斗，而是以外在客观性，即对手的招式和力量为依据来进行统观（客观＋主观）式直觉性自觉的诗意自在。无模式追求的是以最小的动作和智劲实现最大的作用输出和效果。

功夫修悟和运用要经历三个阶段：1. 万招接一招。2. 一招接万招。3. 无招胜有招。万招接一招是遍历性，对方一招来袭，我用多招万法来破解。一招接万招是遍历多个可能性后，根据规律和自身特点，找到自己最好用的一招，所谓的"绝招"来对付所有的招。很多老拳师都有自己的这一"绝招"，即使把这一招分解给你看，他一使用你还是无法接住。但绝招还是招，有招就有规律，就存在着破解的可能性。因此，一招接万招，时间一长，还是能被人找到弱点和破绽。这就引出功夫的最高境界——无招胜有招，即无模式。无招，无固定的招数和程序化的用法。随感而通，随心所欲，自动自发，却又暗合规矩，中和随身，即招而招，即形而形，即劲而劲。

无模式是人、劲、招和招背后的规律合一的体现，无模式不是脱离招、劲、形进入虚无的幻想，更非武侠小说中的凝神不动，飞出一道无形剑气，隔空取人性命的夸大。万物和背后的道是分不开的，没有万物的生化，道存何处？空道是不能运行的。无模式不是空模式，而是已知模式中最自然最合道最精密的模式，是充分了解自身和对方，以对方为依据，活用妙用功夫的规律。却在外形、招数、技巧上显示出随机性，从而让对方无法预测，无招可用，无处躲藏，处处被动。有轨迹显模式的东西就能被破解，比如美国的反导系统，就是根据导弹有规律的弹道来拦截。要想不被拦截，导弹至少必须具有两个方面的性能。第一灵活随机变轨变速；第二藏起来让对方看不见（隐身消除雷达反射或超低空飞行）。这和功夫无模式的原理一样。无招无形，随机而动。手法、身法、步法、打法、劲法都藏起来，只在作用瞬间才明确。

功夫王李小龙墓碑前面有一块类似黑色打开的书的石雕，左面一页刻着黑白太极图。图两侧用中文刻着："以无法为有法，以无限为有限"。

他曾这样说过：

It is like a finger pointing away to the moon

就像用手指指向月亮

Don't concentrate on the finger or you will miss all that heavenly glory

别只专注在指头上，不然你会错过整片星空的美好

Empty your mind

净空你的心灵

Be formless, shapeless

缥缈，无形

Do not believe in styles

不要拘泥于一招一式

Like water

像水一样

Water can flow, or it can crash

水能涓涓流淌，也能猛烈撞击

Running water never go stale

流水不腐

So you gotta just keep on flowing

生生不息

Be water my friend

体会水的哲理朋友

李小龙以太极来统合阴阳两种对立又相辅的力量，用水性来表现无形无相极高明的身手。"以无法为有法，以无限为有限"，以"无"为"有"，以"无"生"有"，这是典型的"无模式"。

无模式是实有论基础上的高妙模式，而非境界论基础上的虚空想法。功夫，搏命之道，容不得半点不实。就像西方的拳击，有人因少吃了半块牛排，在比赛的后期，体力不支而输掉比赛。无模式就怕人们望文生义，神话无招、无形、无模式，如此理解会害了功夫。至此，我们可以给无模式下一个定义式的理解：所谓无模式，就是无所固定无所限定，简单又复杂，有着严谨精密逻辑，却又是直觉随机就势而动的模式。无不是没有，而是三不：不可见、不固定、不能防。不

可见，不是看不见，而是看见了也不清楚，看见了就打完了，妙处掩藏在随机中。不固定，没有固定的招式，没有不变的次第，只有灵活的自然反应，不预设招式或圈套。不能防，处处皆可用，动动皆能击，防不胜防。

从对静态的"无模式"（无招，无形）的界定和描述，到动态的"无模式"（无招，无形）实际功效的作用效果讨论，可以得出一个结论，传统功夫所说的无招胜有招，打人不见形，无力（智劲，没有固定的劲力）胜有力，绝非古人妄言欺人，而是现代人对"无模式"从静态的概念法理到动态的格斗实践皆难以体认、体证。无招，无形，无模式，才是功夫妙用之精髓。

玖 《豫》卦——预备式和功夫体

一般而言，内容决定形式，形式反映内容。特定的功夫就会表现出特定的外形姿势，不一样的套路就会产生不一样的功夫效果。一个人功夫练成后，会形成一定的习惯性的姿势，这个特定的姿势即为预备（戒备）式。习惯姿势反过来又能反映出一个人内在功夫，即功夫体。预备式能显示出一定功夫的习惯性应敌姿势。功夫体包含着系统性智劲的两种表现形式：护体功和打击劲。护体功一般有硬、软之分。打击劲很多，比较有名的如缠丝劲、寸劲、觫劲等，这些劲准确的称谓是智劲。

1.《豫》卦之象——预备式和功夫体的原理

功道修炼三卦:《咸》《艮》《豫》。通过《咸》和《艮》的练习，为身体内的气和劲，建立并打通了"高速公路体系"，让心身能做到"寂然不动，感而遂通"，这就是《豫》卦，即功夫练成之象。

《谦》卦乃练功时气沉丹田，将外界阴阳之能量收摄于体内中心。而《豫》与《谦》为来往卦，坤下震上，一阳居第四爻，反《谦》之三下为《豫》之四上。《豫》以震出坤上，一阳登于本位，故为豫逸之象。豫者，宽裕。《豫》与《谦》

的不同：在进退之间，有卑亢之殊，呈敛放之用。《谦》退而自保，《豫》亢而能进。《谦》为内下；《豫》在外放。德用亦不同，谦以不足而志在下济，宜蓄，动也必贞。豫以有余而得地有为，宜进，其动至顺。

《豫》是功夫练成之象。功夫强调自然放松，只有放松柔身体后，所打出来的劲力才能刚猛。功夫刚内而柔外，体态放松，内擎一丝警觉，一股刚阳，如如自然，却随时可以做出理性缜密的防卫，更可以发出轻松巧妙的致命一击。

外松百骸，气沉丹田，一阳束于丹田，此乃蓄劲储蓄收摄能量。但这时并不能用。一阳由身后的督脉上提并擎于任脉上的膻中穴之后，督脉上的神道穴之前的区域。界定这个区域前后两个穴位只能是个点，必须四个穴位才能涵盖。即前面任脉上的玉堂穴和膻中穴，后面督脉上的身柱穴和神道穴。玉堂穴，居处为堂，玉指肺，穴居心位，为心主之居处。膻中穴乃气之海，气血集聚至此吸暖胀散而变化暖燥之气。身柱穴，上升的阳气到身柱进一步热胀，胀散之气充盈穴内并快速循督脉传送，使督脉的经脉通道充胀，如皮球充气而坚可受重负一般。神道穴，神，天之气，心之灵。道是信道，是气劲的通道。此区域正好是竖立的脊柱和横着的两臂交叉的中心点。拳经上"劲从胸出""膂力过人"讲的都是这个区域，该区域正是发劲的中枢。涉及人体劲力运行的横竖交叉部位有二：一是胯部的腰裆，二是膻中后神道之前的区域。腰裆部是动力发动和传递核心。通过腰裆的螺旋开合和旋转，将双腿塌地而出的直上劲力，整合转化为包含上下、前后、左右的整体劲力。但腰裆只能发动，并不能直接进行打击，能灵活完成打击的是两只手。因此，脊柱和双臂的交叉区域才是发劲完成打击的中枢。洪均生先生深谙此理，据李书峰先生（洪公最小的嫡传弟子）回忆说："洪公的书前后改写了好几版，最先按传统方法讲得细，讲腰裆如何转。但弟子们有的会误解，不是转肚子，就是扭屁股。后来改成描述得比较概括和准确，只说胸口的朝向。其实胸口旋转的朝向，正是发劲的奥秘所在。一阳内擎于九四，正是胸口，胸口的朝向正是发力的方向。"胸口是个俗称，指的就是膻中穴之后、神道穴之前的区域。劲力在腰裆处完成第一次竖横融合，但腰裆螺旋的角度和胸并不一定同幅度，即腰裆侧转的角度往往大于胸部侧转的角度，螺旋时膝、裆、胯、腰、胸等只要是成双成对的部位皆斜拧着，不能在一条水平线上。但腰裆的开合并不能精确描述。能描述清楚的是，练拳起始的站位方向，双脚的扣摆和胸的朝向。洪均生太极拳起练必须身朝正北，根据正北来交代各个式子中单式子的身体朝向。在大方向确定的前提下，通过界定双脚的扣摆位置和胸部朝向（发力的方向）来规范并不好精确描述的腰裆动作。人体的总朝向确定了，双脚扣摆角度确定了，胸口朝向确定了，眼（头）神的看向确定了，双膝的提坠确定了，腰裆自然按螺旋的运行轨迹来运动。

这个区域是心之宫城，包含心包经和心肺，调节全身的气机运行。人体有四海：脑为髓海，胃为水谷之海，冲脉为十二经之海，膻中为气之海。丹田蓄气，气之擎用，却靠膻中区域的心肺。灵出于心，心是灵窍，气息靠肺。灵心一动，内外之气随涌，身心才能如如。一阳由背后督脉上升，内擎于膻中穴后、神道穴前，能合全身之阳劲而抱于一，能聚内外之气而束于中。气是一种看不见的能量，而高维智能（智慧＋能量）靠心转化成在四维时空的作用显现。所有的功夫都是存乎一心。气和力是四维能量，加上一个心的收摄和转化，使得功夫能拥有了高维智能（智慧＋能量），从而产生出智劲。

智劲就是将高维智能（智慧＋能量）通过心转化后的劲。拥有智劲的人能做到中和随身，所谓中和随身，就是站在哪里，哪里就是中，哪里就和谐。随手一挥，招式、劲力都恰恰好，因此，《豫》卦是功夫的中和随身之象。

拳击的抱拳，太极拳的当头炮，螳螂拳的双拳抱合于丹田处，皆是用此原理，气沉丹田，阳擎膻中，此为预（戒）备式，亦是护体功。

（1）护体功

功夫者的习惯性动作或临敌之姿称为预备式。功夫高手无形无相，日常接人待物和临敌之态无所差别，预备式和自然之举手投足也无分别。

预备式能显示功夫，预备有预警、准备、防护、启动的意思。预先做好了防护和出击的准备，预备式是护体功的一种表现形式。

护体功一般分为"硬护体"功和"软护体"功。护体功是实实在在的功夫，不是金庸小说中九阳神功的文学想象，文学想象现实中不会出现，因此，不做讨论。

"硬护体"功是靠排打等方法通过长期练习而成的功夫，金钟罩铁布衫便是其中的一种。"硬护体"功的实质是身体抗击打耐受性强，这类功夫只是在万不得已的情况下才硬抗一下，其在打斗中所起的作用有限。即使在静态抗击打时，也难以抗住针对穴位等关键部位的精准重击。注意，这里并不否认通过排打等练习来提高身体的抗击打能力，而是说抗击打能力并不等同于不躲不让不动的挨打。不动挨打并不能显示功夫，只能说明傻。

胡琼，被吉尼斯誉为"中国金钟罩铁布衫第一人"，江湖人称"铁罗汉"。拿手的绝技"电钻钻人体"，似乎身体练得金刚不坏了。在一段视频中，他对抗两仪拳张震岭先生的"点穴"打击时，并不能有效地进行防护。这里不对他们的功夫真假和高低做判断，仅就视频中三局对抗比试的过程和结果来分析，金钟罩式的硬抗击打，在静态比试中的作用不大。动态的实战例子也有，比如武僧一龙，在一次比赛中相信自己的抗击打功夫而不去防守，让对方击打自己头部，结果倒在擂台上。在1982年上海全国太极拳名家汇演会上，陈式太极拳冯志强先生表演了太极推手，双方一搭手，冯先生身体一抖，对方突然腾空而起，画着弧线飞了出去，撞向了主席台，台上的杯子都倒了。主办方为了避免人们认为这是双方配合的表演，特意安排了一位三十多岁的上海硬气功高手，来和冯志强比试。结果一搭手即被冯志强先生摔出去，半个小时内连摔了二十几个。

"软护体"功分为未击中之前和击中之时。未击中之前，通过眼、耳、神等观察预判对方的动作，从而提前做出防护和躲闪。击中之时，通过肌肤敏感的触觉来调动体内的智劲，在打击部位产生旋转式调整，以化卸对方的打击力，减少和降低对方打击对身体的冲击力。功夫高深者不仅能在瞬间化掉打击力，更能够顺随和借助对方的打击力，进行巧妙的反击。

"软护体"功不同于硬气功，硬气功属于静止状态下的部分部位可以抗击打，但在运动状态下不一定有效。这就像用刀劈鱼，鱼有鱼鳞的保护，垂直劈不一定劈开，但刀只要有一个前或后的挫拉劲，就可以破了鱼鳞的保护。"软护体"是全身系统协调防护，其关注的不是抗打，而是打不到，或是打到的瞬间能部分地化卸打击力度，加之自身有抗击打能力，就能让对方的攻击失效。因此，"软护体"功追求的是灵，一劲在身，绕轴而灵。"软护体"功的本质是智劲。智劲并非是硬抗，而是顺化、引卸。通过自身的微旋侧转，顺随和微调来力的方向，使得对方打击落空，即使打上了，亦能使其作用力和效果有限，从而保护自身。"软护体"功不是中国功夫独有，其他运动形式也有。比如拳击，泰森在巅峰时期的比赛，头部挨到重击却不倒，于是，人们认为泰森的抗击打能力强，有着花岗岩般的头和铁下巴。但当他被霍利菲尔德和刘易斯击倒时，铁头到哪儿去了呢？泰森有很强的抗击打能力不假，但实际上，头再硬，抗击打能力再强，如果静止不动让人重击，也扛不住。之所以被重拳打中而不倒，是因为头部在挨击的瞬间，通过侧转、摆动等微小的角度变化，化掉了部分重击之力，并不是纯粹抗击打起作用。当然，抗击打能力个体之间有差异，但这种差异对胜负结果的影响不大，特别是在动态搏击中。产生挨重击不倒的原因，是由于头部的微小、极快而灵活的运动方式。首先是保证打不中，但头再快也快不过手。其次是做到即使被打中了，通过侧转、进退、顺势摆动等方式，将打击力降到自己能耐受的范畴。泰森巅峰时期在不同的比赛中，有时通过头部和上身前后、左右、上下的躲闪，能躲过对手连续十几拳的打击，即使有的拳打中了，也因头部与来拳同向移动或侧转而让来拳的打击力减小，打中了也没事。但当体能和反应能力衰退时，"软护体"功夫也减弱了，不能有效地躲让、卸化打来的重拳，从而被对手击倒。因此，"软护体"功的要素是，极度的放松，有预判有目的灵活快速移动，直觉性顺随、侧转的应急反应。"软护体"功在于动态柔化，而不是静态硬扛。护体的动作除躲闪、侧转、进退被动防护外，还有用腿和手的主动防御，保护关键部位不被重力击打到。护体功加上智劲的攻击力便是功夫体了。

（2）**智劲如何产生？**

督脉总督一身之阳。《灵枢·经脉》曰："督脉之别，名曰长强。挟膂上项，散头上，下当肩胛左右，别走太阳，入贯膂。实则脊强，虚则头重，高摇之，挟脊之有过者。取之所别也。"由此可知，督脉都领身背部之阳及诸经，手足三阳经会与督脉大椎穴，全身阳脉皆会于督脉。督脉主阳，阳主动，因此，督脉为十二经之纲和动力所在，能调节阴阳。古人形容男人孔武有力云："虎背熊腰，膂力过人。"可见背和腰是劲力的出处，而双手释放出来的劲力大小，与脊柱两旁的肌肉正相关，膂指的是肱三头肌连接脊柱两旁的肌肉。头脑为诸阳之会，所有的阳经皆会聚于脑。从现代科学来看，脑神经是指挥所有运动的中枢，因此，后背主阳的督脉是指挥运动和发力的关键。这一点与现代人的认知可能相反，现代健美练肱二头肌、胸大肌等，看起来雄健，但这些在格斗时并不实用。搏击格斗时能产生出致命的打击力，靠的是从腰背螺旋出来的膂力。后背的肌肉包括斜方肌、背阔肌、骶棘肌、腰肌、臀大肌等，而前面的胸大肌、肱二头肌、腹肌等起到辅助作用。现代拳击也是如此，能打出致命重拳的拳王，像阿里、福尔曼、泰森、霍利菲尔德等骶棘肌、背阔肌皆强壮。霍利菲尔德的肌肉线条更明显，最突出的是李小龙。

李小龙从正面可见的背阔肌"蝴蝶背"

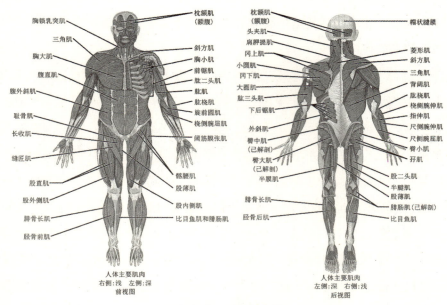

人体全身肌肉示意图

在美国拳手中，泰森的技术最似中国功夫。从天生的身体条件而言，其身高、臂展、肌肉皆不如其他几位拳王，但却能赢。对方打他时，打不到他，或打上了作用不大，而他打对方时却能将周身之力全部作用到对方身体的一点上。这就是中国功夫所讲的武、术、艺、道。

武，快胜慢，力大胜力小。仅有武不行，总会遇到比你力大的人。

术，力小搏力大，慢治快。仅靠术也不行，小技术胜不过绝对大力。因此，武术不能分离。

艺，随心所欲地在武和术之间做最适宜恰当的切换，并形成独特的风格特色和妙用效果，艺是武术的升华和飞跃。

道，无招胜一切。能收摄借助环境包括对手在内的一切能量，无为而无所不为，是最高的境界。泰森的拳击到了艺并接近于道的层面。我们在上一章"功夫的模式"中分析了功道的境界，可以是无招胜有招和无模式，但不能无功夫。比如太极拳，在其套路的练习中，懂得形成一种劲力，即掤劲（螺旋劲）。练不出此劲（功夫），则掤、捋、挤、按等招数即使会用，遇到力大劲硬的人，用上了也不一定起作用。有此劲又能妙用招数且形成自己艺的风格，才有可能进入道的境界。

但传统功夫拳理对于肌肉运动的原理分析得不够清楚，虽然很多人练出了功夫，却对为什么能如此解释不明。或比喻，或形容，让学者如坠云雾之中。比如太极拳强调在运动中放松，即让全身的肌肉全部放松，却又说松而不懈，是"不松之松"。运动起来不管是什么动作，肯定要有肌肉收缩，不然就无法有效地完成动作。因此，必须明确界定哪些肌肉放松，哪些肌肉收紧确保"不懈"。但现实中很多师父一说这里就是"儿童背唐诗"，把老祖宗的"不松之松"重复一遍，囫囵一团，难以消化。如果我们用现代生物力学的肌肉运动原理来分析，就能清楚地知道哪里应该收缩，哪里应该放松。

以掩手肱捶右手最后一击为例（为了便于更好地理解，这里仅就右手部分打击运动时肌肉的状态做分析，不涉及左手、膂、背、腰腿等其他部分）。

第一动屈小臂收手：右手顺缠，右肘贴肋，手走外上弧线到右耳旁，手心侧向左后上斜角。这就是一个典型松肩坠肘，小臂内旋屈收的动作。根据生物力学肌肉运动的分类，保证肘关节做屈或伸动作的主要是屈肌和伸肌，辅助的有旋肌。屈内旋的动作靠肱二头肌，肱二头肌位于上臂前侧，整肌呈梭形。肱二头肌有长、短二头故名。小臂弯曲时肱二头肌是收缩的，紧的。而与它相对的肱三头肌却是放松的。肱三头肌在上臂后面延伸，它有三个头：一个附着在肩胛骨上，另两个附着在肱骨上，肌肉的远端有一条有力的腱在肘处附着在尺骨上，当尽量伸直手臂，就会感到这条腱绷紧了。当肱三头肌收缩时，能使肘关节伸直或前臂下垂。当肱三头肌舒张时，能使肘关节弯曲。相比于肱二头肌而言，肱三头肌拥有了三个连接点，肌肉的横截面积也就更大，涉及的部位更多。如果这时候让肱三头肌收缩，就无法有效完成屈小臂，坠肘收小臂这个动作。

第二动伸小臂出拳：右手变逆缠握拳向正前方击出，拳高齐心口，右臂不可伸直，拳心侧向左后下斜角，拳眼侧向左上后斜角，力点在中指中关节处（这两个动作的描述出自洪均生先生《陈式太极拳实用拳法》，该书概括描述太极拳哲理和技术十分具有科学精神和精准度）。第二动的肌肉运动特点是，肱三头肌猛然做向心收缩，肱二头肌却是要完全放松。如果肱二头肌不能完全放松，就会阻碍和抵消肱三头肌猛地收缩而释放出来的力量。人身体是个生物体，生物体是最节约的物质集合体，手臂自然下垂时，肱二头肌和肱三头肌都是舒张的，因为收缩会白白地耗费能量。当然，肱二头肌和肱三头肌也有同时收缩情况，比如直臂提物时，但会出现"拮抗作用"，只能用于提物，无法用于打击。在运动时这对肌肉符合阴阳之理，在同一个大臂上，一个阴另一个必须阳，一个紧另一个就必须松，对立而统一，矛盾而和谐。行文至此，我们应该对太极拳谱所说的松而不懈有了更明确的体认。

仅就右手臂出击的瞬间来看，打击力大小与肱三头肌的收缩度成正比，而肱二头肌只要瞬间完全放松就行，其力学效应可以忽略不计。这个可以解释有些练健美的人，看着胸肌和肱二头肌大得吓人，却没有多大的打击力。而有些人看着好像没有突出的胸肌，却一拳能将人打飞出去。这里仅分析手臂的发力机制，其更大的力量来源于双膝的提坠和腰裆的螺旋，手臂的自旋发力仅是整体螺旋中的一小部分。洪均生先生一直强调，松开裆内的两根大筋，只有松开才能实现髋关节的螺旋（螺旋一词本身就包含三维立体，因此不需要再强调"立体螺旋"），反过来，螺旋动作也是松开的保证。当然也涉及包裹臀部的臀大肌的放松和收缩，这里只用手臂运动为例，不再展开细述。

肱二头肌只有两个头，其收缩时的作用是个小区域。而肱三头肌有三个头，附在肩胛骨上连着后背，前面在肘处附在小臂的尺骨上，收缩时作用到三个关节的串联、并联。洪均生先生在教太极拳基本功"画圈"的反手圈时，特别强调肘收至乳房。刚开始练时如果做不到，就用一个木棍别着肘，尽量反向上抬至乳房的高度。很多人认为这是在练松肩，扩大肩部的活动范围。没错，但这只是一部分作用。更本质的是练肱三头肌的拉长（长度）、弹性（韧度）、变粗和收缩时参与运动肌肉纤维的数量。为什么这么说呢？

现代生物运动力学研究表明，肌肉收缩力的大小取决于肌肉的形态和组织结构。其中包括：

白肌纤维（快肌纤维）在肌肉中的占比越高收缩力越大。但这是基因决定的，无法通过练习改变。人体骨骼肌可分成红肌和白肌。红肌爆发力偏弱，持久性优异，且能储存氧气，主要用于长时间中小强度运动时收缩产生能量输出。红肌中的红肌纤维属于张力性运动神经元，负责维持张力姿势。白肌的作用是绝对力量和爆发力，所以又叫快肌纤维。白肌的主要能量代谢方式是无氧酵解，供能效率高，收缩力量大，但持续时间短、较易疲劳，主要用于短时间大强度运动时收缩产生能量输出。白肌中还有一种粉红肌则同时具备白肌和红肌两种肌肉类型的优点。

参与活动的白肌纤维数量。白肌纤维数量虽是生下来就是定数，但通过练习可以提高白肌纤维参与运动的数量。一般人运动时只有 40%~60% 的白肌纤维参与，优秀的运动员可以高达 90%。

白肌的生理横断面积。生理横断面积越大，收缩力越大，两者呈正相关。其生理横断面增大就是由肌肉纤维增粗形成的，这是可以通过锻炼来增粗。

白肌的初长度。白肌的初长度越长或弹性越大，其肌肉收缩时的张力和缩短程度就越大。这是因为肌纤维长度的变化被肌梭感知而产成冲动，从而加大肌肉纤维的收缩力，当拉长到一定程度就会引起自发的牵张反射，强化肌肉发挥效率。美国人达登的一项研究表明，力量的大小，取决于肌肉的体积。肌肉体积训练的潜力，又决定于肌肉长度（肌肉两头肌腱之间的尺寸）。例如，有两个人，一个人的肱三头肌长 20 厘米，另一个人长 30 厘米，后者是前者的 1.5 倍，则后者肌肉横断面的潜力等于前者的 1.5 倍或 2.25 倍，肌肉力量的发展潜力等于前者的 1.5 或 3.75 倍。并且，肌肉通过训练后拉长比其自然初长度产生的收缩力更大。太极拳的"画圈"及其套路中所有的螺旋动作，都是在反复绞拉白肌纤维的长度、粗度、弹性和参与数量。肌肉附在骨头上，骨头的长度不变，仅靠松关节直线拉长，效果有限。要想很好地练习白肌纤维的长度、粗度、弹性和参与数量，在目前已知的运动方式中，螺旋动作是最有效的。或者说只有自转加公转的全身整体螺旋运动，才能综合地练习到白肌纤维的长度、粗度、弹性和参与数量。洪均生先生十分强调，除了中指擎一点领劲外，全身自然放松，所用力的大小仅保持能让身体运动起来即可。也就是说，弯曲小臂，肱二头肌的收缩力也不能过大，仅保证裹紧即可，过大会引起肱三头肌的紧张不够放松和拉长，从而影响出拳打击时肱三头肌收缩力的发挥。即所谓松不好（肱三头肌）、力过大（肱二头肌）、裹不紧（肱二头肌）、发不透（肱三头肌）。

人体只要站立，不管做啥动作，其肢体局部肌肉都要有一定的收缩，否则，静态站立的姿势都无法维系。也就是说一定要用力，只是用力大小不同罢了。太极拳要求这种用力要小到最小的限度，其临界点是，如果再小一点点，就无法完成动作或固定一个静态的姿势。又要求松、慢、柔、圆。其内在机制是，参加完成动作、维持各种姿势而收缩的肌肉，都是适宜小力量、慢动作、耐久性强的"红肌"。通过拳架的大小高低来练习"红肌"更有耐性张力。而让适宜大力量、快动作、不耐久且高弹性的"白肌"放松、拉长、增粗、保持弹性和增加参与数量。"红肌"保证螺旋动作按规矩完成，螺旋动作则练习了"白肌"的长度、粗度、弹性和参与度。当在需要时，"白肌"能快速有弹性地瞬间收缩，从而能获得一个更大的整体爆发力。让"红肌"保持最小的张力维系螺旋动作的完成，充分放松"白肌"灵敏的"粘黏连随"，一旦感知得机得势，瞬间快速收缩，发力打击，这就是太极拳"不用力"而能练出来更快更灵掤劲的原因。松，是松开关节和"白肌"，扩大关节的活动范围，用螺旋动作拉长"白肌"。慢，为的是用一点小力仅让"红肌"参与维系完成动作。因为，动作一快"白肌"就会参与进来。

柔，也是保证只让具有耐久性特点的"红肌"主动完成动作。一硬一紧，"白肌"就会参与工作。柔是"红肌"的运动特点，是保证"白肌"能瞬间收缩刚紧的前提。圆，就是动作走螺旋。在无负荷运动中，松、柔、慢的螺旋动作，一方面锻炼了"红肌"的耐久力。更重要的是锻炼了"白肌"增长、增粗、增韧、增加参与运动的数量。同时，螺旋也是所有招数中最省力作用力最大的"整体复合性圆杠杆"技术。太极拳有"用意不用力"的说法。此处的"意"是指独特的螺旋运动轨迹之意识，且必须用。"不用力"是指局部的力不能单独使用，不管是"白肌"还是"红肌"，都不能局部单独使用，因为这会阻碍整体系统劲力的形成、传递和发挥。"不用力"是练法，不是用法。可以这么说，主动的松、慢、柔、圆、"不用力"是为了让"白肌"被动地得到最大程度的锻炼，让"白肌"在最需要的瞬间能主动全力、全部、全局整体性收缩而起到决定性的作用。这个很好玩，肌肉也分阴阳。按照肌肉运动时的工作特点分："红肌"为阴，缓慢，持久，力小。"白肌"属阳，迅速，短暂，劲大。所谓"九松一紧"，指的是"白肌"。"红肌"则是一直以最小的力，松、慢、柔、圆地完成动作。"白肌"养精蓄锐，只等"一紧"时，参与到"红肌"的动作中，共同作用，瞬间收缩，产生强大的爆发力。这种生物性系统爆发力和螺旋动作所产生的物理性整体复合圆杠杆的放大作用叠加在一起，打击力非常可怕。所谓的刚柔相济，就是练得"红肌"和"白肌"各司其职又互为依靠和帮助。"红肌"为柔，"白肌"为刚；"红肌"为阴，"白肌"为阳。"红肌"练得能持续、耐久、正确地完成螺旋动作，发挥拳架、骨骼的物理性整体复合圆杠杆作用；"白肌"练得能最长、最粗、高弹性和参与度最多地瞬间产生生物性直觉爆发力。接手时"红肌"柔、"白肌"顺，不被动亦不主动地感知对方。一旦得势、得机，红、白肌相济为一，瞬间完成打击。"红肌"保证姿势、动作、招数、方向的正确和准确性，"白肌"瞬间收缩完成绝对力量加爆发力的打击。古人对此只有一个笼统的说法"撑筋拔骨"，虽也有练法却没有准确地解释为什么。洪均生太极拳一路练的就是这个道理和意识，并将这个意识练成新的智慧化本能。同时，洪均生太极拳二路却是处处发劲，这是在把一路拳练出来的"白肌"的长度、粗度、韧性和参与度模拟使用。洪均生先生在《陈式太极拳实用拳法》一书中回忆：

当我学吴式太极拳之初，刘师言："学此拳应动作缓慢，练得越慢，功夫越好"。也就是功夫越好，才能练得越慢。陈师初来刘家，寒暄之后表演了陈式太极拳一、二路拳，大家都准备以一小时以上的时间瞻仰名师拳法，不料两路练完，只用十余分钟，而且二路纵跃神速，震脚则声震屋瓦。陈师表演后稍坐即辞去。于是大家纷纷议论起来：有的说练得这么快，按"运劲如抽丝"的原则来讲，岂不把丝抽断了；那个说震脚不合"迈步如猫行"的规律。若非因为陈师是陈家沟来的，还不知抱什么可笑的议论呢！当时还亏刘先生有水平，他说："动作虽然快，却是圆的旋转；虽然有发劲，仍是松的"。

从这段描述可以看出来，陈发科的拳艺之高。太极拳练时要松、慢、柔、圆，表演和使用时可以将螺旋动作缩小加密，通过一路拳套路得到充分锻炼的"白肌"，其纤维的长度、粗度、韧性、参与度自然非常人可比。因此，就会出现速度很快且"纵跃神速，震脚则声震屋瓦"的情况。但快也需守原则，刘先生总结得非常好："动作虽然快，却是圆的旋转；虽然有发劲，仍是松的。"动作是圆的旋转，即螺旋。发劲大却是松着发，只是瞬间一紧。太极拳肯定可以快，否则无法发劲打击，无法实战。太极拳的快和慢，并不仅是拳谱上说的"快而不乱，慢而不断"，这只是一般性的要求，且适用于几乎所有的拳种。太极拳的快，其前提是松、柔、圆。没有松、柔、圆为基础的快，就与一般拳的快没有差别了，那么，这样的快就没有太极的意义了。再快，动作轨迹也是圆弧，白肌也是松柔，只是把螺旋的动作缩小加密。

更有意思的是大家的议论，有的说："练得这么快，按'运劲如抽丝'的原则来讲，岂不把丝抽断了。"那个说："震脚不合'迈步如猫行'的规律。"把"运劲如抽丝"的内劲运行形象比喻当成原则，把"迈步如猫行"的动作形象比喻当成规律。这也反映当时拳理科学研究的匮乏，这种情况直到现在也没有多大改观，教学如同儿童背唐诗，不明就里。老子和柏拉图时代，大师们用比喻和类比，那是时代的局限，只能用最贴切的比喻或类比的方式，好让受众清楚地理解抽象的理论。但比喻和类比还是有欠精确，且有时比喻的例子既能理解成正面，也可以理解成反面。因此，吸收多少只能取决于徒弟们的悟性了。时至今日，如果我们不能用科学手段清楚地解读功夫，发明逻辑清晰精准的练功工具，进行有效的科学训练，继续"背唐诗"，功夫肯定会失传，即使非遗保护也无济于事。传统功夫能不能打的疑问一直都会存在。

洪均生先生突出"实用"二字，强调科学理性。很少有虚玄不清的表述。不像当下有些"大师"，开口"内气"，闭口"内功"，半开半闭喷"心法"。说内劲和内功不是一回事，内功修炼必须懂心法。不管哪派太极拳，没有掤劲就不可能有更为特殊的"内功"。所谓心法，几乎所有的手艺传承时都有，不外乎是内在的自我控制或外在动作规律的总结。没有十年功，听不懂一句话。这里的一句话就是心法，心法没有那么好懂，没有实打实练上几年的纯功，即使知道了这句心法，也是如坠云雾，不知所云。有人会说悟性好并能触类旁通可以的，当然可以，不过不管如何悟和通，其前提都要在自己的领域练过几年的功夫做基础，否则，就是生而知之了，与练不练功无关。企图找到秘籍或一句心法，霎时就能抵过十年功夫的不是幻想，就是武侠小说看多了。

心法肯定有，却不能神话。洪均生在写书时，前后草稿写了好几版，从开始的传统式描述，到越抠越细，到分类总结，再到后来科学地概括性描述动作，不涉及玄虚成分和说不清楚的地方。其中对动作的精准和到位却愈加清晰，缠法的顺逆，动作的弧度，裆劲的塌转，出拳的角度，拳心和拳眼朝向，胸部的朝向，中指的指向和角度，眼神的看向等都一清二楚。这些才是练出掤劲的基础保证，而不是一两句心法。心法是功夫的结果，即功成后的体验性总结。虽可以起到启迪和加速提升的作用，但不是必然的保证。以该书的第八十式"当门炮"、第八十一式"左转身捣碓"为例，看看该式的描述，就能感受到洪均生先生练拳教拳时的认真和科学意识。

（八十）当门炮

此式共有二个动作。

1.眼法不变向东南。身变右转，胸向左前斜角。双腿缠法变左逆右顺，左腿弓膝塌劲，右腿在空中向右后方退约两肩宽，落下右脚，弓膝塌劲成左仆步。同时，右手仍顺缠，走外右下弧线，向胸前收转，手心侧向左后上斜角，中指垂向左前下斜角；左手变顺缠走外右下弧线，肘部下塌外碾，手收到额前，手心侧向右后上斜角，中指扬向左前上斜角（图80-1，图80-1附图）。

作用：退步右挒法。我捶击右后敌人，左前方又有人从我左方进步攻我胸部；我以右手缠腕，左手下塌外碾招。

2.眼法不变向东南。身变左转，胸向左前斜角。双腿缠法变为左顺右逆，左右膝均弓住成半马步。同时，左手变逆绸为拳，走外左上弧线，向额下转出，拳心向右前下斜角，拳眼侧向右后上斜角；右手变逆缠为拳，走外左下弧线，随在左手后下方尺许向前转出，拳心侧向左后下斜角，拳眼侧向左后上斜角（图80-2，图80-2附图）。

作用：左转双挤法。

要点：此式步法第二动作，要左膝只弓一点，成半马步，因上式对方的右步进在我的左腿里侧，所以不可走成马步。手法凡是挒式都须收肘不收手，"发劲则出手不出肘"。

图80-1

图80-1附图

图 80-2

图 80-2 附图

（八十一）左转身捣碓

此式共有五个动作。

1. 眼法变向正南，身变右转。双腿缠法变为左逆右顺。右腿弓膝塌劲，左腿以脚掌贴地向回收半步，到右脚的左前斜角约一肩宽成左前虚步。双手参照1-3的双手动作及作用（图81-1，图81-1附图）。

2. 眼法不变向南。身变左转。双腿缠法变为左顺右逆。右腿仍弓膝塌劲，左腿提膝外摆脚尖，落在右脚左侧成一肩宽的盘步。双手变掌动作参照图1-4的双手动作及作用。（图81-2，图81-2附图）。

图 81-1

图 81-1 附图

图 81-2 　　　　　　　　　图 81-2 附图

3.眼转向正北，身继续左转，胸向正北方。左腿仍顺缠，弓膝塌劲，足尖向外摆。右腿仍逆缠，走外前弧线，向右前斜角扫转落下成右前虚步。同时，左手变逆缠，走里左上弧线在胸前正前旋转，手心侧向右前方下斜角，中指扬向右后上斜角；右手变顺缠，走外右上弧线，向左腕下旋转，手心侧向左后上斜角，中指扬向左前上斜角（图 81-3）。

4、5完全同图1-6、7的所有动作及作用（图81-4，81-5）。

图 81-3 　　　　　　图 81-4 　　　　　　图 81-5

——摘自洪均生《陈氏太极拳实用拳法》

140

从上述现代科学对肌肉的研究结论来看，太极拳非常科学地在练"红肌"的耐力和"白肌"的绝对力量和爆发力，加以人体物理结构力学的螺旋放大，使得太极拳消耗自身能量较小而获得的作用效率最大。

太极拳最具特色的练功功法有二：一是开胯，二是开肩。二者皆是以螺旋拧转的方式训练。这与太极拳以上下向主体螺旋（上下向主动力螺旋＋万向作业螺旋）的运动方式有关。

上下向主体螺旋的运动方式类似于龙盘柱，龙身呈一定斜率地绕着柱子上下。因此，横、纵轴与竖中轴不能水平垂直交叉，要形成出一定的倾斜度，即横轴和纵轴的左右和前后两头不能一样高，这样转起来才会出现一边向上一边向下的"S"形螺纹。如果一样高而垂直交叉，那么，围绕竖中轴转动时只能是平转，无法形成上下向螺旋，龙就无法盘柱而上了。但人的双膝、双胯、双肩、双手都是左右对称成水平一线长在脊柱两侧，这与螺旋结构性要求和"S"形螺纹上下向运动方式产生了矛盾，矛盾引出太极拳功夫的结构性和运动性要求：开胯和开肩。

人体的横、纵轴与竖中轴在两个部分交汇结合，第一是胯骨，第二是肩。横轴必须形成一定斜率，即左右一高一低，这样才能螺旋着往上走。形成一高一低的螺纹形态从膝盖开始，一腿左旋一腿右旋，左右膝盖上提下坠就会微微的高低错开，这个动作对于膝盖来说比较容易。当一边"偏沉"一边"偏腾"的螺纹形走到裆胯部时，就会受到人体最大的一块骨头——盆骨的阻碍（小时候盆骨由软骨连接左髋骨、右髋骨、骶骨、尾骨，成人后软骨骨化成为一个整体。它是脊柱的底座，通过脊柱连接着上半身；往下，它通髋关节和大腿骨连接下半身），这时候就要开胯了。开胯开的是髋关节（胯骨与大腿骨的结合部），正常人这个地方能活动的范围很小，且多数是胯骨不大动，大腿骨在做向前的运动（走路的运动方式）。而上下向主体螺旋运动的要求是，当双腿的左右旋形成膝盖的高低错开后，双膝和两根大腿骨尽量不动，而让左右胯骨进行螺旋运动。这对髋关节有较高的要求，必须能满足左右胯骨完成涉及上下、左右、前后的上下向螺旋运动，即一边的胯（裆）"上前左"地松塌贴合裆部，另一边的胯骨"下右后"的拧坠，反向亦然。这样就能让左右横平的胯骨略微微产生左右、前后的高低拧错开，来保持和传递往上走的螺纹形状和劲力。开胯的实质是用螺旋运动的方式，松开包裹、控制、带动髋关节运动的肌肉组织，其中主要是"白肌"（俗称大筋，注意大筋不是韧带，韧带拉松了，关节的卯榫强度就会减弱），让裆内"白肌"变得更长更粗更有弹性，参与运动的数量更多。如此，胯骨的运动范围更大，运动方式也改变了，能满足上下向螺旋的结构和运动要求。

如果双胯不开，在一条横水平线上，此时转动只是平转，上下向螺旋的劲力不能有效往上传递，螺旋劲就会断在腰裆处。平转也能产生左右的横劲，但这种横劲因缺少上下竖劲，力量很小，一遇到外来负荷就转不动了。左右胯的螺旋开合产生出微微的左右、前后、高低的错开，让上下向螺旋的竖劲高效传递并将胯横轴产生的左右向横劲融合进来，在竖中轴上完成主体螺旋的第一次劲力融合（上下向竖劲＋左右向横劲）。胯开了，往下蹲时，小腿就能垂直于地面，脊柱垂直于地面，这样竖中轴与地面是垂直的，从而保证了螺旋上下方向的正确。胯没有开，双膝即使能形成一高一低，也会造成膝盖前跪，小腿前倾，脊柱前倾，竖中轴变斜或不在一条线上，无法完成上下向螺旋。（注：这里主要分析横轴与竖中轴的关系，胯和小腹，也涉及前后纵轴，但这里的纵轴长度为盆骨的前后向厚度，小腹是软的，因此，比较短，可以忽略）

太极拳的开胯，不像劈叉、一字马那样将胯直线拉开，而是让双胯围绕竖中轴螺旋着非线性的上下、左右、前后微微拧错开。太极拳中的开合，不能理解成直线打开和合上，而是螺纹状地拧开和裹合。双胯只要在竖中轴上形成了螺旋结构，劲力就会成螺纹"S"状上下向运动。开胯目的：第一，形成硬性的螺旋结构，保证高效的往上（下）传递螺旋劲力。第二，在竖中轴上融入横劲。第三，让胯部习惯于上下向的螺旋运动方式。第四，螺旋地拉抻练习裆内和胯外的"白肌"（大筋），需要时"白肌"的爆发力和双胯形成的螺旋结构相互作用，能产生出强大的螺旋劲力。第五，胯骨灵活的螺旋运动让腰裆转换能自然产生。 第六，扩大裆、胯的活动范围，便于双腿配合双手更好地完成作业螺旋的技术动作。

胯骨被臀大肌和裆内大筋包裹约束，能不能螺旋式拧开，外面看不到，但有一个标志，就是尾根能前后左右的螺旋运动，螺旋幅度的大小，由双胯拧开的程度决定。尾根，阴蹻脉居于前，阳蹻脉居于后。李时珍的《奇经八脉考》中有："八脉者，先天大道之根，一炁之祖，采之唯在阴蹻为先。此脉才动，诸脉皆通。"

因此，历来为修道练武人所重视。很多人认为搞清楚尾根的运动方式就能练出真功夫。有的徒弟甚至请求师父在发劲时让其用手摸在尾根处，感受师父尾根的运动轨迹。尾根的运动方式观点不一，如前兜、后翘、垂直向下、左摇右摆等。这些观点都有其道理，但皆不全面。尾根的运动是由胯骨的螺旋拧错开带动盆骨运动而生成的，螺旋运动必然涉及上下、左右、前后六个方向。同时，尾根又是脊柱轴的一部分，螺旋时必然会表现出来垂直于地面、前兜、左摇、右摆、后翘等各种姿态，这些姿态对应的是螺旋时蓄劲和发力的不同位置，但最后发劲的瞬间尾根是后翘的，或者说只有尾根后翘发出来的螺旋劲力最大，这是由人体的动物特性和螺旋运动的特点共同决定的。开胯最好的练习方式有二：第一，三换掌。三换掌为活桩功，练三换掌看起来是掌做三次转换，实际是掌领着身体上、中、下，下、中、上的左右螺旋，练的正是裆胯部上下向主动力螺旋劲。第二，向量螺旋练功器。我发明的一种练功器，用固定的轨道反向的规范出双胯和双肩的螺旋开合运动。

当融入横劲的主体螺旋再往上走，就到了双臂与竖中轴的结合处，这时产生了三轴融合。肩部很重要，与双臂既形成左右横轴，又形成了前后纵轴。既要完成上下向主体螺旋融入左右横劲和前后纵劲，又要将形成的主体螺旋劲通过双手（双腿配合）改变成可以任意方向的作业螺旋。至此，主体螺旋的上下、左右、前后三对六向的螺旋劲才算整体全面的生成了。螺旋劲力到了肩部就不能再往上走了，即所谓"气不过喉，力不过肩"。劲力到了肩部要将上下向主动力螺旋劲改变到想要达成目标的方向，这时候竖中轴上横轴和纵轴都在连动，手臂在肩关节上要能做任何方向活动，双肩的运动轨迹具体表现为莫比乌斯环。肩部承担着主动力螺旋劲力传导、分合和向着任何角度改变的作业方向。肩关节不开，上下向螺旋劲无法有效的转向，也无法完成作业螺旋所需要的技术动作。

开肩的原因和目的：第一，主动力螺旋劲无障碍地通过肩转导到手，肩不开螺旋劲会断在这里。开肩后，肩胛骨能做多方向运动，保证作业螺旋灵活性。第二，让肩与臂软连接，减少肩与臂的硬性连接度，缩短横、纵轴的长度。保证螺旋上来的劲力不因为横、纵轴加长而分散。圆锥形螺旋的结构表明，下面的螺旋大，越往上螺旋越小，螺旋力越旋越集中。但到双肩处横、纵轴变的更长，螺旋起来不稳定且劲力无法集中。软连接，手臂如同脱离肩关节，挥动手臂出拳时，劲力不会因作用方向的改变而憋折在这里。第三，当手臂围绕横、纵轴在做作业螺旋，还是要用一定的力来维系必要的动作，不可避免地要与肩连接，这时候则不能起肘。当肘下垂时，可以物理性地缩短横、纵轴的长度。不起肘的另一个重要作用，不让双手在做作业螺旋时用上手臂之力，一起肘就会动用手臂力，手臂局部力量的使用会阻碍主体螺旋力通过肩部传递出来。作业螺旋的动力来源于上下向主体螺旋，没有主体螺旋参与的任何局部劲力都是有限的，实战时作用不大。第四，手臂由于肘关节结构的原因，肘往外拐或往外上抬很易，肘往内（胸乳部方向）拐或往内上抬十分困难。而手臂在做作业螺旋引导主体螺旋旋拧蓄劲时，很多动作要求肘向内收抬至胸乳处，不然形不成有用的作业螺旋。

开肩最有效训练方式是太极拳的基本功"反手圈"，"反手圈"特别强调肘向内收抬至胸乳处。开始练时做不到，就用一个木棍向胸乳的方向别着肘，尽量向内上抬至胸部的高度。这个动作之所以难做，其最大阻力来源于肱三头肌、背阔肌的包裹制约，开肩更多的是螺旋的拉抻练习肱三头肌和背阔肌中"白肌"的长度、弹性、粗度和参与数量。

作业螺旋是"公转＋自转"性技巧螺旋，双手做作业螺旋时不需要手臂太用力，只要根据外来负荷的情况，引领、辅助、技术性的释放主体螺旋生成主动力螺旋劲。主体螺旋劲越大越强，作业螺旋的技巧越巧越好，同时，劲之强和技之巧又不能分开，巧能让强劲更活，强能让巧技更灵。

"红肌"＋"白肌"是生物性劲力，人体骨骼螺旋运动形成的圆杠杆力是物理性动力，同时起作用时释放的劲力非常强大。但这些并非太极拳所独有，几乎所有功夫都在追求这种高效的发劲方式，八卦、形意、螳螂等都有螺旋劲力。只不过太极拳在这方面探寻更深入和明确。下图是陈鑫先生在《陈式太极拳图说》中用线条画出缠丝（螺旋）劲在人体内的运动轨迹。

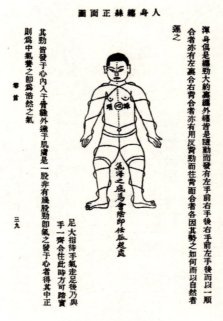

人身缠丝正面图

拳王泰森在发出重击时，身体也呈现出上下向螺旋形态。美国的一项腿部打击力测试表明，螺旋状的旋踢产生的力量最大，可以高达 1400 磅。也就是说，只有螺旋才使人在搏斗时既保持自身稳定又高效系统地使用全身劲力。螺旋运动方式让全身"白肌"形成一个上下向为主，缠绕着涵盖左右、前后的螺旋状的动力链。但这个螺旋动力链存在吗？答案是肯定的。

欧洲肌骨专家理查德·施米西科（Richard Smisek）先生创立的螺旋稳定肌肉链健身理论，与太极拳上下向主体螺旋运动方式异曲同工。他在《肌肉链：脊柱的螺旋稳定》一书中认为，螺旋稳定性方法系统中分两种肌肉链：垂直肌肉链与螺旋肌肉链，其中螺旋肌肉链负责运动中保持运动稳定（例如走路、跑步、打球），垂直肌肉链是在静态时保持稳定。

根据"白肌"和"红肌"的特点并结合理查德·施米西科的理论可以得出，螺旋肌肉链中包含更多的是"白肌"，垂直肌肉链则"红肌"较多。螺旋肌肉链主要为运动提供稳定和动力，垂直肌肉链主要是保持静态的姿势。理查德·施米西科在《螺旋肌肉链训练》一书中画出了螺旋肌肉链的形状和走向（见下图）。

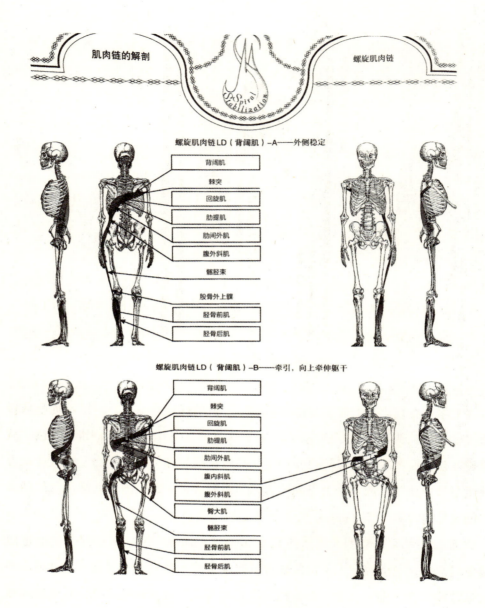

螺旋肌肉链LD（背阔肌）–A——外侧稳定

背阔肌
棘突
回旋肌
肋提肌
肋间外肌
腹外斜肌
髂胫束
股骨外上髁
胫骨前肌
胫骨后肌

螺旋肌肉链LD（背阔肌）–B——牵引，向上牵伸躯干

背阔肌
棘突
回旋肌
肋提肌
肋间外肌
腹内斜肌
腹外斜肌
臀大肌
髂胫束
胫骨前肌
胫骨后肌

螺旋肌肉链 LD（背阔肌）A、B

　　理查德·施米西科的螺旋肌肉链和陈鑫太极缠丝劲的走向差不多，只是一百多年前中国解剖医学很落后，缺乏精确度。而理查德·施米西科用现代解剖科学则很准确地厘清了螺旋肌肉链的组成、走向和运动轨迹。因为理查德·施米西科创立的螺旋肌肉链是为了训练和康复脊柱，当螺旋链到肩部时就停止了，并没有

从肩部顺着肱三头肌延伸到手臂和手指，也没有就螺旋肌肉链的发劲做深入的研究。但他的理论和治疗效果能为太极拳上下向主体螺旋运动提供科学的依据。从上图的下半部分"螺旋肌肉链 LD（背阔肌）—B——牵引、向上牵引躯干"可以清楚地看出螺旋肌肉链具体的分布和运动线路。右脚开始往上，从胫骨后肌螺旋到胫骨前肌，过膝盖沿大腿外侧的髂胫束（包绕大腿的深筋膜——阔筋膜的外侧增厚部分）上到臀大肌，再往前旋转到腹外斜肌，往里上左转到腹内斜肌，往左上转到肋间外肌，往右后上转到肋提肌，再往右上转入回旋肌（脊柱椎前深层肌肉），再到棘突入背阔肌，止于左肩后。如再加上左臂的肱三头肌、肱桡肌就螺旋到左手的中指了。上图中仅标出了右腿到左肩的螺旋肌肉链，左腿还有一条，线路与右腿对称，只是到臀大肌后方向相反，在躯干里上下、左右、前后交错着盘转而上。太极拳做螺旋运动时，双腿的螺旋方向也是相反的，一条腿右旋，另一条腿则左旋。其发力的线路与螺旋肌肉链重合，或者可以说螺旋肌肉链画的就是太极螺旋劲的运行线路。

有意思的是，太极拳双腿在螺旋时，双膝要有内合之意，一般人理解不了，看了这个图则一目了然。因为螺旋肌肉链是从膝盖外侧向上的，外撑就会破坏向上螺旋。看懂了螺旋肌肉链释示意图，就会对《太极拳论》中"左重则左虚，右重则右杳"理解得更透，对主体螺旋围绕竖中轴所做的上下、左右、前后反对称式"质平衡"的复杂性有了更直观的认识。遗憾的是，理查德·施米西科研究的螺旋肌肉链针对健身和脊柱康复，没有过多地涉及发劲等技击原理，对裆内的"白筋"螺旋链也未说明。但在几条保持步态稳定的螺旋肌肉链图中提到了肛提肌和尾骨，这些需要我们在此基础上深入研究。

《螺旋肌肉链训练》中列出的训练方式，借助工具和按摩训练师的手法来恢复强化螺旋肌肉链。而太极拳上下向螺旋的独特运动方式不需要借助外力就能锻炼螺旋肌肉链，并能练出功夫。越来越多的实证表明，太极拳能有效地治疗包括脊柱类疾病在内的很多骨骼和内脏的慢性病。因此，太极拳需要深度的科学解读和开发，对套路中各单式进行科学的梳理，进行规范化和标准化，搞清楚各单式的治疗、养生之功效，通过对各单式的不同组合，开发出有针对性疗效的不同功法。太极拳一路八十一式，二路六十四式，练好了各式都自合卦象，式式皆用螺旋来分合阴阳而阴阳相济，技击功夫、养生、治未病皆具，且陈式太极拳古谱上对每一式能治什么病有明确的记载。如果能用科学研究清楚其防、治病和养生的内在机理，可造福人类。

太极拳"双螺旋"的运动方式主要功能就是技击、格斗，之所以现在很多练拳的不能实战，原因很多。但有一条比较关键，对其运动方式、特点、法度没有科学的解析，缺乏正确的认识，迷失在深奥且模糊的拳谱中，不知其所以然。只有将太极拳科学化，才能更好继承发扬太极拳。太极拳衍生的养生、治未病的功能才会大放异彩。

世界上任何拳种或格斗方式，都是以身体作为工具和媒介来体现攻击力，区别在于身体工具使用和运行的效率高低。全球各地的人，除肤色和语言不同，人体结构皆同，都必须遵守物理性和生物性规律，经过长时间的实战积累，拳术的形态各异，但高效率利用人体工具原理却趋于相同，否则，就会违反自然规律而被淘汰。在这个意义上来说，功夫的内在本质具有科学意义上的趋同性，搞清楚太极拳高效率原理，就能通透功夫内在的本质奥秘。

但中国功夫并不仅限于肌肉的收缩和螺旋圆杠杆，还有更深入更本质的"气"，气在功夫中有着独特的作用，也是为中国功夫所特有。

《行气玉佩铭》和铭文

气功的历史久远，《咸》《艮》两卦就是其哲理和方法的表达。天津博物馆所藏的《行气玉佩铭》是中国现存最早的气功理论文物，为战国后期的作品。玉佩为十二面棱柱状体，中空，顶端未透，每面刻有篆书三字，加上重文九字，共

148

四十五字（见上图）。铭文："行气，深则蓄，蓄则伸，伸则下，下则定，定则固，固则萌，萌则长，长则退，退则天。天几春在上；地几春在下。顺则生；逆则死。"1973年郭沫若在《奴隶制时代》丛书里的引用让它闻名。铭文翻译成白话文："这是深呼吸的一个回合。吸气深入则多其量，使它往下伸，往下伸则定而固；然后呼出，如草木之萌芽，往上长，与深入时的径路相反而退进，退到绝顶。这样天机便朝上动，地机便朝下动。顺此行之则生，逆此行之则死。"仅从字面理解，这段话有练功的哲理和方法，只是过于简单了。

气与武术结合到一起，则是在是在明代王阳明先生提出"知行合一"之后。龚鹏程先生在《武艺丛谈》书中考证道：

内家拳之兴起，乃是导引运气理论与武术的结合。明末清初以前，所有武术著作都没有练气的讲法。即使是戚继光的《纪效新书》也没有这类言论。但明末清初以后，练气，却成了普遍之观点与功法。

乾隆间王宗岳（1763—1795）《太极拳论》明言使拳应"虚领顶劲，气沉丹田"。同时期苌乃周（1724—1783）《苌氏武技书》也在论拳法时大谈《中气论》《行气论》《养气论》，谓练拳者必须"练形以合外，练气以实内""神与气合，气与身合"。一些武术名家，如康熙雍正间的甘凤池就体现了这种理念，《清史稿·甘凤池传》说甘氏"善导引术""拳法通内外二家秘奥"；乾隆时的唐际之，《清稗类抄·技勇类》说他"能运气。运气到处，有硬块坟起如核桃，刀石不能伤"。

一些民间宗教教派，如乾隆时八卦教张百禄，据《军机处录副奏折》说其教徒"拜张百禄为师，学拳运气""学八卦拳，并授运气口诀"；嘉庆初，天理教任四等人"学习义和拳棒"，并"运气念咒"；嘉庆八年，离卦教首领张景文教授徒众，"同教中有仅只念咒运气，学习拳棒者"，直到道光间，该教仍教徒众"每日坐功运气"。而这个教即与少林颇有关系，据《那文毅奏议》说，嘉庆间离卦教徒张洛焦，曾习金钟罩，时常来往少林寺。足证运气之说已流衍天下，且往往与宗教结合，少林亦受此风气之笼罩。

故《清稗类抄》说："少林拳法有练功术，运气于筋肉，则脉络突起，筋如坚索、肉如韧革，刀击之不能伤也"，郑板桥也说湖北魏子兆"遇少林寺僧，授以运气传神之诀。魏习之数年，周身坚硬如铁"，运气时，虽刀斧不能伤。其状大类前

149

面所述及的唐际元。

这种重视气的新武术观，必然会将武术由形体动作、趋避腾挪、技巧姿势、力量速度，转向内部之血气运行层面，此所以称为"内家拳"。内向化，成为这个时期一种重要的趋势。

中医认为人体内有气街，气街是指经气通行的经路，分四气街。《灵枢·卫气》曰："胸气有街，腹气有街，头气有街，胫气有街。故气在头者，止之于脑；气在胸者，止之膺与背腧；气在腹者，止之背腧，与冲脉于脐左右之动脉者；气在胫者，止之于气街，与承山踝上以下。"

中枢神经对运动的调节功能已被科学研究所证实。中枢神经系统的机能状态直接影响肌肉的力量。中枢神经活动的基本过程就是兴奋过程和抑制过程，有机体的一切反射活动都是这两种神经过程的相互关系决定的。神经过程强度越大越集中，肌肉力量发挥越大。大脑皮质能有效地动员植物神经系统和内分泌功能，协调肌肉自发反射式地产生更大效率。表现在其过程的频率和强度。同一时间里，中枢神经系统传出的脉冲频率高，强度大，就会出现肌肉纤维的重叠收缩，就能产生更大力量。太极拳能实现"节节贯串"，没有次第，同时发生，只有在植物神经系统同时产生有逻辑的脉冲，才能实现。其表现形式就是不自主的条件反射式震颤。有一种运动能将气、肌肉收缩和大脑皮质融合起来，这就引出来智劲的一种独特打击形态——觫劲。

觫，恐惧颤抖的样子。这里是颤抖的意思，所以古人也称寒战劲。不过我们认为因心理恐惧而打冷战的寒战劲说法并不准确。更为恰当的是包含着气息在内，因身体受刺激或排斥外来异物侵入的喷嚏震颤。打喷嚏，西医认为是鼻黏膜受刺激所引起的防御性反射动作。中医认为是人体阴阳二气和顺畅利整体通一的表现。《黄帝内经·灵枢·口问》黄帝曰："人之嚏者，何气使然？"岐伯曰："阳气和利，满于心，出于鼻，故为嚏。"清·乾隆朝宫廷太医院院判吴谦在《医宗金鉴·金匮心法要诀》里说："盖喷嚏者，雷气之义也，其人内阳外阴，阳气奋而为嚏也。"打喷嚏具有宣畅气机、驱邪辟秽、通关开窍、行气活血等功效。古代中医用取嚏法治伤寒、中风、时疫、温病、喉风、赤眼、牙痛等症。

古人通过经验归纳，只有打喷嚏时瞬间产生的劲力，与年龄大小、肌肉发达与否、身体高矮等无关。这种无意识的条件反射动作，就是全身大小肌肉、筋膜等同时收缩一紧，气、声、力瞬间同时震颤出来。我们知道，在平静呼吸时，吸气是主动耗能的过程，而呼气是被动不耗能的过程。但在打喷嚏呼气发力时，呼气变成了主动耗能过程。呼吸肌的主要构成：膈肌、肋间肌和腹肌。所起的作用中膈肌占了 60%~80%。膈肌，在躯干内部，从外面无法看到，位于胸腹腔之间，为胸腔的底和腹腔的顶。为向上膨隆呈穹隆形的扁薄阔肌。寒战劲，发于膻中，借丹田，荡气回肠觫劲出。膻中不是一个点，而是一个区域，包含心肺、膈肌和横膈膜。喷嚏是无意识的条件反射，但要练成无意识的本能，必须先有心念意识，等练到一定程度再忘掉心意。肺里要蓄擎充盈气，横膈膜放松、下沉、扩张到极限，丹田如有虎伏，瞬间全身震颤，将其全部喷出，背脊似有龙腾出。吸气时，除了肺部充盈，隔膜下扩，真气在任脉下行。呼气时，除了瞬间将肺里的气体排出，同时真气从督脉上行，通过背、膂、肩、肘到达手部。吸气为阴，放松全身，尽量多摄入。呼气为阳，瞬间全身震颤一紧，全身"白肌"螺旋链瞬间收缩，将劲力与气同时全部释放出去。不管在吸气还是呼气，丹田和膻中一直要保持内擎着一阳。

喷嚏的威力有多大？根据现代科学测定，其强大的气流可将黏液以每小时 177 千米（每秒约 49.2 米）的速度喷射出去，这个速度比地球上已知跑得最快的猎豹还要快得多。有人一个喷嚏将包裹脑脊液的膜给震破了，脑脊液从鼻子里漏出来。有人则将一个肋骨震断了，有人将眼珠子震出眼眶，有人打喷嚏时用手捂了一下，憋着的气将喉咙撕裂。如此大的威力是如何产生的？这是一个相当复杂的神经反射。人在打喷嚏时，咽喉、胸部、腹部、背部全身的肌肉、筋膜都会非自主性地协同收缩，胸部肌肉压迫肺部，向上发出一阵气流。喉咙紧闭，突然一紧震，瞬间放松。它只是一种反射，就像我们的膝盖被敲击时脚不由自主地往前踢一样。美国梅奥诊所生理学和生物医学工程系的卡罗斯·曼蒂拉（Carlos B. Mantilla）在《大鼠膈肌运动分析》（*Diaphragm Motor Unit Recruitment in Rats*）一文中，通过对大鼠和猫在不同情况下，膈肌的运动和跨膈压的关系的实验，得出结论："在大鼠中，我们研究了在不同的通气情况下，正常呼吸（Eupnea）和缺氧（10% O_2）高碳酸血症（5% CO_2）和非通气（气道阻塞和鼻内辣椒素诱导的打喷嚏）行为期间测量跨膈压（Pdi）和膈肌活力（DIAm EMG）。与跨膈压最大值（Pdi max—由双侧膈神经刺激产生）相比，在正常呼吸时的跨膈压为 $21 \pm 2\%$，缺氧高碳酸血症期间产生的跨膈压为 $28 \pm 4\%$，上述两个值显著低于非通气产生的跨膈压，闭塞时的跨膈压 $63 \pm 4\%$ 和打喷嚏时的跨膈压 $94 \pm 5\%$。"并且打喷嚏行为的特点是伴有食管和胃压的增加（见下图）。

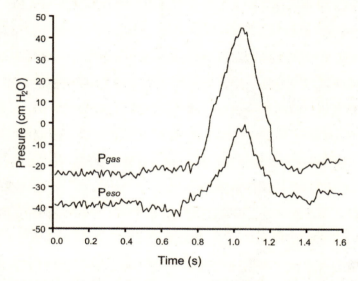

用辣椒素对气道刺激引起的打喷嚏时获得的代表性原始食管（Peso）和腹压（Pgas）测量值

文章最后有一个结论："重要的是，我们还发现，在运动行为中，膈肌活力和跨膈压之间存在高度相关性，表明肌电图测量（在打喷嚏期间标准化为最大活动）可作为未来研究中膈肌力生成有用的替代指标。"

由于双侧膈神经刺激是非自然需要人为电极刺激，因此，从数值来看打喷嚏所产生的跨膈压最大，并且膈肌活力和跨膈压之间存在高度相关性。因此，我们可以反向推论，打喷嚏前，膈肌必须存有相当大的力储备。吸气是主动耗能的行为，同时全身肌肉放松，以期尽可能多地获得更多的氧气，储备劲力。瞬间呼气发力，骤然收缩，猛地一震紧，又立刻放松，将劲力全部释放出来。打喷嚏的过程，古人通过反向内观，并摸索出训练的方法，练出来极快又猛烈的震颤式打击方法，与现代科学研究的结果，具有共同的指向和结论。通过瞬间有效的震颤和呼气，将收摄储存的能量和劲力释放出来。

太极拳的节节贯串，更多的是神经脉冲发信号，肌肉、关节的串联、并联、收缩共同作用。所谓贯串，就是瞬间收缩所有参与运动且串、并联关节的"白肌"纤维。根据英国生理学家希尔（Hill）提出的 Hill 肌肉三元素模型，把肌肉看作是由收缩元、并联弹性元和串联弹性元三个组件构成，整块肌肉由许多这样的模型混联在一起构成。节节贯串打击时，人体涉及大关节两个或两个以上的肌肉起作用，从下往上为，腓肠肌、股四头肌、臀大肌、腹直肌、胸大肌、背阔肌、背棘肌、三角肌、肱三头肌等。这些肌肉中的"白肌"以串联、并联的方式同时收缩，动作的同步中有神经信号的次第和叠加，神经脉冲有序次第中有动作同步同时的进行。躯干"主动力螺旋"的侧转和整体移动过程中旋转，同时双臂"作业螺旋"围绕"动力轴"的公转和自转，形成一个物理加生物性的结构动作和动力传递系统。躯干"主动力螺旋"优先，同时双臂"作业螺旋"紧随、引导、辅助。次第中有同步，同步中有次第。"一体双螺旋"时，有的关节和部位动，有的关节和部位不动。动和不动都是为了有效地把能量螺旋传递到作用点上，瞬间高效地把动力作用给对方。作用劲力的大小，取决于全身肌肉中白肌收缩（长度、粗度、韧度、参与度）的并、串联和螺旋动作的合规。因此，功夫高手往往无法从身材高矮、壮瘦、肌肉外形发达程度上分辨出来。有些看起来瘦弱的老者，却能释放出来惊人的打击力。

传统拳谱笼统的说法"分阴阳又合阴阳"，实际上就是用意识控制并用直觉表达出来"慢红肌"和"快白肌"的同步运动，即"慢红肌"小力维系结构姿势，放松、刺激和收缩"快白肌"。而要实现"分合"这些于体内混在一起又起到不同功能的肌肉，只有用螺旋动作。因此，螺旋动作非常难以做准确，旋转不好就会"双重"或平转。不仅是双腿、双手、同侧腿手要分阴阳，同一手臂、头等在螺旋中也要分阴阳，洪均生先生常要求左右额头高低的位置，甚至要求双眼的眼神都要一实一虚，不能双重。

平江不肖生就亲眼见过辣劲。向恺然在《拳术见闻录》"纪林齐青师徒逸事"中记载了一个叫黄头喜（绰号头麻子）真实例子。

在下在倡办国技学会，三湘七泽会武的人招募了不少。其中有一个绰号头麻

153

子的，年纪三十多岁，身体瘦削，面貌甚是丑陋难看，并像害了麻风病的人，行止坐卧，头颈手足，都惊颤不定。

……看那姓胡的年龄在四十岁以上，体魄强壮，气概粗豪，生成一脸的横肉，颌下一个漆黑的大疙瘩，疙瘩上还长着一撮黑毛，加以两眼火也似的通红，使人一望便能断定他是个很凶横的人。宾主坐定，我还不曾开口，问话，他便放开破锣似的喉咙说道："我姓胡，人家见我这里长一个疙瘩，就叫我胡疙瘩。我家住衡山城里，因听说长沙开了个武艺大会，好本领的人来了不少，我忍不住来领教领教。"

……他这几句话一说，说的胡疙瘩托地跳起身来，大喝一声道："不找你们动手，也不到这里来！"一面说，一面用右手往桌角一拍，甚是作怪！那方桌是桐木做的，十二分牢实，想不到只被他那么一拍，竟拍断了一条桌腿，而落手掌的所在，也削下一片巴掌大的木屑。

……黄头喜这才明白胡疙瘩的意思，也大笑着说道："原来你是到这里来和人比身体轻重的。隔壁磨坊里有极壮大的牯牛，你去和他比吧！这国技学会只比武艺的高低，不比身体的轻重！"

……胡黄二人已经交手了。奇怪黄头喜惊颤的毛病，至此全不见发作了，二人仅走了两个照面，猛见黄头喜浑身一颤，仿佛猫狗睡了一会儿才起来，抖落身上灰尘的抖法一般，黄头喜这一抖不打紧，只抖得胡疙瘩哎呀一声不曾叫出，已跌出七八尺远近，半晌爬不起来。……胡疙瘩当时就吐了两口鲜血。

……在下因和黄头喜相处得久，才知道黄头喜浑身昼夜不停地颤抖，并不是毛病，乃是林齐青传授的一种功夫。做了这种功夫，浑身皮肤都能发生抵抗力，哪怕敌人猛不防从后面暗算，一粘皮肤，就自然于惊颤之中，发生了抵抗，使敌受伤。黄头喜与胡疙瘩交手，得力就在功夫上。

仅是植物神经反射式反应，只是天生的自然本能，不是功夫。人人都能打喷嚏，但不是人人都有功夫。古人知道了这种反射式反应方式，并发明或发现能通过某种套路和方法的反复练习，将意识、逻辑、动作、劲力等练成有目的却无意识不用思考的新本能。这种新本能才是功夫。喷嚏是呼气激发全身系统之力，所以功夫特别强调呼气发力。吸气为收摄，呼气为放逸。呼气也叫"出息"。密宗修行功法之一就是心跟息配合为一。气息入出，重要的是"出息"之数，"出息"之数与心念同频共振，如如为一则功成。"出息"一词现在引申义为获利、上进、本事、能耐等。不管是护体功还是觫劲，都是智劲。功夫体所拥有的智劲是不经大脑思考而直接进行身体本能智慧反应的劲力。或者说，是脑智、体智练入本能神经反应的妙用之智。

人体内阳气主导，且阳气不能散乱无序，保证阳气有序运行只有不断地练习，增加体内的"负熵"。功夫以练习和收摄高维智能（智慧＋能量）为主，发劲、发功只是短暂一用，发功频繁则不利于养生。

《豫》卦乃功夫体之象，练成功夫，行走坐卧，自得其所，中和随身。功夫修炼是不断的"自以为是"，练"是"上身，但"自以为是"的"是"，也许为"真是"也许为"假是"，也许为"小是"（低级"是"，阶段性有效），这时需要通过体认和体证来筛选确认。"自以为是"为修炼的肯定阶段，但要精进进化，还需要"自以为非"，通过否定自己的"假是""小是"，来提升自己的"大是"（中和之是）。由"自以为是"到"自以为非"再到"中和为是"是个"筛"的过程。"筛"是真修的不二法门。下面这段师徒对话能帮助我们理解何为"筛"。

"大家都知道六祖惠能悟禅的故事吧？"水宗一问道。

"我知道，师父。"答话的是大徒弟李能。水宗一平常随性，但教拳时特严，此时，也只有他敢答话。

李能在韩复榘的省府工作，住处和水宗一家仅隔一条街，侍师最勤，深得水宗一真传。身法、拳势和水宗一最为接近。刘辉就见识过李能的功夫。一次，李能在家练拳，客厅的地面青砖铺成。李能用右脚踩在一块砖上，脚后跟往后一揉，猛地往前上一踢一带，青砖应声飞向空中。看似是用脚把砖蹭带而出的，实则是脚松到极致与砖贴合在一起，再通过腰裆的旋转，才能将砖踢飞起来。满堂的青砖都是一块紧挨着一块，虽未用泥浆勾缝，也是整如一大块。除非是在边角处一块一块地松开，否则，从中间就是用上工具撬，也很难撬起来。可见李能的缠丝劲了得。

"公案大概是这样的，五祖想传衣钵，让徒弟们作偈来看，若见真性，即传衣钵。

"神秀作偈曰：身是菩提树，心如明镜台，时时勤拂拭，勿使惹尘埃。

"惠能说偈曰：菩提本无树，明镜亦非台。本来无一物，何处惹尘埃。

"五祖认为惠能明心见性了，所以将衣钵传给了惠能。"

李能引经据典，侃侃而谈。他在省府工作，私塾科班出身，所以，学拳悟理要比一般人快，加上又肯下功夫，水宗一特别喜欢他。

"嗯，李能说得不错，这是禅宗上著名的公案，一般学佛悟禅附庸风雅的人都知道。"水宗一肯定道。水宗一教徒弟，不是一味的喝骂，而是有自己的一套方法，即肉夹馍式。上来先肯定，中间指出不足，下面提出正确的方向、要求和希望。中间的不足是肉，才是真味。所以，徒弟们都是心服口服。

水宗一接着说："不过，此段典故只是表面文章，酒桌上的谈资，文人笔下的书头，中药里的药引子罢了。"

徒弟们听得面面相觑。他们平时也听别人说过这个故事，都是赞叹。第一次听说这两个偈子仅是表面文章，有点愕然。

"寻常人都是赞叹惠能的悟性，般若之人嘛。懂得的人晓得，神秀说的是渐修，惠能说的是顿悟。但这都不是要点。关键的要点也在六祖坛经的文本里。"水宗一解释道，"坛经上是这样说的：'祖见众人惊怪。恐人损害。遂将鞋擦了偈。曰。亦未见性。众以为然。次日，祖潜至碓坊，见能腰石舂米。语曰：求道之人，为法忘躯，当如是乎。乃问曰：米熟也未？惠能曰：米熟久矣，犹欠筛在。'注意，要点出来了，禅意显现了。五祖问，米熟了吗？惠能答，早就熟了，只是欠筛。一个'筛'字了得，这个'筛'字才是要点。"

水宗一接着说："何为'筛'呢？用竹皮编成的布满网孔的用具，可以把细东西漏下去，粗的留在筛子上。去粗留精，就是'筛'。古人造字寓意十足。'筛'字从竹从师。竹子头还好理解，因为是竹片编的嘛。为啥下面是个师父的师字呢？你们想一想，我每天教你们是不是像筛子一样，把粗的不好的东西筛除，留下正确的精华。惠能这样禅意的回答，才有下面的事。'祖以杖击碓三下而去。惠能即会祖意。三鼓入室。祖以袈裟遮围，不令人见。为说金刚经。至应无所住而生其心。惠能言下大悟。'这是五祖开小灶，单独'筛'惠能一个人了。你们学拳要比谁被我筛得多，筛得越多，得到的精华就越多。练拳的过程就一个'筛'。"

156

"筛拳呀！"徒弟中有人发出慨叹。

水宗一说道："对，就是筛拳。刚才贾有道说要简化拳式，我看呀，也不是他一个人这么想，后来的人可能也会这么干。这是在害太极拳，在糟蹋祖先的艺和智慧。简化不如精化。家传太极拳六路共二百九十八个式子。现在精化成两路共一百四十五个式子。没有了任何边角废料，全都是有用的。外人或后人我管不着，今天我把话说在这里，凡跟我学拳的，必须传我的拳和理，拳式一点也不能减或变，拳理一句也不可改。若有违犯，必逐出师门。

"《坛经》禅意十足。佛教经书，汗牛充栋，但多数都是梵文翻译出来的，只有六祖《坛经》是汉人写的，称为'经'。后来的人写的只能称为'论'。可见《坛经》地位之高。惠能在家打柴为生，剃度后舂米为业。五祖独自在碓房中问禅于惠能。碓房就是捣碓舂米的房间。捣碓的目的，是把稻壳和米分开，然后再筛去稻壳和糠糟，留下纯米。这个过程实际上就是修炼或练拳的过程。先在外力（老师）大力捣碓下，打开外壳，剥离妄念冥行，扫除灰尘，显露出真心本体，然后，一步一步地筛，过大筛、过小筛、过粗筛、过细筛。六祖不识字，但打柴舂米筛糠的体悟开心智，有时比文字思想的感悟更直接更直觉地打通禅关一窍。"

水宗一又说："开悟是啥？洞开，开窍嘛。开窍，就是打开筛眼子。筛子无眼无孔无法筛。我曾遇到一位儒家高人，就是以竹为师。佛说无漏。无漏对应是有漏，佛学中自有其道理。我这里借来戏说一下也无妨。我说的无漏，不是没有漏洞，而是无物无理可漏了，也就是说所有的邪念，妄想，冥行，全都筛除了，甚至于连六祖讲的'无一物'念头都筛去了，去粗留精，去伪存真。筛去杂质，留下的是啥呢？留下的是儒之中庸、道之自然、佛之空性。其实，啥也没留下，都筛了。筛到最后，一片空白，又一片光明，打成一片了。啥都没有了，又啥都有了。想漏也漏不了，窍虽开也无可漏也，这才是无漏。太极拳式，自然一站，无招无式，却包罗万象，涵盖所有，任你从哪个角度、哪个方位、是手是脚、力大力小、是快是慢，都能顺应自如，随手化发。阴阳相济，周身一家，太极圆融，是身体练出来的无漏。

"人生也是个不断筛选的过程。亲戚有亲疏，非血缘之故，而是长时间相处筛选的结果。朋友有远近，非认识先后排序，而是遇事能否出手帮助的实践所择。

"我们练拳，练一年，三年，十年，所练的拳式看起来都差不多，但细节、内劲却不一样。练三年，筛眼大，练十年筛眼小了，越筛越细。有人刚开始练觉得收获很大，越练越觉得没感觉。这是因为刚开始你一片空白，说啥都是，再练就知道了对错，有筛眼了，不过筛眼很大，好筛，筛去的都是大的错误。越练筛眼越小，筛得越细。越筛越难筛。筛到后来，就无物可筛了。高手和俗手比，比是谁会妙用。顶级高手比，比的是谁先犯错，不犯错，无漏，完整，是不会输的。"水宗一说着用手画了个圆。

抽了口烟，水宗一接着说："一个'筛'字能顶'学习'两个字。学是学，习是习，合在一起才完整。习则更重要，所以，王阳明留下的书叫《传习录》。有的人虽然活到老，学到老，但只学不用，似乎也仅得情趣而已。一个'筛'字能顶'练打'两个字。有人只会练，不会打；只知练，不知用。拳不能打，练拳作甚？练不知用，傻练何为？而'筛'有学，有习；有分辨，有印证；有判断，有履行；有师，有棒喝；有己，有心得。迷时师筛，悟时自筛，得时与师共筛，所谓教学相长。一'筛'在手，夫复何求？错也筛，越筛越对；对也筛，愈筛愈精。邪也筛，越筛越正；正也筛，正中求精。魔也筛，筛尽妄想；佛也筛，留住本具。非也筛，筛去顽劣；是也筛，实事求是。筛到无法下手时，正好下手；筛到无处用劲时，才好用劲。筛去拙，拙力必笨；筛去紧，紧张必慢；筛去懈，懈必软塌；筛去硬，硬则生滞；筛去力，用力则妄；筛去散，散必不整。筛出刚柔相济，筛出意到必摧，筛出劲整周身，筛出掤转自如，筛出道术一体。筛到最后，筛出一身正气，筛出一团鲜活，筛出一片光明，筛出一以贯之。所有的招式既合道又显术，心身已经和天地中某种巨大的力量融合为一体了，意念一动，便可以调动和借助所有这一刻的力量，这就是无敌。心身一太极，心身具无敌。"

——摘自王圣贤《武码头》第拾壹章：至武为文臻化境

综合上述，太极拳功夫修炼有三个层次关系：

第一，自我运动关系。自修之道。人体矢量双螺旋结构＋大筋（白肌）螺旋动力链＋胸腹腔之气息。形成自我平衡。

第二，自己与他者的运动关系。对抗之道。推手和散手。有外力负荷或受攻击时的螺旋运用，用直觉算法统合自我关系形成实用，生成智劲。达成随遇平衡。

第三，自己与天地的运动关系。天人之道。天人合一，明了动静之机，把握阴阳之母。一动，则天地同力。整智之劲，整劲乃大整，非仅自身小整。智劲乃大智，非术之小技。整智统合天地人三力，含三圆一，即将自己身体系统之劲，对方攻来的外力，天地巨大的吸引力，协同起来，将重量、质量、劲力、杠杆、肌肉、气息、心意等多维度混沌为旋，混中有序，序中有多重不可预测的可能性。如此方能称神明。

2. 功夫体的运用

预备式以李小龙的最明显最出名也最能有代表性。李小龙截拳道的预备式也叫戒备式，亦称"摆桩"。很多人都会摆，只是外形像，很酷，但是无法打出李小龙寸拳的强大打击力。那是因为没有功夫体，只是摆架子。

李小龙创造和传授的戒备式要点大概如下：全身肌肉适度放松（肌肉有一定的紧张度），强手置前，前脚向前跨出约一步半。前脚脚尖向内扣约30°，前脚轻轻着地。后足呈横"一"字形，后脚跟抬起。前脚尖与后脚足弓并列于同一条直线上。双膝弯曲并内扣，敛臀（臀部和前大腿用力往后旋坐）；前腿重心约35%、后腿重心约65%。躯干稍微前倾，躯干与前腿在一直线上，收腹（腹部肌肉紧张），腰往前侧回旋；收下颌，视线保持水平。将惯用手（强手）的那侧肩膀转而面向前方（身体侧转约45°），侧身对敌；含胸拔背但不过度绷紧。前肩微抬并卷缩，肘关节弯曲约90°，前锋手放低点，拳头朝向前方，手肘紧贴侧肋。后手拳头贴在脸侧与下颌旁，手肘则紧贴另一侧肋骨。双手需保持微微晃动、沉肘（往内夹）。

李小龙的戒备式

右前式
（左手式）

1. 头：摆动和摇晃，以免受到攻击。

2. 右肩：微微抬起，下颏稍稍下降，以便保护下颏和面部右侧。

3. 右手：主要用来发起攻击，以及保护脸和小腹。

4. 右肘：用来防卫身体的中部及右侧。

5. 右膝：微微内扣，防卫小腹区域。

6. 右脚：处于25度~30度角的位置。踢击主要依靠右脚。

7. 左手：防守主要依赖于左手，用来防护脸和小腹。

8. 左前臂：用来防护身体的中部。

9. 左肘：用于防守身体的左侧。

10. 左脚：成45度~50度角，脚后跟抬起，具有较大的灵活性，并像一个绕紧的弹簧一样，做好激发身体向前运动的准备。

　　李小龙戒备式有着非常精细严肃的要求，在这样的姿势下，身体像弓起背的猫一样，蓄势待发，准备随时进攻或防守，并在进攻和防守后立即还原成戒备式。在截拳道之道中，李小龙还有一些无关紧要的关于姿势的论述，这里就不赘述了。当然李小龙对戒备式的姿势要求在不同时期、不同场合是有变化的，而不是始终如一，但相差不大。本文所说的这些姿势基本能代表李小龙原创的戒备式要点。

　　　　　　　　　　——摘自周向前《截拳道戒备式是中国武术最好的站桩》
　　其实，李小龙的戒备式前后是有所变化的。一些功夫高手其眼神、体态异于常人，反过来，从一个人的体态、神情也能判断出此人的功夫修为。这一点也不奇怪，功夫靠的是成千上万次的重复练习，其内在气血状态会通过眼光、体态表露出来，外在筋骨皮也会出现形态上的变化。高手，一般都是劲气内敛，却眸闪精光，举手投足间，动作沉稳而轻灵。现代的刑侦专家，光看走路的姿势就能判断出走路者年龄，仅分析脚印，就能准确地推出此人的身高、体重，也是这个道理。

李小龙戒备式不同时期的变化

上图是李小龙三个不同时期的戒备式。左边的是练咏春后期，姿势开合较大，劲气上浮外现，下盘不是太实，体现出势挂在手上的外形。中间为创立截拳道前期，此时戒备式渐入佳境，松肩坠肘，姿势类似于拳击，重心居中，身体微微前倾，双脚接近于川字步型。此式十分协调，劲气已经往下沉了，但明显能看出来，身体的放松度不够，肌肉和意识是紧的。体现出力挂在手上的姿态。右边的为截拳道成熟后期。这时候李小龙的功夫已经臻于成熟，非常符合"豫卦"之象意了。前面右手放低了，似防非防，让人觉得可以打进去。右腿的弓度小了，劲虚了点，可以更加灵活，左腿弓变大，身体居中，但裆劲塌得十分稳，能看出来是圆裆。下巴内收，护喉。此时体态显出整劲挂在手上的沉着、雄浑和轻灵、飘逸。形松柔，神内敛又无处不在。中间的照片外形能看出有点紧，但右边这张外形已经完全放松了，只是从外阴松中感觉到内里有股阳刚之劲（戒备）来，且这股阳刚之劲含于胸中，而非丹田。气沉丹田是《谦》卦之象，阳爻居于九三，此乃练功收摄能量，不是妙用护体之态。妙用护体之态是《豫》卦之象意，阳爻居于六爻之第四位，这股阳刚之劲内擎于膻中穴之后、神道穴之前，随时可用。李小龙后期戒备式前手肘的角度为 90° 至 100°，从现代生物力学来看，这个角度肱二头肌收缩且有负荷（小臂的重量），虽然小臂的重量始终一样，但由于力矩的变化，肱二头肌所承受的负荷有很大的变化。当小臂弯举起到 140° 时，负荷率是 95%，弯举到 120° 时负荷为 98%。当弯起到 90° 至 100°，这时的负荷率达到最大的 100% 甚至以上，同时，肱三头肌也部分处于收缩状态。因此，此势用于练习刺激肌肉弹性反射比较好，用于战前热身，也可以瞬间刺激肌肉的活跃和兴奋。但如果在格斗中一直保持这一姿势，则肱二头肌容易产生肌肉疲劳，不利于节约能量和体力。

下面是四位现代功夫高手的拳照，从拳架中能感受到他们的真功夫。太极拳宗师洪均生先生，螳螂拳名宿于东晋先生，武术家蔡云龙先生，军中铁螳螂樊廷强先生。

太极拳一代宗师洪均生（1907—1996），自幼聪颖过人，善于思索，博览强记，通音律，工诗词，文武兼修。洪均生先生将太极拳的奥妙及多年的心得体会编成通俗易懂的"三字经"歌诀，对太极拳的缠法、眼、手、身、步、双重、推手等内容作了清晰的诠释。

洪均生先生技高艺纯，发人腾空丈外而感觉不到疼痛。遇快拳进攻时，略一抬右手，来人便跌于丈外，屡试不爽，被誉为神技。日本人曾吾忠弘写道："观看了洪老师的示范表演，真正看到了我们所倾慕的东西，感到在他身上有着令人难以置信的极高雅的武术气质，而他就像一位杰出的哲人，蕴藏着人类的奥秘……洪老师具有天才般的反应、速度和精确度，有人曾试图推动他的身体，但在欲推的瞬间，突然力量好像被什么东西给带走了，自己反而被弹出甚远。洪老师的身体就像装有机械装置，在本人尚未意识到的一刹那，就自动做出反应。再者，洪老师在击溃对方中心时，其手的精确度可以毫米计，我们称他的手为'魔手'。在我与洪老师门下的学生练习推手时，无论我使出什么招数他们都纹丝不动，洪老师见状走来，只轻轻地将其手放在我的手上，我的对手就被弹出，令我惊奇不已。我这才亲身体会到内家拳的功夫是日积月累、不懈努力得来的……"

洪公创造性地总结出太极拳的特质"太极是掤劲，动作走螺旋""自转 + 公转"等。洪均生一生著作颇丰，著有《陈式太极实用拳法》《十三势心解》《太极拳式名考释》及诸多论文，并编有三路剑法：一路游龙，二路翔风，三路飞虎。

洪均生先生善于从日常生活的现象中发现和诠释太极拳之理：伸手用筷子夹菜放到口中的动作就是正手圈，从井里提水的动作能练腰裆劲等。

洪均生先生好烟，平时烟斗不离手，且右手握烟斗松肩坠肘，合于胸前。此势极为平常，却是预备式和护体功。此势右手变掌斜着朝上一扬（螺旋自转），便是金刚捣碓第一动，即一抬手就能迎敌，且好几次就用这个动作将人发于丈外。有一次，有一个拳友迎面一拳击来，洪均生先生抬右手一扬，对方被掤劲缠得往后翻了个跟斗，落下来把木床边框都砸断了。

洪均生先生握烟斗姿势

下面是洪均生先生七十多岁时留下的一组拳照。

金刚捣碓第四个动作与第五个动作的过渡动作

单鞭第三个动作和第四个动作的过渡动作

护心拳的第六个动作

第二个闪通背第四个动作

螳螂拳名宿于东晋先生（1909—1995），山东平度人，以"双挒手"御敌出名。14岁经人介绍到烟台谋生，跟随螳螂拳名家任凤瑞学拳练功。于公早年行走江湖，二十世纪三四十年代威震胶东半岛，江湖人称"猛虎三"。

于东晋先生一生练功不辍，尤擅擒拿、点穴、按道、暗器等独门功夫，其中以"双挒手"最为擅长。所传授的螳螂拳，风格独具，自成一家，动作刁敏，张突有力，长短相寓并用，刚柔相济。刚而不僵，实而不软，快而不毛，脆而不断，重而不滞，散而不乱。技法上突出"七长八短八刚十三柔八打八不打"等技击特点，以小破大，以巧制拙，以弱制强。注重内外双修，以蓬勃内气、坚实功力为体，以变化精绝的技法、招法为用，往往出手不见手，摘首，拔根，取中，一气呵成。

平时，于东晋先生喜执螳螂拳兵器"掌门拐"，右手握拐把，左手叠压在右手之上，实战时，双手互为根基，相互回环借力，双手相互帮衬，不离不分，能成倍放大功力，后来就形成了于东晋先生的预备式，右手松握拳合于丹田小腹上，左手为掌叠加在右拳上，这也是"双挒手"的形态之一。

于东晋先生的拳架能充分表现出功夫体。

接腕

霸王拉弓

螳螂勾

鸳鸯脚

掌门拐——打轮

武术家蔡云龙（1928—2015），15岁就打败西洋拳击界名手马索洛夫，被武术界誉为"神拳大龙"，三年后又战胜美国重量级黑人拳手鲁塞尔。

蔡云龙先生（左一）在搏击中的戒备式

上图为打斗过程中蔡云龙保持的姿势，虽然对方被打倒，但蔡云龙仍然做着预备式，保持警觉。这个预备式架子较低，因对方倒地，所以低头目光看着对方，左前腿自然弓步，后右腿膝盖下坠，随时可以移动和发力。双拳一前一后弯曲约30°抱于胸前，肘不离肋。这个角度肱二头肌和肱三头肌皆不太受力，处于有适度刺激的放松状态，随时都能发力防护和攻击。

樊廷强先生，祖传武艺，前后学武于当代十位武术大师，融众家之长，尤其精于螳螂拳，擅长功夫实战，拳架中尽显功夫体之精气神。

白虎洗脸

摘盔腰斩

螳螂铁勾

乾坤闭守

3. 功夫运行的四要素

综合上述，我们总结出功夫运行的四大要素：松静为态、意气引领、刚主导下的刚柔相济、顺动。

（1）松静为态

何为松静？下面是一位太极宗师理解的"松与静"。

"想要理解'松'，先必理解'紧'。《说文解字》中'紧'字之义是'缠丝急也'。从这个意义上来说，'松'字可以理解成'缠丝缓也'。'松'字有'从容'之义。因此，'松'就是缠丝时缓慢从容即可。'紧'和'松'并不是直线的拉紧和放松，而是螺旋缠丝的急和缓。注意呀，太极拳发人时的一紧，就是缩小加密急速缠丝。你们想一想，如果不理解字的本义，就无法理解拳理。'紧'本来就是在说缠丝的速度，与太极拳理高度契合。作为太极拳理规矩出现的'松'字，不能仅理解成与'紧'互为反义的'松'，要上升到一个高度，即'松'里同时包含着'紧'与'松'，既是不紧之松，又是不松之松，急缓适当，从容自然。与'紧'互为反义的'松'是一种身体的感觉和体验，而作为法度的'松'则是一种状态性追求。后者包含着前者。比如，佛法说'诸行无常，是生灭法，生灭灭已，寂灭为乐'，其中'灭'就和我们这里讲的'松'差不多，'生灭灭已'出现了两个'灭'，前一个'灭'与'生'相对，共同构成'生灭'这一过程，而后一个'灭'是把前面'生灭'这个过程'灭'掉，从而超越了'生灭'，进入不生不灭的状态。作为太极拳法度的'松'是将'松紧'这对关系也给'松'掉，不能刻意地去找'松紧'，从容自然就好，这样就不会出现一松就懈，一紧就僵等过犹不及的状况。可以这样说，'松'是融和了'松紧'，自然了'松紧'，在更高的层次来驾驭'松紧'。这个也可以破除和回应一些人的疑惑，有人认为这样松松的练如何能技击呢？那不是'松'的错，是错误地理解了'松'，一味的松松松，全身松成一堆懈肉，除了挨打，还是挨打。真正的'松'再怎么强调也不为过。需要注意的是，静中松，松出结构；动中松，松出通活。静中松相对易，动中松难上难。

……

"'静'字含义更深，误解误读的最多。'静'不能粗浅地理解为安静、停止。而是要从'静'字的原始义来分析。《说文解字》：静，宷也，谓粉白黛黑也，采

173

色详案得其宜谓之静。考工记言画缋之事是也。分布五色，疏密有章，则虽绚烂之极，而无渂涊不鲜，是曰静；人心案度得宜。一言一事必求理义之必然，则虽躲劳之极而无纷乱。亦曰静。静，从青从争。青，初生物之颜色；争，上下两手相对较劲。注意！争意呀。静的本义是彩色分布自洽不乱。静，不受外在滋扰而坚守初生本色、秉持初心。色彩分布自洽，在太极拳上就是虚实之劲力分布自洽，并保持住这种合适的分布关系，才是静。

"我将'静'字的本义说清楚了，动静之机也就清楚了。'谓粉白黛黑也，采色详案得其宜谓之静'，太极图中的黑白鱼大小头相对应的关系就是静。'则虽躲劳之极而无纷乱。亦曰静'，太极拳八十一个式子，多少个动作呀，但动作再多练得再快也不能乱，手、脚、腰、裆之间的相应关系，必须运动轨迹清晰，方向、位置、角度等准确无误，这才是静呀。动，人体之间相互位置关系变化了；静，人体之间、整体与部分之间，在持续的运动中一直保守着某种不变的对应关系和性质。也就是说，在运动中，虽然全部在动，但必须遵循的结构关系不能被破坏，仍然保持原来应该的对应关系状态。比如我说的不起肘，就是要求保持住肘部与地面垂直的对应关系，且肘要始终低于肩5~6寸。静字中含'争'，说明静的状态是两两相对相反又相辅的力量，通过相对关系的变与不变而保持出来的。明白了吗？"

——摘自王圣贤《武码头》第拾壹章：至武为文臻化境

那么，是不是就太极拳要求身体的状态要松静呢？答案是否定的，几乎所有的拳种都有松静的要求。不能松柔，就不能紧刚。不能静若处子，岂能动如脱兔？

《太极梅花螳螂拳论》中说："柔似风吹杨柳，刚如铁锤击石。"用柔劲时要像柳条在风中摆动，柔软自如，没有丝毫做作之态；用刚劲时应像铁锤击打坚石，刚脆有力，没有半点虚假。太极梅花螳螂拳每个动作中有柔亦有刚，没有一个纯柔无刚或纯刚无柔的动作。刚和柔总是随着动作和力点的变化而相互交替转换着，这种交替转换就是"刚柔相济"。

《少林拳谱精要》中说："演拳之法，先要定心。盖心定则能静，静而后能安，即猝然临敌，而平时习惯于以静制动，方不至于心慌意乱，手足无措。演拳之法，以心灵为上。盖心灵则手敏。心灵手敏，妙如转环，逗引埋伏，出没无端。果能如此，方不至于为死手所拘。"

功夫所谓"松以求活，静以待动"，松必快，静必整。身心不着一物为松，内刚外柔为松。心身各得其所，相互联系却又互不干涉，四肢百骸，二百零六块骨头、十二经络、奇经八脉、任督等虽繁杂但不乱为静。心思清晰缜密，智劲如如为静。松静之态就是豫卦之象，一阳内擎于胸，四肢松柔于外，体态适合，结构合理，静如山岳，动如江海。再动静态不变，再静一动百应。一动是心动，百应是体应。

（2）意气引领

意是心意，直觉性自觉。气为真气，是无形的能量。意非随意，气非外气。意是抽象之有，气为具象之无。意非仅是后天意识，乃是先天真意元神。气非仅是呼吸的外气，乃先天真气。意是未动之前动作轨迹之心意，让动作有逻辑、目的，让劲力形成"向量"。气是主导、协调、整合内外各种能量的原动力。意气是胸有成竹，心念一动，气随至也。有人说，"观念上当为心随物启，操作上却是物为心变"。事实上，把念头和操作分开已经不是直觉性自觉了。意气引领，引领，说明意、气、动作为一体，意动身随气至。意气即动作，动作即意气。一动皆动，一动指的是意气，皆动指的身体动作，直觉性自觉。一动皆动，只有心意引领，没有动作先后，就像引爆的炸药，点着引信，瞬间同时爆炸，才有威力。

（3）刚主导下的刚柔相济

刚柔非软硬。软是懈，硬是僵，这些都是常人动作的毛病。刚柔都是练出来的。没有经过长期锻炼的刚柔多数是懈僵。刚是积柔为刚，柔是刚的另一种表达形态。含柔之刚是纯刚，带刚之柔是真柔。古人云："何意百炼钢，化作绕指柔。"

刚主导下的刚柔相济，其理出自于阳主导下的阴阳平衡。人们常用刚柔相济或阴阳平衡，但忽视了前提。孔子讲中庸时强调，注意防止"乡愿"，因为"乡愿"看起来和中庸差不多，但实际上中庸能恰当到本质上皂白分明，"乡愿"的恰当却是"和稀泥"。中庸有时可能在两极中一极的极点上，因为，此时此地极点就是中。中庸求真是，所以当真是在一端的极点上时，极点就是中。"乡愿"就绝不敢这么做，遇事不是"乌龟三十鳖三十"，就是对半分。"乡愿"是外表像中庸

175

的假中庸。刚柔相济与此同理，如果不强调谁主导，就像"乡愿"一样，不敢精确，也不能精确。不分立场，也没有立场。"刚主导"就是防止刚柔相济变成"乡愿"，"刚主导"就是让刚柔相济只能是中庸。"刚主导"之"刚"是刚柔相济出来的"刚"，是本质之"刚"，是智劲之刚。刚柔相济，所济出的就是刚主导，此时的"刚主导"之刚才是至纯至真之刚。才是智劲，才是货真价实的打击力。

（4）顺动

顺的本义：金文🖐水（川，水流，表示流畅）+ 𩑶页（头脑、思虑），表示情绪舒畅，强调思绪无碍。川，既是声旁也是形旁，表示水流。

顺动，既不主动，也不被动，而是顺动，如水一样。顺动是功夫的妙用。

顺，非先非后，亦先亦后。势、时、机有利于我则先，不利于我则后。顺动是"先下手为强"和"后发制人"的合体，顺必动，动必顺。

顺动，是智劲的表现。在顺随中实现主动。顺动强调的是所运用力量的性质，是将绝对力量大小的硬拼硬抗，转化成敌我双方势态上的占优，以小力"四两"顺应对方的大力"千斤"，即四两拨千斤，顺到适合自己的时机和关键的地方，集全身整体的力量，打击对方的局部，即打击时"千斤"击"四两"。也就是说，顺动讲究的是"活向量"，而非"死标量"。不得势、时、机就顺随不抗，得势、时、机则一动制敌。顺，顺到于我有利；动，动到我顺人背。一个顺字，表明对抗双方的态势。我顺就动，不顺，则动成我顺。顺字表明，在搏击中不仅是一个自身力量大与小的问题，而是随机处理敌我不同力量的相互关系和力量运行机制。一旦进入这个逻辑里，单纯孤立地分析力量大小、个子高矮没有太大意义。当对方只在力的大小上"死单一"比拼时，我则顺随引入了方向、作用部位、智劲、心事、势、时、机等多维变量，小力顺随，借助多维变量，瞬间整劲打击对方的局部关键点，这是将搏击引入多维度的"活综合"。顺，就是引入多维度"活综合"的操作手段。

除非有百分之百的把握，否则先动必会被对方有机可乘。当然后动更是一种挨打的态势。顺动呢？先动和后动只是便宜行事的随机取舍，顺势、顺时、顺机。但顺归顺，却要顺而不从，顺是为了巧，顺是为了借。巧和借是对抗时的身体运动智能，有对方运动方式、方向和目的的预判，有对提前量的把握，有招式老与嫩的综合考虑，有双方力量大小的权衡。

　　顺是手段和方法，是迷惑，是障眼法，是伪装，是有意卖的破绽，是艺高人胆大的心态表现。动则虚实、招劲同时存在，顺是为了动，顺到我的逻辑，我的范围，我合适的程度再动。只有如此，才能一动定乾坤。顺动不是盲动、乱动，顺动是有目的、有计算、有智慧的动。

拾　智劲——功夫的模糊和精确

智，象形字典里的解释："知"是"智"的本字。矢，既是声旁也是形旁，表示箭，借代行猎、作战。知，甲骨文　＝干（干，武器，借代行猎、作战）＋口（口，谈论、传授）＋矢（矢，武器，借代行猎、作战），表示谈论和传授行猎、作战的经验。在远古时代，弯弓使箭是成年人的基本常识和重要经验。金文承续甲骨文字形。当"知"的形容词含义"聪明、有战略"消失后，金文　再加"曰"（说，传授）另造"智"代替，强调谈论和传授猎取经验。

古人将打猎、联络、作战的经验总结进行传授叫智。智的本义是动词，原来就与武关系密切。古人面对强于自己的动物，使用陷阱、工具，联合众人之力量并最终猎获，智就是巧妙的借助、使用工具性力量并获得胜利。劲的本义是有目标的用力。智劲就是功夫的本质表达，智劲既是我们理解功夫十分重要的概念，又是功夫上身的真实存在之本质内容。

1. 智劲的模糊与精确

古人的功夫修炼方法，拳理，心法似乎都不甚精确，很模糊。但这种模糊似乎又是中华文化具有代表性的特征。

太极拳谱云："刚柔相济。"何为相济？刚是多少？柔是多少？刚柔如何分布？无法明确，这是一个功夫练成的结果状态，同时也是一个模糊的活态。不可能是数字式精确，只有生物性的智慧化模糊。

形意拳的口诀：

肩打一阴反一阳，两手只在洞里藏；左右全凭盖势取，束展二字一命亡。

肘打去意占胸膛，出势好似虎扑羊；或往里拨一旁走，后手只在肋下藏。

拳打三节不见形，如见形影不为能；气连心意随时用，打破身式无牵连。

打法定要先上身，手脚齐到方为真；拳如炮形龙折身，遭敌好似火烧身。

"肩打一阴反一阳"是什么意思呢？啥时候是一阴，一阳如何反？说了吗？说了。说清楚了吗？似乎清楚了，似乎又不清楚。遇敌好似火烧身，是在讲感觉？还是在描述动作呢？似乎都是，又似乎都不是。

少林拳的口诀：

少林拳一条线，曲而不曲，直而不直。开始演练，两脚在一线，向外开，脚齐平肩。双手抱拳，与腰使平，中气宜领，站在中央。两眼使平，向前高看。气要随手，使气主要。气发四梢，气要走平。开始行动，运用五行，五行相克，五行相合。动如风，站如钉，重如泰山，轻如鹅毛。惟要上身动，还要后腿蹬。抬手打人不见形，见形不为能，软如棉花硬如钉，软能克硬，硬能克软。发声如雷响，气发如摧齿，如此练功夫，九牛二虎之力上身体。

"惟要上身动，还要后腿蹬。"上身动如何动？后腿蹬？是先蹬？后蹬？蹬到什么程度？

这些口诀都清楚地表达了某种意思，但似乎又不太明确，从而导致每个人的理解不大一样。出现这样的情况原因有二：古代汉语和现代汉语的语境、字词含义皆发生了变化，理解有困难，其一也。高度智慧和运用技巧的表述必须是以模糊为特征，其二也。比如太极拳"正手圈"的逆缠开手角度大约45°，这是练功时劲力的作用方向。但使用的时候不可能死靠着45°来用，而是根据对方来拳的角度、高度、力度、时机等进行自我调整，一般来说大约在42°~48°之间，不可能精确死了，精确死了就不可能活用。对方是在灵活地运动着，轨迹、方向、角度、大小、高低等都难以确定，只能模糊式精确运用。

拳谚曰："拳打两不知。""两不知"指的是什么呢？有人认为，不知道对手如何防，自己如何攻；不知道对手如何攻，自己如何防。有人认为，这是"麻秆打狼——两头怕"，狼怕"棍子"，人怕狼咬。也有人认为这就是孙子兵法："知彼知己者，百战不殆；不知彼而知己，一胜一败；不知彼，不知己，每战必殆。"答案各式各样，可惜真正懂其奥妙者甚少！可谓十人九不知。此处"两不知"有"四性"，即快速性、随机性、突发性、不可预测性。"四性"是同时一体的，对于双方来说都不知道，也没法知道。应对"四性"靠的是模糊智劲。功夫防身所遇都是突发事件，不可能像两军对抗一样有时间去知己知彼，靠的就是平时反复练习的直觉性自觉，就是模糊智劲。见招即招，随势就势，练时有架，用时无招。

功夫，模糊的精确，精确的模糊。模糊的精确，功夫之道模糊而功夫的技术和结果很精确；精确的模糊，功夫在练习时动作规矩要求严苛精确，理精法密，法度森严，用时却是随机应变，不拘泥于套路和招式，妙用时模糊。有时很巧妙地将人发出去，连自己也说不清楚为什么。

模糊不是糊涂，模糊是一种高智慧的质状态。

精确是数量的表达，是一种明确的初始变量或最终结果。

精确，指极准确，非常正确，精密而准确。语出隋江总《摄山栖霞寺碑》："慧振法师志业该练，心力精确。"精确是科学的基础，但不是科学的高度，精确于智能而言只是小聪明。

模糊是人类生物性高级智慧的特征之一。科学发展到一定程度后，出现了人工智能。而传统的数字式精确只能按照事先设定好的死程序来工作，而无法胜任变化不定的不确定环境。电脑只能处理有明确值的数据，而不能处理非量化非线性的模糊信息。电脑依据的传统数学方法，无法描述事物的模糊概念。它没有创造性，只有依据人编的程序才能工作。人脑的特殊之处，在于它既能处理量化的精确信息，更能处理界限不清的模糊信息，进行灵活的模糊思维。如当我们判断远处的人是谁时，只要把此人的脸面、体形、动作等，与储存在大脑里的样本进行比较，就不难得出正确的结论。人脑的这种模糊性思维，是人类自然思维的特质，连吃奶的婴儿，也能根据经验去识别自己的母亲，而不致因母亲的服饰、发型的变化产生失误。因此，模糊是一种高级智慧。

1965年美国加州大学 L. A. Zadeh 教授最早提出"模糊理论"。模糊理论是以数学上的模糊集合为基础。模糊集合和一般的集合不同。在经典集合中，元素对集合而言，不是在里头，就是在外头，二者的关系是二值逻辑的，以此来描述"非此即彼"的清晰概念。而在搏斗时，对方拳脚并用，虚实、招式瞬间就发生变化，经典集合无法表达出来这种变化和差异。由一个动作变化到另一个动作有多个可能性，这种中间过渡引起的划分上的不确定性——概念外延的不分明性，即模糊性。模糊集合的描述，正好能补充经典集合的不足，它把元素属于集合的概念模糊化，变经典集合的"非此即彼"关系，为"亦此亦彼"关系。承认存在既非完全属于某个集合又非完全不属于该集合的元素。这样，模糊识别和判断运用到搏斗时，就会打破逻辑上成立而实际上用不上的套路（设敌右拳打来，我用右手格挡，同时左手击打敌右肋）。因为，对手不是固定按程序来做动作，他出右拳时，左拳、右腿、肘、头等部位，也会同时或伺机打击。因此，此时任何试图用精确招数来迎敌的想法，都是纸上谈兵。只有模糊这种高级智慧，才是实战迎敌之道。我们不要埋怨老祖宗留下的功夫口诀太模糊或太感性，不精确且不准确，实际上，是你不懂功夫智劲的运行方式。这点在生活中也会体现出来。我们对很多场景的描述都离不开模糊的表达。例如，"雪下得很大""水不烫""我很年轻"等，而很少说"雪下了10毫米""水温20摄氏度""我28岁10个月又6天"。模糊描述更符合生活中的人性和人们的生活习惯。再比如儒家的中庸，就是一个模糊表达，俗称"两头堵"。即一句话里存在着既是这样也是那样的表述，或者可能是这样，亦可能是那样。一般人会认为这是忽悠，而实际上这是最贴近事实的智慧。实战时对方的一拳一脚，都是虚实同时存在，你只能模糊地随机顺势来应对。

刚柔相济是什么？

刚柔相济是哲学意境？是文学形容？是功夫的追求？还是打击的表现？如何是相济？如何是未济？相济时，刚是多少？柔是多少？如何度量？

刚柔是劲力的两种对立状态，既对立又统一。因为对立，就形成了精确，因为统一，就形成了模糊。

相济是数量上正好合适的度，恰好的度使得变动的数量关系转化成稳定的质状态，而这种质状态是模糊的。有功夫的人，每次释放功力都能做到这种稳定的质状态，虽然模糊，但质状态作用下的功力表达出来的结果却又是精确的。

下面是一位太极宗师智劲的模糊和精确。

水宗一说完伸出右手，贾正伸出右手握住老师的手，两个人站成掰手腕的姿势。"使劲"水宗一刚喊，贾正猛地双脚蹬地，右手向左死掰压，他以为这一次能把老师手掰压下来。谁知，他念头一起，拙劲骤出，水宗一右手腕向右微顺一下来力，接着往左上极细小的一转挑，等于右手先弧线向右顺了一下，再向左画了个小圈，贾正整个身体被发起来一尺多高。众徒弟都围了上来观看。甄有道也上前掰住师父的右手，他本身力量就比贾正大，且又将左手握住自己的右手腕处，形成了双手掰水宗一单手。"使劲"水宗一喊道。甄有道猛地一掰压，结果身子蹿起来比贾正还高。

"神了！"甄有道赞叹道。

"这个就神了，下面的咋形容呢。"水宗一幽默地说道，"和刚才一样，你用力掰我，我将你发起来，我让你单腿落地，你就单腿先后落地，让你双腿同时落地，你就同时落地。"

甄有道说道："好的，我试试。我要是不听你的呢？"

水宗一在甄有道伸过来的手上拍了一巴掌说："别耍嘴。一试便知。"

两个人握扣好了右手，水宗一说："让你单腿先后落地，使劲。"甄有道猛地发力一掰，忽地身子被挑蹦了起来，双腿一先一后落了下来，"啪""啪"响了两声。

水宗一说："这次双腿同时落地"。甄有道再一使劲，"啪"的一声，甄有道的双腿真的同时落地。外人看起来，好像甄有道十分听水宗一的话，让他咋做就咋做。实际上甄有道苦不堪言，他用力猛，每一次被发起来，震得他都想吐。他想反抗水宗一，极力指挥自己的双腿，但双腿完全不听自己的，倒像是长在水宗一身上一般。

"师父，拳我不练了，我就学这个，太神奇了。"甄有道说。

水宗一说："这是妙用，如何学得。功夫只有练拳才能出来。"

甄有道说："师父，拳太长了，能不能简化，减少到十几个式子，这样出功快。"

水宗一教徒弟或喝骂徒弟，有时并非针对这一个徒弟，而是针对徒弟们容易犯的共性错误。每当这个时候表面上是回答问话的徒弟，实际上也是说给其他徒弟们听的。

水宗一神情严肃地说道："我的拳一个眼神都不能减。老祖宗留下的东西，多少代人的把玩运用，如果能减早就减了，能留下来的都是精华。就像宏济堂做药一样，偷工减料谁都能想到，但时间一长就肯定会倒闭。你们不要怀疑古人的智慧。简化，就是偷懒。简化，是在糟蹋太极拳。"

——摘自王圣贤《武码头》第拾壹章：至武为文臻化境

太极缠丝劲就是刚柔相济的质状态，即模糊智劲。道可道，非常道。太极劲就是那股说不清楚的劲。如果再具体分劲里刚劲占多少，柔劲占多少，则就分死了，也不能这么分。精确到数量，就是死劲了。必须根据对方使用力的大小、方向、长短来确定如何变化和使用。但缠丝劲的作用结果却是精确的，精确到可以控制对方双腿落地时间的先后。

中医诊断病情就是一个典型的模糊识别过程。中医通过望、闻、问、切来了解病人的各种症状，再根据这些症状来判断病人患的是何种病。因为，病人的很多症状如"吃饭不香""发虚""头晕头痛""四肢无力"等都是模糊概念，同样是"头晕头痛"，有的是感冒，有的是偏头痛，有的却是高血压，所以，医生必须针对模糊概念的程度加以诊断。

模糊识别的原则是将识别对象归类，一般来讲，按照最大隶属度原则来进行属种归类。

比如对方一个三体式，你就能判断他练的是形意拳，再根据形意拳的特征和最可能出现的动作组合来确定随机应对。最大隶属度就是先确定个体某个最显著的元素特征，对应于不同模糊集合的隶属度，找出其中的最大值。仍以上面的中医诊断为例，如果一个病人说"胃痛"，这个特征所对应的病分别有"胃溃疡""胃炎""胃穿孔""胃癌"等，那么，最大隶属度就是病人的症状与哪一类疾病的隶属程度高，就判定病人可能患了哪类疾病。在搏斗时，对方右拳攻击，或左腿弹踢时，真假虚实？最大可能会是哪种结果？最大可能会接着出哪个拳，哪条腿？你的应对是不管出现哪种情况都能防守住并能有效回击。能否模糊识别取决于两点：第一是拳架招式的熟练程度。第二是平时的实战经验。熟练后只是在想象中能见招拆招，但如果没有实战经验，有的仅是非对抗时的动作连贯，也仅限于想象。反之，即使有很多的实战经验，没有熟练，功夫也高不到哪里去。

模糊的智劲之所以能实战，因为它兼备"硬""软"两种特性。

所谓"硬"就是对方的动作和运动次第是个经典集合。所有的动作先后次序，都是按照平时既定的训练套路来展开的，比如散打中的"三拳一腿"组合，左直拳、右直拳、左直拳、右鞭腿。练熟了后，只要一动手就是这个次序。这个虽然好用，但亦好防。

所谓"软"就是对方动作和运动次序是个模糊集合，虽然有平时练熟的套路，但在实用时，并不按照固定的次序使用。这时只能根据对方的某一动作，比如形意的炮拳或螳螂的刁手，或拳击等，运用模糊集合的最大隶属度，加以识别和应对。"软"模糊是一种艺术，几近于道了。

当然，"硬""软"模糊在不断地转化之中，"软"模糊时间一长形成规律后就会转化为硬，即经典集合。这就是每个拳种都有自己固定套路的原因，套路就是一个经典集合，所有的动作要点、先后次序、要求都非常明确、精确。但在应用时，又必须是模糊集合，才能产生一个想要的精确结果。但经典集合并不能有效应付变化和不确定，因此，"硬"的经典集合又必须转化到"软"的模糊集合才能妙用。

模糊是一种高级的智慧，仅是对于有悟性的人而言的，普通大众难以理解这种模糊，要想理解，则需要用实验和归纳等工具将这种模糊分解成一段段精确的部分，并演绎推理。

其实，中国功夫在实际（实战）问题的解决和经验案例（套路和招数）的应对上丝毫不逊于其他任何国家的拳术，差别在于中国功夫更注重"术和道"。比如"设敌出右拳击我，我出右手格挑，右手贴住对方右手大臂向右下裹缠，同时左手右转前封，再出右拳打击（螳螂展翅拳中的'挑封赶'招式的例行应用）。"但忽略或弱化了其中的"义"——经验现象内在逻辑的功夫原理。当然也不是完全没有，而是笼统地将之归于"道"。而"道"又是一个很难说清楚的东西。传统有功夫的人一般文化水平不高，因此，就更难说清楚了。说不清楚咋办？练一练，动一动手，用功夫来说话，用实际的输赢验证。这样的传统使得功夫只偏重于经验事实进行应对总结，很难进入确定性的演绎推理中来找出功夫的内在之"义"。

模糊，最具代表性就是智劲。

2. 何为智劲？

子曰："智者不惑，仁者不忧，勇者不惧。"

何谓"智者不惑"？孙绰云："智能辨物，故不惑。"朱熹云："明足以烛理，故不惑。"能辨物则不惑于利，能明理则不惑于道。而真正的智者不仅要能辨物，更要明理；既不惑于利，又不惑于道。这样看来，"智者不惑"就不仅涉及一个人的聪明才智，更关系到道德修养。是一种智力的测试，更是一种道德的检验，只有都有合格了，才能称得上"不惑"的智者。古人称精通行军作战为"智"；清心净虑、洞察真相为"慧"；醒来感知清晰为"觉"；明心见性、发现自我为"悟"。

智字的本义是打猎、作战的谋略。孔子认为，智是辨物、明理。我们要界定的不是智者，而是智劲。辨物、明理、论战仅是思维上的，把这种思维上的智练成直觉性自觉就是智劲。仅是思维上的计算和谋略不行，功夫要将这种思维上的谋略通过训练，变成身体上的直觉，并通过一定的招数表达出来的灵巧又强大的劲力。

既然是智，就不是硬拼。智劲比的不是物理意义上的"标量"（绝对力量），而是生物体意义上的"提前量"和"向量"。

劲是有目的和意志的力。没有心加入的力，只能是本力、笨力、拙力。中国功夫若是离了"劲"可能就无法表达了。"劲"在功夫中犹如体之骨，灯之光。古人总结的劲有很多：整劲、明劲、暗劲、化劲、螺旋劲、沉劲、钉钉劲、里钩劲、外背劲、切背劲、篡劲、颤抖劲、根根劲、泻劲、拧拧劲等。另外，各家拳的劲法也不一样，比如咏春的寸劲，太极拳的缠丝劲，螳螂拳的轱辘劲，八极拳的十字劲等。

智是作战的谋略，因此，拳架、招数、劲力等都是一种用身体表达出来的计谋，只是这种计谋被练化成身体本能式"直觉性自觉"，"心智"转化成"体智"。看起来是体力的对抗，实际上是体智的较量。感受到的是功夫，难以琢磨的是智劲。这一点与战争一样，历史上的战争，从"三国演义"到第一次世界大战、第二次世界大战，再到新世纪的"海湾战争"，总是集聚着最智慧的大脑、最强壮的身体、最先进技术和武器、最缜密的智慧。

劲是何物呢？劲来源于力，力有目的、有效率地灵活运用即是劲。

下面这两段摘录能加深我们对劲和力的理解。

有徒弟问："力和劲一样吗？为啥太极拳叫缠丝劲？"

水宗一答道："这两个字有时意思是一样的，有时则不同。力字，像人体的筋骨。《说文解字》上说：'人之理曰力。木之理曰朸。地之理曰阞。水之理曰泐。'很明显力是客观存在的效能，人、物本具。从这个释义可以知道，力是人体筋骨之理，力是有理可循的，这个理是顺应人体筋骨结构的，而不是逆反。所以，大家今后再看拳理时，要学会辨别真伪。凡是违背人体筋骨之理的说法，皆要质疑。比如，有人教学生，让尾闾往身体前兜，这明显违背人体筋骨之理。人负重挑担子，动物撕咬打仗，都是尾根往后翘，不后翘发不出最大的力。力强为劲，劲是加上了主观意志的力。这从劲字的组词就可以看出来，像劲头呀，干劲呀。劲中可以含着力，力中不一定包含劲。太极拳的缠丝劲，通过腰裆螺旋而产生的缠丝状智慧劲，最为巧妙和省力。"

——摘自王圣贤《武码头》第拾壹章：至武为文臻化境

论劲力之别

　　限于肩臂者，谓之力；能达于整体者谓之劲。其力坚也，如端就武术上劲字研究之，其最重要者有六，即刚、柔、虚、实、直、横六劲是也。初练习时，多系刚劲与直劲。再进境，即找横劲与柔劲。直劲与横劲，字面上甚易辨识，其深奥却非语言所能尽。如虎扑食，鹰抓鸡，此均直劲。苟稍避其锋，则其劲无用矣。反之，如虎直扑时，稍闪而旁击之，则可借其力而扑之矣。此即横劲，止于虚劲与实劲，更为深妙，对武术稍有研究者则难辨是非。此劲乃用于交手时，人实我虚，乘虚即实；人刚我柔，乘柔即刚。柔中之刚是为真刚，刚中之柔是为真柔。此即刚柔相济之论，无虚无实，即虚即实，而随机应变者也。

——摘自无名氏《少林拳谱杂俎》

向恺然（号平江不肖生）的力与劲之说：

　　人之肢体发射之物有二，一曰力，二曰劲。涩者曰力，畅者为劲。迟者曰力，速者曰劲，限于局部者曰力，达于全身者曰劲。力方而劲圆，力长而劲短。以力击人者，如引众推巨，支之撑之，为事甚滞，为时甚久。以劲击人者，发其一指，则全身之劲在指端，发其一足，则全身之劲在足尖。其中人也，未中之先无劲，既中之后无劲，中之之顷，疾如掣电，一发便收，足之谓劲。善拳技者，尚劲不尚力，练拳技者，使力化为劲（前所云弹力即劲也）。

　　综上所述，可以这样来理解力与劲，力为天生，劲是力的系统之运用。关于劲需要分析的问题很多，比如劲的方向、劲的作用点、劲的运用线路、劲的分合、劲的虚实、劲的刚柔等。

整劲、螺旋劲、缠丝劲、抽丝劲、鞭梢劲等都是功夫的表现形式，但都不是中国功夫的本质，中国功夫的本质是智劲。

智劲。智劲一词不是偏正结构，而是并列结构。前后两个字不存在修饰和被修饰关系，也非主谓关系。而是平等的互融关系，就和"阴阳"一词的词性一样。"智"界定"劲"，"劲"也界定"智"。"智"导入"劲"，"劲"体现"智"。此"智"非思之智，而是劲之智；此"劲"非体之劲，而是智之劲。智劲是阴阳互动所产生的一种妙用表达。智劲不是一种劲别，而是一种性质。即功夫者将理性的逻辑、计谋练入感性的直觉中，感性和理性深度融合而出来的一种新的性质——智劲。功夫者"感而遂通"，自然敏锐地感知对手和环境，只要对方有一丝的动意和变化，就能随时涌出恰到好处的防御和打击力。智劲，既能利用所有环境能量（包含对手、天地等），又能轻松巧妙恰到好处地按照自己的直觉意志获得结果。这个"智"里包含着敌我所有的前后、上下、左右、大小、快慢等劲力的自洽；这个"劲"里也包含了敌我所有的理性、计算、逻辑、次第、态势等智慧的判读。所有的一切都要在刹那间完成，这便是直觉性自觉的诗意自在。

在太极拳中智劲以"红、白肌"收缩和螺旋运动为基础，融入气、神，为引入打击的多维度要素，其中包括，势、时、机、距离、速度、精气神、心理、心态、作用部位等。也就是说，在时空四维中，把握敌我双方身体外形，素质，态势关系，结合距离、时机、速度，融入心理心态及精气神等高维的看不见的要素。高维的看不见要素是功夫的加倍放大器，功夫高手眼神亦能伤人。

眼法中顾盼须练。功夫高者，只用眼神就可以震慑对手，甚至让对方魂飞魄散。在教眼法时，水宗一的爷爷曾说过一个故事。南宋末年，有一个无学禅师，遭元兵追杀。他手持戒刀，眦眼欲裂，目光如电，作偈一声断喝："电光影里春风斩。"元兵心魂俱失落荒逃遁。后来无学禅师东渡日本成为圆觉寺开宗祖师。其实，无学禅师的一声断喝，元兵不一定能听懂汉语和其中含义。这句偈语的意思是，对于一个法空、刀空、我空之人来说，斩杀，就像在光影里春风拂入一般。但他的眼神中流露出来的精神和意志，那足以诛心的一目眦瞪，元兵一定是看懂

187

了，被震慑住，惊慌害怕才跑了。水宗一称这为眼摄法，是搏斗时的一个功法，也是一种十分有效的学习方法。

——摘自王圣贤《武码头》第伍章：蚊虫亦懂阴阳劲

直觉性自觉的诗意自在。这种"自在"，第一是来自于自身系统的协调性，而不是某个部位强壮。与生活中的常识相反，某个部位的强壮反而会削弱系统的协调性。第二是来自于身体外部，即对手和环境等所有外部资源和能量的巧妙有效利用，为自身系统的协调性服务，并能放大系统的效能。历史上所有战争的胜利者都有这种特质。

"我住竹屋，屋前栽竹，是为了学习竹性。实际上，内部不稳定的东西，无法依靠外表的坚固来消除，因此，素功从不练手硬脚坚。像铁砂掌，鹰爪功，铁腿等，不是说这些功夫不好，而是练这些坚硬的功夫，反而会阻碍练素功。人体双腿支持，不像兽类四脚落地，本身就不稳定，走不好都容易摔跤。更何况搏击有外力的干扰和冲击，不倒是第一位的，倒了，啥功夫也不行了。越是不稳定的东西，就越需要柔韧性，外表的硬化和固定化只会给身体套上不自然的枷锁。"

——摘自王圣贤《武码头》第玖章：孔林薪传儒家艺

智劲需要本力作为基础，本力大当然好，但力大不一定能出智劲，否则大力士都是拳击冠军。连续五届的世界大力士冠军得主马瑞斯的力量可谓天下无双。他与波兰拳击冠军南金曼比赛，南金曼看不起马瑞斯，认为他只会搬重物，但南金曼并没有找到防范马瑞斯巨力的办法，比赛时双方硬拼，南金曼挨了马瑞斯一记重拳，即被KO。而卡罗尔·贝多夫对阵马瑞斯时则避免与他比拼力气，而是采用双手整体力量锁定马瑞斯单臂的策略，将马瑞斯手臂锁折。

3. 智劲的表现：控制、发放、打击

（1）控制。智劲能自如地控制对方全身的劲力。

家师李公雅轩于《太极拳体会随笔》中云："我与杨推手时，有一种特殊的感觉。只要一搭手，便感觉没有办法，身上各个部位都不得劲了。杨师虽然是很松柔地轻轻地在我胳膊上一粘，我不知怎的，便觉得身上各个部位，都被其管着了，犹如撒下了天罗地网一般。我无论如何动，总是跑不脱，都是于我不利。杨师之

手虽然是稳稳地轻轻地在我身上一放，而我便觉得这一手来得非常严重，动也不行，不动也不行，用小力也不行，用大力也不行，快动也不行，慢动也不行，用刚劲也不行，用柔劲也不行，无论如何总不行。就如同与妙手弈棋一般，人家一动子，我就没办法。杨师虽然稳稳静静的样子，但我不知怎的，就是觉得提心吊胆、惊心动魄，有如万丈悬崖将要失足的样子；又如笨汉下水，有气隔填胸之感；又觉得自己如草扎人一样，有随时被其打穿打透之感；有自己的性命自己不能保障之感。然杨师并未紧张，并未用力，并未动什么严厉的声色，只是稳稳静静地一起一落，一虚一实地缓缓跟随而已。但我就如同捕风捉影，东倒西歪不已，如不善滑冰者着溜冰鞋立于冰上，倒与不倒操于人家之手，自己丝毫不能自主了。"

——摘自张尚义《武功薪传》

（2）**发放**。智劲可以随心所欲地发放，少一分力不动，多一分力不使。

许禹生是前清贵族荣禄的后人。当时身边武士甚多。许自幼好武，功夫练得不错。民国后，许为北京体育校长，甚有名望。和陈师习拳，陈师以其年长又夙有盛誉，允以半师半友传艺。一日许言解破左手拿之法为：以右拳用力猛砸左臂弯，则左手可以撤出，随即右拳上击对方下颌。陈师戏与试验。当许欲砸，陈师将右指加紧缠丝，许竟嗷声跪地。后来他对人说："我师功夫高我百倍，武德尤令我心服。当初交时，师照顾我的名誉，以友相待。今虽遍邀北京武林，当众拜师，我也情愿。"

某年，许主持武术擂台赛，欲请陈师为裁判。师辞以：只知陈式，不懂其他拳种，裁判欠当，致损令誉。许乃聘为大会顾问，遇事协商。当议比赛时间，众议以十五分钟为度。师谓十五分钟之久既拼体力，也徒有胜负，况日与赛者数百人，每小时才赛四队八人，需几天才能赛完？众以为合理，征求我师意见。师言："三分钟如何？"李剑华说："三分钟够吗？"师言："这迁就大家。如接受我意，则口说一、二、三，甚至只说出一字，便胜负立判，那才叫武艺呢。"李剑华笑说："能这么快吗？"我师亦笑说："不信，你就试试。"剑华见老人高兴，果然双手用力加速按我师右臂（时陈师右臂横于胸前）。师略转即右肘发出，将体重二百多斤的李剑华发起四尺许高撞在墙上，将墙上挂的照片碰得纷纷落地，众皆大笑。剑华也大笑说："信了，信了。可把我的魂都吓飞了。"陈师笑问："你怕什么？"剑

189

华说："要伤了我呢？"师说："你哪里疼了？"剑华细想想：只是感到我师右肘刚刚擦着衣服，便腾然飞起。落地时，脊背蹭着墙壁，礼服马褂上边有一片白灰，拍打不掉，原来劲大且速，将石灰蹭到布纹中去，经用刷子刷了才算干净。一时无不赞服，叹为神技。

陈师说："力与巧是应当善于结合的，但力是基础，巧是拳法。当有人突然用力袭击我时，应以力借力，使不致动摇重心，而变法应战。但功夫深者，却又不需以力借力，来力一触即转，使对方的力被引进向前倾跌，或反向后面仰跌。我对剑华来力是引而后发的。"

——摘自洪均生《陈氏太极拳实用拳法》

（3）打击。智劲能更巧妙更集中地打击有效部位。

①点穴。将劲力集中于一点施加在对方的关键部位。

以指尖、指中关节、指根关节等小面积的将力施加于身体的关键部位，即点穴。使得枢纽或脆弱部位的血、气、脉、络、膜、神经、肌肉等短时间内，失去心脑的控制。此法作用巨大而危险系数高，皆是至亲爱徒间，口口相传。鲜有文字明诀，即使有也是其语不详。

——摘自薛颠《五行拳灵空禅师点穴》

②力度。瞬间集聚全身劲力按照一定的轨迹快速地释放。

据说李小龙能打出 400 公斤重的一拳，与拳王阿里相同，而阿里的体重是 260 磅（约 118 公斤），李小龙的体重只有 130 多磅（约 59 公斤）。拳王阿里的每磅体重产生的力量是 1.53 公斤，而李小龙每磅体重产生的力量是 3.07 公斤，是阿里的一倍多。这就说明李小龙身体的能量能更加集中，单位时间内的加速度更快，在身体质量不变时，力度和速度正相关。十斤重的小碎石和十斤重的一块石头，重量相同，但打击力却天壤之别，这是非线性作用。因此，速度和瞬间把身体内分散的劲力集聚成一股整劲，是产生打击力的关键。有的拳种还有更隐秘的手法能让劲力成倍增加，从而产生非线性的打击效果，比如螳螂拳的"双掤手"。

4. 智劲的维度

人在地球上，要平衡三对六个方向的力，即上下、左右、前后，离不开物理性制约，其重量、质量、空间、位置、速度等都不会脱离物理定律而存在。但这些作用对万物皆是一样。即使是一块巨石也脱离不掉，巨石只要能移动就会有惯性。功夫离不开物理性约制，却更能利用其物理性，比如引力和杠杆原理等。人是有智慧的生物，能借助和利用物理性约制和能量。我们天天处于地球吸引力之中，却最容易忽视其存在。这个引力只能顺和借，不能抗和逆。所谓的借，一是能借地球的吸引力。这个借是利用体重的运动和平衡来借。二是能借对方的力量。这个借是通过肢体结构的运动方式，顺化并加上体重惯性和劲力返还给对方。一般人打斗，只考虑敌我，而功夫智劲却将地球引力拉进来为我所用，这才是最大的借，收摄和借助万物之能量是智劲的特征之一，亦是功夫者统观（主观＋客观）能动性的体现。张飞在当阳桥上一声吼，竟然能吓退曹操的几万大军，就不仅是物理性了，更多的是心理性。因此，智劲除了物理性外，还有生物体的灵性，或者说用灵性驾驭（利用）物理性。综合起来智劲的维度包括：心理、精神、心力等心灵维；杠杆和圆杠杆、借对方之力、用地心吸引力等物理性的工具能量维；穴位、敏感的中枢、薄弱点等生物要素维。

5.智劲的变化：变招、变速、变劲、神变、不变

（1）变招

变招是常态。二人对抗，你来我往，见招拆招，不变招就等着挨打。这里的变招，指的不是两个不同招数之间的正常连接性变化，而是指当一招在使用过程中，对方已经提前防范了，或为了骗过对方的防范，在半途中有意改变招数从而使对方防不住或跟不上而崩溃。以太极拳为例。对方上步一个右直拳向我面门击来，我抬起右手一个掤採，但为了防止对方借我採劲用右肩靠我，我的掤採只做了一个开始，当对方感受到我採劲的同时，立刻将右上採变成右下将。当然，如果对方反应快，挺直胳膊向后撤退，我还可以借他后撤之力，左手下塌外碾，右手握其右腕顺缠，将右下将变成前上挤。

（2）变速

变速是技巧。变速里含着变向。变速就是改变节奏和方向。练拳时一般都是做匀速运动，搏击时必须变速，通过对运动速度的突然改变，使对手难以适应和

防范，从而实现打击的目的。

老师把烟一放："过来，你学杨式，来。"说句实话从我跟老师认识到这个时候，我从来没有跟老师如此放肆地推过一次手，心里只是想我一定要粘住他的手，我跑不出来，我看你怎么跑出来？

师徒俩搭手就开始，我粘住了师父的双手，他往哪儿走我就紧随着他。我不知道的是，其实老师是故意让我跟着他，刚刚跟他到第二圈，老师手一带，突然一个变速，紧接着一个肩靠，一下子把我打飞到了他家的床底下。当时他家的床大约是55厘米左右高，结果我往后一栽一头就栽到床底下去了，头刚好蹭着床帮，直接就躺在了床下。

加速度的瞬间产生，往往使太极拳的劲力表现出空、灵、活、脆的特点，产生出意想不到的效果来。变速变向就是取胜的关键，不要一味快或一味慢，要根据需要瞬时变速变向。我在床底下仰面朝天看着床板，脑子里却在想到底是怎么挨的打？老师看我不动，吓坏了。他大喊："志俊，志俊。"我也不理，他赶紧过来拉我，我这才起来。他急了，连着问："你怎么了？"我说："我在晕这个味儿！"他有点不信地说："懂了吗？"我说："懂了。"老师仍旧不信："真懂了还是假懂？"我说："真懂了。"

其实，那时候师父说的"闪"用今天的说法应该叫"变速"。那个练杨式的他黏住我的时候我不能跟着他匀速，跟他的速度就永远也摆脱不了。但是在这个过程中只要一个"变速"就行了。就这么个简单的东西，本来不思考也许就会的，但一想就麻烦了，越想越没辙。好在这下我彻底明白了。

——摘自张志俊《高手》

（3）变劲

变劲是秘密。这里的劲指的不是局部的力，而是整体劲。变招为外形，变劲才是本质。变劲有两种，一种明变，通过上步，比如"半步崩拳"前足前行一步，后足紧跟一步，后足不得超过前足，相对于常人走路后足超过前足之一步来说是半步。一种是暗变，像太极拳缠丝劲，只是通过膝盖"提""坠"，腰裆螺旋开合的侧转，来暗换裆劲。功夫越高，换劲时的动作幅度就越小越隐秘，有时只需要一线一丝的螺旋高低的调整，劲就变完了。在衣服的掩盖下，外形根本看不出来，劲一变换，打击也就完成了。善于变劲的高手，在格斗中完全能借助各种条件，让对方"空"掉，有临深渊的恐惧感，处处受制被动。"空"是由于运动的轨道突然断掉或改变。"提"膝化力，"坠"膝发劲。这种螺旋转动形成一个高和低的落差，当然，这个落差并不大，但这种落差通过螺旋（圆杠杆），更多地借助地球的吸引力、我方和对方的重量和运动方式来实现"空"。智劲在其中起到巧妙的引化、借助，只在实现了让对方"空"掉时，才实施合力打击。

（4）神变

变招—变速—变劲，三变合成一变，即神变。变招、变速、变劲是偏正结构，"变"修饰、界定"招"，"变"是偏"招"是正，强调的是招、速、劲的变化。神变呢？强调的是"神"，神，已经产成本质的变化了，出神入化了。此神乃神明之神。功夫练到高深处，本质和形态都会发生变化，不用时滋养润泽心身，用时生灵生智，形和意上都可以看出整体风姿神态的变化。久练螳螂拳的人举手投足间都有螳螂味道，一个动作就会让人觉得眼前就是一只活脱脱的螳螂。神变更显现于运动时的整体状态，包含着变招、变速、变劲。

此番复出，薛颠显得很是知书达理，接人待物客客套套，可是又令人有点捉摸不透。他在一次有许多武林人士的集会上，突然表演了一手功夫，不是打拳，只是在挪步，跟跳舞似的在大厅逛了一圈，但将所有人惊住了，因为他的身体展示出了野兽般的协调敏锐、异常旺盛的精气神，当时就有人议论薛颠的武功达到神变的程度。薛颠表演完了，便宣布向傅昌荣挑战。

——摘自徐浩峰《逝去的武林》

（5）不变——智劲的不变之难

不变是一种质态，一种大智。不变是变化到了极点，不需要再变。不变不是不动，不变不是静止，而是遍历万事万物万招万劲后的一种如如自信。"遍历"是统计学上的"遍历性"，亦称各态历经性，指统计结果在时间和空间上的统一性，表现为时间均值等于空间均值。可以从过程的一个样本函数中获得它的各种统计特性。通俗地说，就是指经历各种状态。古代经常有这样的故事，徒弟功夫练成了，师父送徒弟下山，但要求徒弟必须去遍访九州各地的高手，进行切磋验手，只有通过这个遍历性行为，才能确定功夫的可靠性。只有遍历，才有真功；只有遍历，才能不变。因为，已经对天下各门各派的招数、功夫、模式等都有了亲身遍历的体验。当然，遍历中有亲身的体验，更有通过体验而提炼概括出来的特点，也就是说，遍历性并不意味着所有的时间和所有的人都能体验，只能是一段时间内一定数量的人，其他的其实不需要再去亲身遍历，只需在推理中完成。试想一下，一个遍历各派功夫的人，会轻易地动和变吗？《易经》讲三个道理：变易、简易、不易，即变化之理，简化的模型，不变的规律。变化的道理好学，提炼出一个变化模型则难，不变的规律则更难提炼和恪守。

变招、变速、变劲之难，难在无法预测对方将如何变，但我的变正好能将对方的变包含进来。因此，我所使用的术、劲只有没用上才是假的，用上都是真的。不存在假术、假劲，只有快速变化的真术、真劲。从这个角度来说，借假修真，只是一厢情愿，以真修真，都不一定能成，何况借假呢？

关于不变，传统功夫有不少哲理式的说法，如以静制动，以无治有，无招胜有招，以不变应万变等。不变之难，难于变招、变速、变劲数倍，不在一个层次上。神变是不变的前提和基础。不变最常见的说法就是以不变应万变。不变何以能应万变？不变，是不需要变化，通过一个站姿，或一个眼神就能译破全部，懂得本质。因为，万变不离其宗，掌握宗了，就不必理会万变。只要守在宗的本质和要害位置，就会视万变为儿戏，随意一击，直达要害。因此，不是不变，而是不需要应变。

不变，已经不是在术、劲上较量。不变，要的是定力、自信和胆量，所谓艺高人胆大。定力，定住不乱动，不被现象所惑。自信，相信自己的功夫在任何情况下都能应对。不管是拳、剑、刀，只有靠近到对方认为一定能打上了，变不了招、速、劲的时候，才瞬间启动，发出关键一击。不需要牵动，不变就是牵动；不需要诱惑，不变就是诱惑；不需要借力，不变就是借力。陈发科先生不管对方使用何拳何招，只需一抬右手，接手对方即仆，所用的就是金刚捣碓的右手拥缠。陈发科先生临战，没有花样的招式，腿站自然川字步，左手自然下垂，只是将右手抬到胸前，松肩坠肘地合于胸口。

神变是一种动态的自由，不变是一种包含着动态自由的诗意自在。

总之，智劲是一种性质，更是一种境界。境界肯定有层次性，但层次是用科学范式才能解读的逻辑，这不是境界的特质。境界最迷人的地方是其极终性。境界的极终性是指境界修炼的终极目标的实现，即完成个体生命身心之超越，达到终极的大圆满，拥有一个真实的身心家园，而非哲学式的精神家园。哲学或宗教意义上的精神家园，只存在于想象中，或者说只安其"心"，不管其身。

功夫实体性的自在与思维哲学上的形而上不同，智劲是一种"质存在"，依靠自如地运动来实现。基于西方哲学而言是上帝之神性的内化，基于儒圣则是其理想的行为化。在拥有智劲的功夫者那里，只有行动，没有理论。因为功夫者的行动比理论更容易。

拾壹　功夫之修悟

———◆◆◆◆◆———

功夫靠练，更靠悟。无悟之练是傻练，有悟之练是真练。悟，在中国传统文化和艺术中占有很重要的位置。功夫之悟和一般意义上的悟所有不同。它包含了一般意义上思维领悟，且更加强调行为上的体悟。功夫更多的是实践理性，不是在纯粹理性上推理打转，而是要靠动手的结果来检验身体直觉理性的可靠程度。与一般的"感性把握现象、理性把握本质"认知不同。功夫更多的是体认和体悟。功夫是身心多个可能性的对抗实践，更多的是身体智劲的较量，更本质的是心或意志的较量，身体和心意都是建立在直觉之上，而不是思维上的逻辑理性。

悟，强调的是理解，而非理性。哲学家叔本华说："比'理性（Vernuft）'更富于生命力的是'理解（Verstand）'，理性思维的基础是感觉与统觉，因为后者提供了'概念'的直觉的内涵。"一百多年后这句话被脑神经生理学所证实。

功夫之悟，有四个来源：

一是直接体悟，来自自己的经验；

二是间接领悟，来自书籍和他人（主要是良师益友或对手）的心得体会；

三是内省顿悟，来自直觉性领会而获得的突然的觉悟；

四是身心觉悟，来自身心的觉醒。

上述四个来源非并列关系，对个体的作用也不一样。

功夫修炼之悟更多的是体证，而不仅是学习关于功夫的知识。体证和知识，二者之间有实质差异。关于功夫的知识如不能上身体证出来，基本上与自己无关。体证首先基于"体"，是身体的而不仅是思维。熊十力先生喜欢使用"体证"而不用西学通用的"实证"。因为，实证主义的思路归根结底基于外在于心灵的检测手段，而体证是身体与心灵的合一，只有体证了，才有悟的出现，因此，功夫之悟的基础是体悟。

悟是通向功夫之道质变的临界点。功夫非悟不能练也。悟不仅是身体的事，更是心的事。身是载体，心是本体。功夫的高境界练的是心。用心来整合自身与天道，从而达到天人合一之境。

身体好办，看得见，摸得着。心呢？就比较麻烦了。心是心脏吗？答案是否定的，心指的不是具体的器官。那么，心为何物呢？

1. 悟之身心

六祖是这样看待心的：

> 时有风吹幡动，一僧曰风动，一僧曰幡动，议论不已。惠能进曰："不是风动，不是幡动，仁者心动。"一众骇然。

然而，西方科学研究的结果却说，指挥人行动的是大脑。2012年，伦敦帝国理工学院的神经学家爱德·罗勃兹（Ed.Roberts）与加州大学的研究人员合作，找来十二名平均有十三年空手道经验的黑道高手，以及十二名没有练过的民众，研究他们出拳时大脑的差异。

罗勃兹发现，能像李小龙一样将全身肌肉协调起来，集中在出拳一瞬间的空手道家，能打出最有力的一拳，秘密就在负责协调人体动作的小脑（Cerebellum）和运动皮层（Motor Cortex）里。当空手道家打出距离目标5厘米内的一拳时，大脑皮质中负责细胞间沟通的白质（White Matter）活动比一般人旺盛许多。而那些没接受过训练的普通人，脑中那些位置，则没有白质在活动。基于西方科学分割式研究的这个结果或许能说明某种关联，但事实果真如此吗？"心"与"脑"仅仅是文字游戏吗？

有位院士曾对不将 Psychology 译成"脑理学"而译成"心理学"感到奇怪，他认为"心理"是误译，心理绝不是心脏活动的道理。当然，现代科学也在对大脑的神经工作原理进行研究，从"神经经济学"（Neuroeconomics）到"神经市场学"（Neuromarketing），眼下又在流行"神经领导能力"（Neuroleadership），科学管理仿佛与"神经"接上了火，那么，我们练功夫是不是也研究一个"神经功夫学"。

《商业周刊》曾经用"近距离观察商业头脑——神经科学真能为'软'的领

导艺术提供深入分析吗?"为题报道此事,说是用核磁共振对大脑进行研究,已让科学家们在人类大脑如何决策、如何进行道德权衡方面找到令人振奋的发现。当然,也有人发出质疑。美国南加州大学的领导理论大师沃伦·本尼斯就表示,"让我担忧的是人们被语言包装所迷惑,结果得到的信息不过是我们早已知道的常识。"

相信科学当然是好事,但敬畏传统文化也不是坏事。有时候现代科学无法解释传统。科学家可以用核磁共振研究神经,但中国人更在乎心,在理性和感性之间还有个心。理性偏向于纯逻辑。按照"心"在词典上的解释,通常指思想的器官和思想感情。这一点从汉字的"思"与"想"可以看出来,中国人的"思"与"想"都基于心。"思"是在心田上的活动,"想"也是以"心"为基础的。生活中,我们在追问别人时,往往从"讲不讲理"起始,而终极追问却是"讲不讲良心"。

"心"是中国人生活中重要的因素。脑趋向于智性,心则趋向感觉,当然,这种感觉是一种"直觉性统觉"。在汉语中表达感觉的多数与"心"有关,比如:

我们说高兴叫"心花怒放";

我们说喜爱叫"心爱";

我们说一个人富态叫"心宽体胖";

我们说非常着急叫"心急如焚";

我们形容洞察事物,明辨是非叫"心明眼亮";

我们说情意一致叫"心心相印";

我们说非常害怕叫"心惊肉跳";

我们说不急不躁叫"心平气和";

我们形容突然产生某个念头叫"心血来潮";

我们说仰慕叫"心仪";

我们把对人的情意叫"心意";

我们形容某个人性情直爽,有话就说叫"心直口快";

我们形容思想不专,变化无常叫"心猿意马";

我们比喻彼此心意相通叫"心有灵犀一点通";

我们把在工作和学习中体验或领会到的知识、经验叫作"心得"；

我们形容很满足的样子叫"心满意足"——先是"心满"，然后才是"意足"。

与心有关的词语还有很多，稍加罗列就可以发现，这些词语要传达的意思都是由"心"导致的。

美国人特劳特在《新定位》一书中，用很长的篇幅研究人的大脑，得出七条结论：①大脑不能处理全部信息；②大脑的有限性；③大脑憎恨混乱；④大脑的不可靠性；⑤大脑不会改变；⑥大脑表达焦点；⑦大脑总是倾向于情感，而不是理智。看来大脑也是工具性的，而心才是人的最高统领。

中国社会科学院哲学研究所研究员赵汀阳先生在《心事哲学》一文中对此就有深刻的描绘："把心灵简化为只关心知识的理性，同时把欲望简化为肉体，这是双重的错误理解，它显然导致了对精神/情感生活的忽视。不仅在哲学里，甚至在心理学中，对精神/情感生活的理解都是非常薄弱肤浅的，尽管在实际生活中的人们都知道精神/情感生活在心灵中有着不亚于理性的重要性。现代知识体系对心灵的理解不仅是片面的缺乏对精神/情感生活的理解，而且是不正确的。精神/情感生活是完整心灵的一个重要变量，在缺乏这个变量的情况下，对理性的理解，甚至对肉体欲望的理解，都会变得相当可疑。有一点应该是明显的：那些持久的、深刻的生活动力、对生活意义的体会（肯定的或否定的）、对各种价值的理解，最终都是在精神/情感生活中形成的。如果某种肉体或物质的欲望不是同时变成一种深刻的情感动力的话，就不可能永远被追求下去，像葛朗台的守财奴欲望就必须被理解为深刻的精神追求（尽管是变态的），否则不能理解。"

情感世界由诸如热情、愿望、梦想、感情和经验方式等构成，它涉及一切事情。深刻的情感生活就是精神生活，也就是心事（Heart）。在心——身的二元结构的强迫性要求，我们就不得不把情感生活理解为类似或接近于肉体欲望的东西，这大大降低了情感的层次，可是事实并非如此。与二元结构相比，心智—心事—肉身（Mind-Heart-Body）的三元结构可能更有助于理解人。在中国的传统概念体系里，心灵同时指心事和心智，但心事的分量更重，中国的"思"和"想"，都基于心事——"心田（上的活动）"和"用心去考虑"。西方概念体系更重视知识，所以特别发展了逻辑论证和证明、科学分析和证实、普遍原理和公理系统等来生产知识；而中国则更重视悟，所以强调暧昧的、隐喻的、浓缩的（像古典诗词那样要求以极简练的语言表达最大化的意义和情景）、默会的（借用 Michael Polanyi 的 tacit knowledge 概念）或者像 Francois Jullien 所描述的"迂回"的话语来进入情感。当然，中国的心灵概念也是偏心的。要建立一种满足现代思想要求的完整的心灵理解就似乎需要把心灵、世界、生活等理解为"心智／心事"（Mind/Heart）的完整故事或者说是综合文本（Syntext）。

——摘自王圣贤《心事集合》

赵汀阳博士已经说得很清楚了，在理性和肉体之间有一个"心"，太极拳强调"用意不用力"，这个意就是心，用心而不是拙力来练拳，功夫强调悟，悟乃"吾心之觉"，形而上者谓之道，形而下者谓之器。悟则是联系道与器的媒介。

2. 渐悟、顿悟、体悟

"吾心之觉"是中国功夫修炼独特的方式。它是由视觉、触觉、味觉、听觉等感觉开始，通过模仿、学习、理解、比对、练习等过程，然后进入求诸自身，反观内视，把外在的知识、逻辑、技术等内化成对自性的体认和体证。注意是体认不是认识，认识仅是一个思维上的活动，而体认包身体的认同。只有体认才有可能进入"吾心之觉"即"体悟"。悟有很多种，感悟、领悟、渐悟、顿悟、觉悟等。其中的渐悟和顿悟是佛教修炼的两种形式。

渐悟和顿悟之于功夫都绕不开体悟，只有体悟才能具象到自家身心上来，否则都是外在的知识和逻辑。真理如果未能被你亲身体验，就与你没有关系，对你来说它就不是真理。这里说的真理之真，虽有客观上真正之意，但一说客观，就分别了。因此，真理之真，首先是自家的真身体验。若无自家真身实感，哪有什么客观呢？客观也无意义。因此，王阳明说，心外无物。此心，不是别人的，不是外在的，不是知识逻辑的，而是自家真实体验。自家的真身心才好体悟。

体悟一词在这里有五层含义：

第一，体是自家之体，包含着身心，不仅有思维、逻辑、理性之悟虚，更有感觉、体验、实践之悟实，体是知行合一之体。

第二，体有整体的意思。体悟就是对体认对象全体综合的把握和验证，这里的整体不仅是自家身心，还包括自家身心所在的天地宇宙万物等全部体系。

第三，悟是一种体认方式，不分主客内外，体悟更是一种直觉性统觉到自觉自在的综合体认、体证过程。

第四，悟是自家本具自性的显现，体悟就是自我修炼过程中自我体认和体证，包含外感、外知，内观、内证的思维加行为的直觉性自觉。

第五，体悟中包含着感性、直觉、逻辑、理性、思维、行为等知行合于心的综合，绝非仅是冥想式的思维过程。

体悟的"吾心之觉"更为本质的是"活悟"或者"悟活"，体悟从不认死理。理有时是死的，道却永远是活的。用固定的死理无法悟出活道。"吾心之觉"的基础是"体"，无体则无觉。体、心、觉一体不二。作家韩少功先生在《文体与精神分裂主义》中说："一个人，本来是心脑合一的，是感性与智性兼备的有机生命体，其日常的意识与言说，无不夹叙夹议和情理交错……这正像分类竞技的现代体育造出了很多畸形可怕的肉块，离健康其实越来越远。在这种情况下，智性／感性的有机互动关系被割裂。人们或是认为理性比感性更'高级'，从笛卡儿、莱布尼兹、康德及列宁那里继承对感觉的怀疑；或者认为感性比理性更'本质'，从尼采的'酒神'说和弗洛伊德的'潜意识'说那里继承对理智的蔑视。"功夫中的体悟就是将身和心、感性和理性、主观和客观、天和人等通过智劲全面融合而走向神明之觉。

3. 智劲之修悟

功夫是将思维逻辑之知练成本能反应之术、劲，提升慧通本体之智，这就是智劲。功夫只能在动态中被理解，静态的概念，或概念的静态，都理解不了活生生的功夫。但功夫却也离不开科学的定义（概念）来界定和描述。在功夫的世界中，只有空间和动作的运行而"没有"时间的概念和位置，时间是由动作快和慢而形成。就搏击双方而言，时间是相对的，运动既相对又绝对。所以，智劲只能在动态中生成。在对抗双方的共同时空中，势、时、机才可能被创造出来。

智劲圆一。智劲像太极的阴阳鱼一样，相互融合。但作为一个词而言，智劲分体用。智劲之"智"是智性，是人的灵魂心性，本体。"劲"是劲力，是体和力的运用。智劲圆通成一个负阴抱阳的太极。"劲"失去"智"这个本体，就会失去主宰和方向，不能称其为功夫。同时，"智"也需要"劲"来存养省察，不断地提升慧通。只强调"智"的本具，多数人无法企及；仅修炼"劲"的功夫，也难成就"智"的慧通。心智之外无本体，劲力之外无功夫。"劲"需要"智"来主导慧通，"智"需要"劲"来表达实现。智劲是知识、学问、身心、行动的和融圆一。所谓圆一，指的是知的自洽和行的自洽通过功夫在动态实践中圆融为一，圆一的结果又符合道德的自洽。这里我们没有使用"合一"，因为"合一"更多的是"人为强成"。而"圆一"当然有人为，但更多是收摄万物，融和万物而"自然生成"，有半是人为半是天成的活妙。

智劲练成后，功夫就进入一个神明的境界，即身心呈现出一种直觉性自觉的诗意自在。肉体和灵魂圆一，即智灵之性和劲慧之体圆一。智灵之性是劲慧之体在高维里心念的集合，其能量特质决定于对不同维度的体证。注意是体证，不是认知，认知仅发生在思维层面，只有思圆，没有行圆。同时练一样的功夫，不同的人体证的维度不一样，功夫的高低肯定有区别。智灵之性决定着劲慧之体的表现。

功夫的修悟是集哲学和科学为一身的生命进化。功夫的修炼能加速身心的进化。功夫是生命力旺盛、生生不息的体现。一方面将哲理和理性逻辑内化于身心表达出生命进化的真实；另一方面身心即是本有的生命功夫，一往无前，自由自在。本体即功夫。前者是理性、逻辑、知识、认知、动作的磨炼；后者是智劲、情怀、德行活泼泼自在挥洒。没有前者则无后者的自在，没有后者则前者就是枷锁。"智"脱离"劲"这个动作行为结果的表现，只能是务虚，可能陷于冥空；"劲"脱离"智"的主导，只能是务实，可能坠入愚行。"智劲"是身心的融合，感性和理性的统一，知行一致，天人相应，所有的全部体现在自然而然的一动之中。

牟宗三先生说过，科学以纯客观的方法研究事物之理，为知识学。哲学融天地人为一体，主客一家，反躬体证，为智慧学。我们可以加上一句，功夫以心身为体用将科学的理性知识和哲学的智慧觉悟皆练上身，是智劲学。即直觉式智慧化的劲力之学。因此，真功夫既有知识、理性、逻辑上的自洽，又有悟性反躬智慧上的心性自明，更有将感性、理性、悟性、智性、志性统入身心直觉之中的自在。招，拆开了全是理性的逻辑轨迹，更是生物性和物理性的合律之妙。劲，练成了全都是智慧玄哲。没有招数的基础，玄哲为空。没有智劲为证，生物和物理只能在动物性中打转。

庖丁解牛有修有悟，功夫入道，超越技术层面。功夫剥离表相（整头牛），用直觉心神直击关键部分（筋肉骨节间的空隙）。但庖丁解牛对于功夫而言仍然只是单一的功夫，因为所解之牛是个死物，不动亦不能反抗。功夫搏击面对的却是活人，充满了各种变数和变量。

历史上关于修悟有多种观点。有修悟双提并重的，有修后悟，有悟后修，有修悟一体两面不可分离。这些说法都有道理，但也都是从自身的经验得出来的。并重之说，等于承认有两个中心重点，都强调为重，就等于无重了。修后悟，悟后修，似乎是在说次第的问题。一体两面之说更会产生误导，一体不可能只有两面，且这是个静态的说法。

我们认为修悟是通向圆一过程中开放式螺旋里的阴阳凹凸双弧，阳凸弧为修，阴凹弧为悟，修悟双弧合成一个向上的不封闭的动态螺旋。阴阳双弧，互帮互助，相互离不开。不同的人，不同的阶段，修和悟多少都不一样，且为螺旋式上升。修悟在螺旋动态中相互上升，互相启发，相互检验。

修悟没有明确的次第顺序，可以是前后，可以是同时，可以是颠倒，可以在彼此的过程中生成。悟中可以产生新修，修中可以产生新悟。悟引导修，修强化悟。悟让修通，修使悟圆。悟让修化，修使悟开。悟为修开路，修为悟实基。修要精进，悟需顿觉。仅悟不修，易坠玄冥；仅修不悟，难臻化境。

功夫修悟的螺旋阴阳双弧：

自下而上超越身心之修，持续的否定式积累体认和体证。

自上而下发现身心之悟，其大无外，其小无内，"∞"的趋于无穷小和无穷大。螺旋阴阳双弧是一个整体。

功夫之修悟，不是个静态的概念，而是动态的变量。既是变量就与速度有关。功夫的世界里时间随空间和运动生成。因此，功夫的修悟一方面取决于身体的运动方式，不同的运动方式产生的空间和能量不一样，速度也不同。另一方面取决于心念的运动方式，去除杂念，按某种范式做纯一自然的运行，即所谓"用意"。"用意"指的是在"我执"和"去我执"之间形成一种自然纯粹特质的特指性意念。比如太极拳理中说的"用意不用力"，这个意不是泛指的意识和意念，而是指太极拳的意，即太极意。太极意指的是太极拳规律性的轨迹——螺旋动作，绝对不是一般性的意念引导动作，或者是将对方发出去的空想。太极意是阴阳相济，在阴阳转化的过程中完成发力。太极意是一种高维智能（智慧＋能量）。能完成阴阳相济的只有身体系统的"一体双螺旋"运动。所谓"双螺旋"，一是以两条腿和脊柱中轴所形成的"主动力螺旋"；二是以双手臂形成的"作业螺旋"。"主动力螺旋"靠双膝的提坠、双裆的开合、腰胯的旋转等来实现其螺旋运动。"主动力螺旋"时只能稍微地上下螺旋，脊柱中轴既不能移位也不能摇摆。其作用是提供强大的动力和能量。"作业螺旋"是双手围绕中指到肘尖的轴做螺旋，双手的螺旋方向正反皆可，合时两个中指的方向一致，分时则相反。"作业螺旋"可以千变万化。双手做分合、固定、缠绕等自转和公转动作，手上并不需要用多大的力，其力只要能完成螺旋的"作业"动作即可。"作业螺旋"主要是"作业"即引领、缠绕、分合、固定等，并传导强化"主动力螺旋"出来的系统架构性劲力。因此，"用意"的意思是，用太极这个更高维的智能（智慧＋能量）和它特有的螺旋动作和轨迹。除此之外，别无他意。需要注意的是，"双螺旋"为一体，"作业螺旋"长在"主动力螺旋"之上，引领"主动力螺旋"做有目的的"向量"螺旋，二者是一个劲，不能分为二。

太极意，将太极螺旋意识的"一体双螺旋"之理（知见之智）练成身体直觉"一体双螺旋"之动（劲动之智），太极功夫才算练上身。"一体双螺旋"成为身体的本能反应，此时，这个意亦可以指独特的太极下意识。太极拳"一体双螺旋"和修悟螺旋阴阳双弧不一样。太极拳"一体双螺旋"是具体的运动方式，而"螺旋阴阳双弧"是修悟的途径形态。"一体双螺旋"离不开"螺旋阴阳双弧"，"一体双螺旋"运动方式是"螺旋阴阳双弧"修悟之始，经过"螺旋阴阳双弧"交替上下地修悟，最终修得证悟的还是回到"一体双螺旋"运动方式上，这时体内的劲力已经不同了。

功夫之天人合一，其中的天，不是自然界看到的天，而是高维天道的"存在"，外在能看到的一切都只是"存在者"。"存在者"仅是高维天道的"相表达"，并非真实。其本元本质存在于高维天道中。高维天道只在功夫修炼时，通过内观、觉照，内化、感通等方式，激活心性与高维智能（智慧＋能量）产生呼应、共振、收摄而被体证。

功夫中实现天人合一的条件和状态：

松静——表里浅深各层身心呈现放松的静状态。功夫之松静，不是外表看到的不动，而是还原到心身先天本元的初始状态。

纯净——内在心念空间的纯一，外在动作准确合规的干净。

自顺——对高维智能（智慧＋能量）的绝对顺从，而表现出来的自然而然的身心运动。

修悟——借助外在一切，调动内在一切，通过螺旋阴阳双弧打通内外障碍。

化境——收摄一切、通化一切的直觉性自觉的诗意自在。

4. 功夫之化境

功夫之道有三术，即招术（数）、技术、艺术；

功夫之道有三韵，即形韵、气韵、神韵；

功夫之道有三境，即术精、智劲、神明。

功道三术：招术（数）、技术、艺术。

招术（数），是指武术上的动作，比喻办法、手段。各派拳种都有自己风格的各种招法和招术（数）。招术（数）是功夫的基础。

技术，是指在套路练习中所形成的规律性核心方法和技巧。技术是在各种招术中总结提炼出来的精华方法和诀窍。

艺术，是指在匠心独具地运用技术中所呈现出来的术、势、劲之美和妙。招术（数）和技术皆可传授和学习，唯有艺术只能自己修悟而形成。"术"只有上升到"艺"的层面，才算是修成正果。"术"易学而"艺"难通。

文章学问有三种境界。王国维在《人间词话》中说，"古今之成大事业、大学问者，必经过三种之境界"。

第一种境界："昨夜西风凋碧树。独上高楼，望尽天涯路。"做学问成大事业者，首先要有执着的追求，登高望远，瞰察路径，明确目标与方向，了解事物的概貌。要有望断天涯路的视野和胸襟。

第二种境界："衣带渐宽终不悔，为伊消得人憔悴。"要为了"伊"（学问）而坚定不移，经过一番辛勤努力，废寝忘食，孜孜以求，直至人瘦带宽也不后悔。

第三种境界："众里寻他千百度。蓦然回首，那人却在，灯火阑珊处。"在"望断"和"不悔"中专注投入，反复追寻、研究，下足功夫，自然会豁然贯通，就能够进入自由王国。

文有三种境界，那么，武呢？武作为学，也会有文的三种境界，但作为心身修炼的功夫，相对应的也有自己独特的三重境界。

功夫的三重境界：术精，智劲，神明。

王宗岳在太极拳论中说："由着熟而渐悟懂劲，由懂劲而阶及神明。然非用力之久，不能豁然贯通焉。"王宗岳所说的练太极拳的三个阶段，只有"神明"是境界。太极拳成于明末清初，乃是中国功夫的鼎盛时期。在这个时期以太极拳为代表出现了不少新的拳种，比如形意拳、八卦掌。这些拳有个共同的特点，即摒弃了原来以动物命名，模仿动物的功夫形式，转而以中国传统文化《易经》作为功夫内在本质逻辑，提升了中国功夫的文明高度。以更灵、更活、更妙作为功夫的追求。而不是动物性的更猛、更快、更强。螳螂拳、猴拳、白鹤拳、黑虎拳、蛇拳、鹰爪拳等都是以动物某种强大的功能为学习模仿对象。这里面有个问题，人不是动物，再练也练不成动物的兽性凶猛，且鹰抓鸡兔，虎吃猪羊，皆以强凌弱，没有什么高明之处。太极拳则不是这个路数。太极拳的逻辑是，就天生之体而言，敌强我弱时，我如何打败对方？这本是兵家的计谋和兵法所研究的事，历史上很多情况都是这样。像刘邦之于项羽，朱元璋之于元朝，共产党之于国民党等，都是以少胜多，以弱胜强。只有如此，才显示功夫之神妙。倘若是成人之于儿童，胜之不武不说，也不需要功夫，又如何显出功夫来呢？于是，太极拳另辟蹊径，把动物进行分类且抽象，说天下动物分两类，老虎、鹰等为一类曰阳曰刚；蛇、白鹤等为一类曰阴曰柔。将这两类，取其长避其短，取其质舍其形，取其精弃其杂，取其理去其相，融和于一。于是，符合中国传统文化之根——太极哲理的太极拳出来了。仅就其哲理而言，太极拳可以代表中国功夫。不过，王宗岳的太极拳三个阶段还不是功夫的三重境界。

真功夫必须能拥抱矛盾，即刚柔并济。理性逻辑只能解释功夫的一部分，不能全方位解读功夫。逻辑只是关于一个真实起点的演绎推理，而功夫是真实的本身。功夫是现实的存在，逻辑只是推理。逻辑是智的演绎，功夫则是智劲。功夫忠于生命的鲜活和灵性，并不一定必须忠于逻辑推理，之所以有"诗意自在"，是因为简单或复杂的逻辑皆无法描述整体的生命和灵性。直觉性自觉的本身就包含着理性和非理性，非理性比理性更难解读。真功夫处处显示出矛盾，却不可思议地产生出看得见和看不见的和谐。刚和柔，上和下、左和右、前和后几对矛盾的两个极点，功夫就是让这些矛盾成为一个统一的整体。刚和柔是劲力的两个极端，上下、左右、前后则是劲力运行的方向。功夫让刚和柔来彰显彼此，刚让柔比单纯的柔更柔，柔到对方无从用力；柔让刚比单纯的刚更刚，刚到对方无可抵挡。同时，功夫一动一击的每一个动作都要能将劲力可能运行的六个方向全部包含在内，彼此相互彰显和放大对方。在三维空间里，上下、左右、前后六个方向涵盖了所有方向。一动而能产生六个方向的劲力，且劲力是刚柔相济的智劲。在打击的一瞬间，对方的直觉和大脑是无论如何也产生不了应对和拆解的可能性。在所有拳种套路和招式中，能一动而产生三对六个相反相融又"向量"劲力的只有螺旋，其他任何动作一动都包含不了三对六个方向的劲力。

（1）术精

术精是第一重境界，精到一招制敌。太极拳曰着熟，仅着熟只能是阶段，不能是境界。着熟到术精才是境界。由招数而技术都要熟透，熟到精。精是找到和发现招数中的规律和精华；精是一个淬炼、筛练的过程，要精必须会筛，筛是精益求精，筛到无漏方为精。术精才能见招而招。天下功夫最基础的是见招拆招，最厉害的还是见招即招。不一样的是，前者拆的是招的本身，后者即的招的本质。武谚云："不怕千招会，就怕一招精。"着熟容易固于套路、招数的规矩，缺乏活性和个性。禅宗就有这样的公案。一个和尚坐了二十年禅，其静坐、定力、修为都已经很厉害了。一天，供养他的婆婆打发一个女子去抱他，然后问他什么感觉？他说："枯木依寒岩，三冬无暖气。"意思是说，一根枯木靠在寒冷的山崖上，像处在三九天那样，没有一丝暖气。换句话说，毫无感觉。定力有了，却是枯禅，

207

死禅。显然和尚的定力了得，但却是死定力，心身被禅的规矩束缚死了，缺乏鲜活的生命力。婆婆见他未悟真禅就不再供养他了。只有术精才能避免死板。术精于勤。勤练，勤思，勤悟，方能精于一。

（2）智劲

智劲是第二重境界，即劲力智慧化。

智劲是通晓劲力内在的各种变化规律，劲的智慧化，是见招拆劲路。着熟是表，懂劲是里，智劲贯通表里。招式的外形可以看得见摸得着，但劲却是活的看不见摸不着。劲力之有无，变化只在霎时。劲路、方向、大小、时机、目标等都是变量，无定量的标准可以比对，无死的规矩可以遵守。只有随势、随时、随人的变化而变化调节。只有真懂，才能用活、用巧，才是智劲。术是功夫的外形和结构，劲才是功夫的内涵。外形好精，智质难懂。上面讲的那个和尚，又经过了几年修炼后回来找婆婆，婆婆又派姑娘从身后抱住和尚，问和尚有啥感觉，和尚说："天知地知，你知我知。"此时，这个和尚才真的懂禅了。智劲比术精更进了一重天地，具有了活质，让外形的势有了内劲的激荡。这时候已经通晓了功夫的内在之理和用，但时刻会受看不见的劲和看得见的形的制约和影响。虽近于明心见性，但还没有进入功道之诗意自在的境界。智劲境界，修炼的是人的内在，神形开始统一，既重术之精，又有了劲之智。

（3）神明

神明是第三重境界，即感而遂通，妙用也。

何为神明？《太一生水》曰："太一生水。水反辅太一，是以成天。天反辅太一，是以成地。天地复相辅也，是以成神明。神明复相辅也，是以成阴阳。阴阳复相辅也，是以成四时。四时复相辅也，是以成沧热。沧热复相辅也，是以成湿燥。湿燥复相辅也，成岁而止。

"故岁者，湿燥之所生也。湿燥者，沧热之所生也。沧热者，四时之所生也。四时者，阴阳之所生也。阴阳者，神明之所生也。神明者，天地之所生也。天地者，太一之所生也。"

由其可知，"神明"乃天地合德所生，排在"阴阳"之前，神明复相辅，而生成了阴阳，"神明"是"天地"和"阴阳"之间的层级。修炼到神明的境界就可以把握和调控阴阳了。因此，"神明"是功夫的最高境界。

《黄帝内经》中对真人有这样的界定："黄帝曰：余闻上古有真人者，提挈天地，把握阴阳，呼吸精气，独立守神，肌肉若一，故能寿敝天地，无有终时，此其道生。"真人可以提挈天地，把握阴阳，乃神明之人。神明之人可以"呼吸精气，独立守神，肌肉若一"。真人能寿敝天地，无有终时，在于他能把握阴阳，而比阴阳更高一级的则是神明，因此，真人是达到了神明境界的人。

神明，仅从字面意思来看，"神"是人的本质本源，所谓元神，就是人类生命的真正意义与一切精华。"明"是明白透彻。神明是指有人修炼到了很高的程度，内外如一到了透彻的境界，神直接体现在人的思维言行中。《易经》曰："神也者，妙万物而为言者也。"由此可知，神由生生本体启动，与万物一体，通万物之妙。既不是神鬼的幽玄，也不是宗教的超越万物虚无存在之神，也非人所独有的心灵之神。而是妙通万物的生生自在。所以，神明绝不是一个难以企及的形容词，而是一种妙通万物的真实功夫。《易经》曰："神而明之，存乎其人"，只有人才能通透领会万物神明之奥妙，当然这个人必须是有"功夫"的，既能上通合道，又能下现为术。因此，功夫修炼的目的就是参通生生之妙，而能自觉运用，通过自我操作修炼，避损而趋益，从而达到身体上的神明之境——寂然不动，感而遂通。

如如的妙用，逍遥挥洒于弹指间。神明是表里贯通的妙用。神明境界，无招无形无相，既不违背道之法度又不受任何约束，直觉性自觉的诗意自在。随心所欲，想咋用，就咋用。怎么用，怎么有。不分对谁，不论何招。

神明是功夫最高的境界，神明即化境。

化境，《辞海》这样解释：指艺术修养达到自然精妙的境界。百度百科解释：奇妙的境界。1.佛家指佛教化的境界。《华严经疏》卷六："佛境界有二：一，如如法性，是佛证境；二，十方国土，是佛化境。"2.自然精妙的境界，最高的境界。多指艺术修养。陶曾佑《中国文学之概观》："如宋玉叔，王渔洋，施愚山之诗……黄宗羲之经解，均达化境，各树一新帜于文坛。"

化境含着"自化""他化"。"化"字的甲骨文是二个人—站立一倒立，表示变化。《说文解字》："化，教行也。从七从人。"古人认为天数逢七即变化。

功夫之化境，感应"客观"（环境和对手）的主观直觉反应之自然灵妙。一动所包含的身心系统，契合于道，自然而然，此时称之为功夫进入化境，化一切形式为无形，又包含着所有的形。

　　功夫之化境，在某些方面比其他艺术之化境更难。书法、绘画、音乐、雕塑等所对之客体对象皆是固定的，高境界的如庄子所描述之庖丁解牛，解的也是死牛。但功夫所面对的客体对象却是活的。没有客体对手时，练的套路再精，一遇到活的对手，就可能所有的招数套路都用不上了。没有一个对手会待在原地不动让你硬套招术。更现实的是，有时不是"一对一"，而是"一对多"，因此，功夫之化，更多了一层不是你死就是我亡的凶险变量之难。在拳和刀刃中，从容应对；于脚和枪尖里，显示化境。这就如鲁迅所言："怒向刀丛觅小诗。"武艺之化，要自化自家主体心神、胆神、术神、劲神，他化客体（对方）的心、胆、术、劲四神。如此才能将客体、主体、技术、劲力、胆量等浑化为一。霎时，将客体的心态、目的、技术、劲力感知得一清二楚，对自己所处的环境、位置、态势、优劣了然于胸。电光火石间，完成化发。不像别的艺术需要物化或音化，追求的是可视、可听、可感。功夫之化是一种动态的结果，瞬间就消失了。在没有现代摄影技术前，即使在现场也不一定看得清楚，输赢已分。因此，功夫更像行为艺术。自化是化入，通过套路、基本功、喂招、试手等，深入功夫的规律、本质之中。通过不断地实战他化，将规律、本质、技术、实践、体证等进行自我消化，实现化出。自化化入，他化化出，形成"化出自我"的神明之境来。化入化出，通过与对手实战，自我消化的过程中，自然而然就对原有的套路、招式、技术、运用习惯、时机的把握等进行筛选、扬弃、强化、超越、突破、创新。由于中国功夫博大精深，有些招数别说创新了，仅继承性理解也不一定能做好。洪均生先生在晚年时曾对爱徒说，陈式太极拳二路的"倒插花"一式，我练到老了才懂得内劲的运行和妙用。

　　功夫中有套路演练、对练、试手、喂招等所谓模拟实战演练，但这些却不能与实战画等号。有些老江湖不准徒弟们"假打"，理由是演习式"假打"，并不能将招数、劲力、技巧用到位，如果形成这样的虚假习惯，真打时就不管用了。现实中也有不少练家子号称功夫大师，不管是真是假，肯定也是练了多年。上了擂台却被秒杀，很多人认为大师是假的，我们却不这么看。这些人亦真下过功夫，之所以不能打，是因为没有"化"，也就是说，拳也练了，时间也耗了，但拳理是拳理，身体是身体，功夫没有化入身上，不能实用。只有"化"，"化"招、"化"术、"化"器、"化"心，"自化"，"他化"，"化"成不得不然又自然而然，才能进入实战时接手即仆的自由王国。

清·王士禎的《带经堂诗话》曰："舍筏登岸，禅家以为悟境，诗家以为化境，禅诗一致，等无差别。"一个"化境"了得。诗是文字的精粹，诗是文字的境界，诗是文字的超越和想象。诗，打破了文字常规的排列；诗，不囿于任何文字的常识；诗，格律到极点的自由狂放。功夫和诗一样，必须超常规地自由运用各种套路、招数，规矩到极点却又狂放不羁。"诗意自在"，诗意即化境。行文至此，我忽涌出一句心得："诗为武者真心诀，武是诗家破玉刀。"《荀子·正名》篇有云："状变而实无别而为异者，谓之化。"功夫不入化，如何是功夫？套路、招数、劲法岂能生搬硬套？功夫运用招数，而不囿于招数，成于套路却要打破套路，严守法度却可更加自由，如此才是直觉性自觉的诗意自在。

拾贰　功夫之德

━━━━━●●●●━━━━━

功德，功业与德行。语出《礼记·王制》："有功德于民者，加地进律。"这里指的是功夫之德，或者称为武德。

德，中国传统文化绕不开的一个字，一个话题、一种行为规范、一种做人的追求和境界，也是人类文明价值的体现。

智劲是一种属性，劲力在体内一旦智慧化了，就会产生直觉性自觉的诗意自在。诗意自在，一方面是指个体身心的随心所欲，另一方面是其行为在社会群体里呈现出的中和之德，当然不是说一定必须会呈现。历史上也少有功夫高却无德行之人。功夫，表面上看是修炼身体，实则是外修身，内悟心智，所作所为能符合道德要求。智劲神明，则一通百通，理、身、劲、行、德皆能自洽如如。换一种说法就是心智没有修悟开，功夫不可能高到哪里去，心智悟开则德行自然会流露。

有一些不识字的老拳师，接人待物却呈现出君子之风、美玉之德。其言行亦暗合君子自处之道，除了富而不淫、贫而乐道之外，还多出一股义薄云天的境界。真能体现出来儒家所说的"物来顺应，廓然大公"。

德之重要，涉及社会和谐与否。武德更为重要，因为功夫一旦上身，事关生死。德规矩仅是底线要求，侠作为才是大德之境。

1. 德规矩

古人曰："仗义每从屠狗辈，负心多是读书人。"文人口中的道德标高，每每都是练武人用实际行动实现的。大儒牟宗三说，天人之境界是最高的，是"智的直觉"。我们理解功夫使用的是"智劲"，即直觉性自觉的诗意自在。思维文化的功夫是"智的直觉"，身体武化的功夫是"智劲"。其实，"智的直觉"和"智劲"

的逻辑指向相同。当然，这可能是我们练武人一厢情愿的自拔高度。武，在历史上一直"守雌"，文，一直是第一。比如文治武功。清朝的首辅中堂必须是文华殿大学士，死后的谥号以"文正"为荣。当然，并不是所有的文人都没有道德行为，比如文天祥。不过中国式的修炼都是文武兼备的，也分不清是文还是武。无文之武容易出一介武夫；无武之文也免不了多几个玄冥犬儒。

王阳明的知行合一则更符合功夫的特点。行为做到的才是知，但知行合一只是功夫的基础，直觉性自觉的诗意自在才是境界。

智劲是一种通过特定的套路、功法、心法、散手等修炼出来的功夫，达到一种自我实现和超越，突破部分、个体等自身的局限，将自身的小体系通入天道的大系统中，从而达到天人合一的境界。因此，功夫者内在一旦达到智劲的层次，其智性、道德、文明程度亦进入一个常人难做到的高度。一般而言，当人们的思维层面达到智性的高度，但行为实践中不一定能做得到。而身体直觉达到智劲层面，其思维的文明道德则会自然流露。也就是说思维上有的，行为上不一定有，而行为上能做出来的，思维上一定会有。

功夫者就行为能力而言超越群体中所有人，但就其社会性而言却不可能脱离群体而单独存在。功夫者要生活在群体中，因此，必须遵循社会文明的共同规范。

德指的是一个群体或人类人性美好的追求。功夫之德，还具有一种独特精神和行为境界，如替天行道、正义的责任感、公道、扶弱除暴等。功夫之德追求的是侠。侠不是单纯的精神，而是内心精神境界的外在行为表现。

德是一种自律式的规矩，更是一种能力上的自由。很多人认为法度、戒律的作用是约束行为，这种认知不能说错了，但不深刻不全面，有失偏颇。法度，表面上看要遵守，不能逾越雷池半步，但仅靠外在他律式的守，守不住，也戒不掉。一旦环境合适，破戒只在片刻之间。实际上法度是为了更自由自在。比如太极拳中的法度之一不起肘。不起肘的目的不是约束肘部的运动范围和方式，而是有能力做到不起肘，就能产生更为强大的劲力，让人能更自由地运用这种强大的力量。同理，若有能力做到公道、正义、扶弱除暴等，就会得到社会绝大多数人认同和称赞，从而能集聚和获得更大的能力和能量，更加自由。因此，功夫之德不是嘴上说的，或一种想象中的存在，而是一种行为能力和更加自由的能量，当然这种能力亦需要在具体的实践中不断修悟和提升。德，并不仅是他律或自律式的守戒（这些行为我不能做，或不敢做），而是我有能力不那么做，从而获得更大的自由能力。功夫是直觉性自觉的诗意自在，如果加上德，那就是自由自在了。

功夫之德，在社会之德中有其功夫的特质性指向，与社会上一般人奉行的道德，有共性，亦有自身的特质。功夫者，行侠仗义，任侠厚施，义之所在。因为功夫者功夫在身，有着常人所不具备的能力和能量，拥有这种超常的能力，必须要做到常人所不能做到的，才能体现超常的个人价值和社会价值。常人破戒，仅是个人修为有亏，对社会的危害小。但有巨大能力和能量的人，一旦不能遵从道德，失去对天道的敬畏，其破坏力是巨大的。因此，道家有"顺道合德，自然无为"，儒家有"随心所欲不逾矩"，功夫亦有"侠之大者，为国为民"。

功夫之德如何强调皆不为过。于是就有了各种说法，"以德为先""功夫伦理""练武先修德"等。实际上，功夫之德不可能先于武而存在。而且随着社会变迁，功夫之德的具体内容也在变化。功夫之德的丰富和丰满，不可能是某个人坐在家里想象出来的条款，而是由无数功夫者用行为实践出来的。纵观古今中外的历史，历朝历代的伟人和侠士用实际行为，或诠释，或创新着功夫之德的高度和内涵。

2. 侠作为

《说文解字》曰："侠，俜也。从人，夹声。"用现代话来说，就是超脱于钱财物欲之外、仗义行道的功夫者。

侠之大者，为国为民。大侠，在中国文化有着一个特殊的位置和价值。侠，司马迁在《史记》中专门记叙——"游侠列传"。虽入正史，在宏观叙事中能有一笔记之，身份却仍是江湖中人，进入不了庙堂高门。侠，乃民间对江湖公道的期盼和想象。侠，更多的是微观传说，存在于贩夫走卒的口口相传之中。

侠，有人说就是"尚武精神"。单方面尚武，即使功夫再高，也不过是一介武夫。侠，除了尚武以外，应该还有追求德行的情怀。所以亦称侠士。士的原义中包含着文和武。也就是说，侠不但具备高强的功夫，还有高于一般人的道德情怀。

犹如儒生读书中状元，练功夫的人把侠当成一种追求。韩非子曰："儒以文乱法，侠以武犯禁"。司马迁不认同这种说法，认为是讥讽二者。文人读书考状元，仅凭文章，却未必能见真章。功夫者为侠，靠的是行动和众人的口碑。文人靠文章安身，武人靠功夫立命。侠虽义，但却多了一层与绿林说不清楚的身份瓜葛。绿林，搞好了是好汉，搞不好就是响马。因此，历代统治阶层对大侠有着天生的防范之心。不是剿灭，就是招安。倒是民间的平头百姓，对大侠情有独钟，因为官家的"包青天"隔得太远，即使靠他们得到了公正，大多数也是滞后的，所谓"迟来的公正不是真正的公正"。这远不如大侠专打抱不平，快意恩仇，来得及时而痛快。再就是大侠的身份一种有着特殊的吸引力，"平生最好侠客梦，只身仗剑走天涯"，几乎所有的男人都做过侠客梦。就连伟人孙中山（医生出身）也吟过，"满堂花醉三千客，一剑霜寒十四州"这个典型的大侠式意象诗句。

功夫之德，是伦理规矩。大侠，则是功夫之德的实践者。

侠者，持公道，助弱小，讲义气，重承诺，轻生死。能做到这些的人，一是要具备强大的超越常人的功力和能力。二是要具备与这种能力相配的精神境界。三要付出行动。不少人有其心而力不足，这些人属于能力不足而做不到。有的人有其力而心苟且，这类人属于没有精神上的追求。有的人二者皆备却不去行动，这类人是行动的侏儒。只有三者皆备，才会产生出侠士的作为来。因此，侠，不是精神境界，亦非功夫深厚，而是具备二者又肯付诸行动的敢作敢为。

侠作为是一种实践，却也少不了文人的赞誉和传播。文人在某种意义上更偏执于对侠的想象，将大侠诗意化。

"白马金羁侠少年" [隋] 卢思道《从军行》

"纵死侠骨香" [唐] 李白《侠客行》

"意气平生事侠游" [唐] 蔡孚《打球篇》

"少年喜任侠" [宋] 陆游《村饮》

"短剑旧曾交侠客" [宋] 刘克仕《有感》

"千金无处买侠骨" [宋] 敖陶孙《短歌赠临安友人》

"侠气不洗儒生酸" [宋] 苏轼《答范祖禹次韵答王定国》

"忆昔少年曾任侠" [明] 王彝《己酉练圻寓舍咏雪》

"百年侠骨误书生" [明] 郑梦周《望景楼》

"宝剑新弹侠客歌"［明］周玄《骠骑席上饯别典监鲍公归长沙》

"亦狂亦侠亦温文"［清］龚自珍《己亥杂诗》

"侠骨棱嶒傲九州"［近代］秋瑾《剑歌》

这些诗人用如椽的巨笔、瑰丽的想象，勾勒出侠士高尚的情操和行为。我小时候也常听老人们说起当地的侠士——邓赖子的传说。邓赖子的师爷是清末江南大侠甘凤池，师父绰号玉堂猫。话说安徽省全椒县县太爷因办案不公得罪了洪泽湖上的绿林强人于金龙。于金龙派人在一个黑夜里潜入府衙盗走了官印。县令失去了官印，不能办公不说，上峰亦会追究其责任。县令派捕头去索要，却连强人驻地都进不去，强人住在洪泽湖中间的一个岛上。县令没办法只得来请当地的侠士邓赖子。邓赖子出于道义，就前去洪泽湖。来到湖边一看，原来是水面下暗栽着梅花桩，于是踩着桩来到岛上。岛上有一个庄园，四周都是约二丈高的围墙。无门无窗，只有用飞檐走壁的功夫才能进去。邓赖子没有贸然进入，在岸边的一棵枣树下躺着休息。顺手捡了一颗小石子，用打暗器的手法弹了出去，打下一粒枣，用嘴接住吃了。再用气功将嘴里枣核喷上去打下一粒枣。此时一个强人提两个水桶从高墙上飞身下来，到外面湖里来打水。见邓赖子嘴喷枣核打枣，功夫高深莫测。忙请他进入庄园，引荐给于金龙。邓赖子就是等待这个机会才有意露一手功夫，好进庄园。邓赖子在聚义厅见到了于金龙，脱下外套，就来到一个立柱前。聚义厅是个大厅堂，这一带的房屋建筑都是四梁八柱，即使屋墙倒了，房子依然不倒，由屋内的四梁八柱这种结构撑着屋顶的重量。只见他伸右手揽住粗大的立柱，轻松地将立柱抱起来离开下面的石基，然后把衣服放在石基上。邓赖子报完名号后，将来意说明。于金龙也早闻邓赖子之侠义名声，今天又见他露了两手惊人的功夫，就爽快地答应了邓赖子，把官印和盗官印的人都让邓赖子带回去交差。但同时说了一个条件，如果再有别的事情发生，邓赖子就不能再出头了。

邓赖子带回了官印和盗贼，县令将盗贼用铁链子穿了琵琶骨下了大牢。两天后，官印和盗贼又踪迹全无。县令忙再去请邓赖子，却见邓赖子双眼皆瞎。原来，邓赖子回家后，知道于金龙所说条件的含义。于金龙敬仰邓赖子的侠义和功夫，给了面子，让他回来好交差。接下来一定还会有所动作。否则，不会说出那个条件。县令肯定再请他出面。到时候出面吧，一是答应过于金龙不能再过问此事；

二是如果再去岛上，自己功夫再高，在强人窝里，硬打是打不出来的。不出面吧，县令这里无法交代。于是，只好狠心用生石灰迷瞎了自己的双眼。

此事过后，每年到快过年的时候，邓赖子家门口都会来几个要饭的。每人扛着几根小碗口粗的竹竿，将竹竿放在邓家院子里就走了。邓赖子让儿子用刀劈开竹竿，里面塞满了碎银子。原来，于金龙知道邓赖子为了遵守一诺，不惜自残，感其仁义，每年都差人送来银子供养邓赖子。民间故事是借小事明大义，在传播手段欠发达的过去，社会舆论、日常人伦、公道仁义等全靠说书、唱戏和口口相传的小故事来传播。我每次听到这样的故事，就会热血沸腾，为故事里邓赖子的侠义情怀和行为而感动，也幻想着将来有一天自己也能做出感天动地的仁义之举。后来，看金庸先生的小说《天龙八部》里也有嘴吐枣核打枣的桥段，可能是听了这些民间故事而写进小说里。故事肯定是真的发生过，其功夫是否被夸大也不好说。我们不能因为自己没有练出来那样的功夫就否认古人的神技，也不可用文学化的形容就说功夫无所不能。但有一条是可以肯定的，那就是侠士的精神和行为，其中蕴藏的示范作用和巨大的影响是真实的，其人性、人格境界之美，具有普世的价值和意义。

儒家多名士，到了近代巨大的文人集团和落后的科学导致国家战斗力非常弱。于是梁启超基于在日本社会的学习，写出了《中国的武士道》一书。梁启超认为，孔门三德的"知仁勇"就是尚武的诉求，并称孔子为"天下大勇"。之所以后来尚武之风不振，是由于"后世贱儒，便于藏身"而"不法其刚而法其柔，不法其阳而法其阴"。梁启超先生的心情我们可以理解，在当时就是想让中华民族重振"尚武"精神。不过，梁启超先生的论证有点似是而非，因为儒家只是这个民族的一部分，不是全部。证明儒家有尚武的传统，并称孔子为"中国武士道"第一人。且不说儒家本来就是"横扫六合""以直报怨"，无刀剑，如何能"扫"？无功夫，用何直报？后世子孙不肖，与祖先有无文治武功的理念和行为无关。退一万步说，即使传统中没有"尚武"之说，后世的子孙也可以创新产生，没必要追诉回先秦去证明其有，更没有必要说孔子是"中国武士道"。"武士道"是日本人的说法，且就学于中国。这个说法在汉语语境中说不通。"士"字本来就包含文武，前面再加一个武字，岂不多余？历朝历代，不少大侠，少的是大侠进入不了宏观叙事，只能在民间的故事中发挥作用。到了近代出现了黄飞鸿、霍元甲等大侠，只是这些大侠只能在江湖中"游击"，进入不了庙堂"尚武"。庙堂的短期社会影响远远大于大侠的道义力量。倒是进入 20 世纪后，全球化，全新的传播科技让大侠通过影视重新释放出巨大的力量。李小龙、成龙、李连杰等功夫人通过影视传媒将中国功夫带到世界各地。美国好莱坞也拍出《功夫熊猫》这样的影片来传播功夫。让人不解的是，当美国电影在表达中国功夫套路、招数的有效性时，比如迈克尔·加怀特在《永不退缩3》和《血与骨》里就十分精彩地诠释了套路、招数的有效，他饰演的角色就是用平时练习的套路，将使用拳击技术而蔑视传统套路的人击败。国内一些人却用打传统武术之假的名义，诋毁中国功夫和套路。中国功夫、套路、招数等是多少代人用鲜血和生命总结出来的范式，如果无用，早就被淘汰了。当然，当下社会浮躁，很多人为了利益，才会比画几下套路，连姿势都站不正确，更别说套路里劲力的运行了，却也大言不惭地称会功夫，忽悠别人钱财，一动手被专业人士秒杀一点也不屈。功夫也好，拳击也好，不成千上万遍地练习，不可能有真功夫。不是功夫不能打，而是人没练好功夫罢了。

侠无武不行，武无侠不高。侠是功夫人中的卓越者，其义薄云天的精神和行为，将引导我们不断地勇往直前、无所畏惧。

跋

儿时，在农村玩耍，天性在广阔的田野里任意舒展。我父亲仅读过三个月的小私塾。小私塾就是几家合起来请一位先生的小班。即便如此家中也只能负担大伯一个人的学费，因大伯身体有恙，所以父亲替读了一段时间。就凭这点底子，父亲做了三十多年的会计，算盘打得既快又准，常常被抽调到外地查账。父亲喜欢读书，闲时躺着看书，困了书合在胸上而眠。我出去玩之前，必须按父亲的规定在黄草纸上写完十个毛笔字。五年级时就翻完了四大名著，云山雾罩，一知半解，但并不妨碍我想象《水浒传》中武松的玉环步是啥样姿势。后来学了螳螂拳，才知道那时的可笑和幼稚。每个村子好像都有一两位奇人。父亲说："邻村有个人，牯牛发飙狂奔时，他上前双手挽住牛尾，牛竟一步也不能动。"神力大于功夫吗？我们村子亦有个人用拾粪耙子的木把，戳在大石碌子头上的白窝里，就能将石碌子挑起来。功夫大于神力吗？现在想来，兼而有之吧。这些皆是在年复一年的劳作中，攒下的力气，摸索出来的窍门。感恩父亲给我文化启蒙和功夫想象。

成人后外出谋生，卖浆屠狗，不亦乐乎。做报刊编辑，搞医药营销，干企业管理，为策划咨询，思景观创意，回高校淬火，一晃二十多年了。虽忙碌，但每天晨练却从未间断。机缘所致，我有幸跟随樊廷强先生（济空大校、实战专家）学习螳螂拳，一套"螳螂展翅"和"掌门拐"为该门所独有，本书是我们师徒联袂完成，感谢樊廷强师父。洪均生太极拳一路就学于杜林功先生（国家一级武术裁判，蝉联过六届太极推手冠军），感谢杜林功教练。双手剑先后受教于张杰先生（山东大学教授、奥地利武协主席）和李恩久先生（武术家、洪均生太极拳掌门），感谢两位师父。我对太极拳有更深入的了解和体悟，是在认识李书峰先生后，他是太极宗师洪均生先生最小的嫡传弟子。李书峰师父精于太极拳理法，工于太极拳式，深谙太极拳的练用之法。于宏阔哲理中释其精髓，在微小式法里显其精妙。他对《功夫天下》和《武码头》均有帮助，感谢李书峰师父。

219

从笔锋，到剑锋；文码字，武练功。一路走来，感谢生活中陪伴我的妻儿。我太太从事微生物教学和研究工作，每当我谈起太极拳诸如缠丝劲、动静开合等术语时，她用理科生的逻辑思维，信手拈来日常生活中的小例子，诠释得非常准确恰当。最要感恩的是老娘亲，老人家朴实的农村式"唠叨"里充满了文人所追求的禅机和哲理。说的是人情世故，启示我的是做人做事的法度；讲的是家常琐事，揭示的却暗合《论语》等经典至理。农活劳作的磨炼，让我更容易深入理解功夫。功夫者，庄稼把式也。功夫无美丑之分，只有真假之别，真功夫一定显实用之美。庄稼把式，理，少而精；行，准而灵。话白理深。朴实中包含着高深哲理之玄妙；虚灵中显现出实用技术之活巧。如如姿势里流露出典雅中和。自谦而自然。自谦抱朴中包裹的是韧志之性；自然而然里暗含着天道之规。犁田、插秧、拉车、推磨、打水、挑担、练字、抚琴……用的是腰裆劲，借的是杠杆巧，做的是省力功。庄稼把式实在、省力、持久、好用，暗合太极之道，善用人体之能，实则高不可攀，妙不可言。儿时的乡村在城市化的进程中已经消失。故乡，只能存在于记忆中，庄稼把式里的直觉性自觉的诗意自在，只能在"城里人"的养生追求中可有可无地被"继承"。功夫如何能天下则是我辈的使命。

　　完成书稿时，窗外雨后初晴，万物如新。TIFTON 初秋的早晨却如春天一般，生机而繁荣，葳蕤而热烈，鹰翔鹤舞，果实累累，感谢这座美丽宜居的小城。感谢全国政协十三届一次会议海外侨胞列席代表、九三学社中央文化工作委员会副主任洪卫国先生。感谢亚特兰大的友人郦帅教授。感谢山东省广播电视台制片人、高级编辑张楚晨女士和山东大学黄玉顺教授高足王硕先生的细致校对。感谢我侄子王晓波的封面设计。感谢 UGA 计平生教授、USDA 郭宝珠教授、UGA 褚烨女士、孙永方先生和 TIFTON（提夫顿）全体华人朋友们的帮助。感谢 FIRST BAPTIST CHURCH 提供的学习场地，让我能感受道的真理和西方先哲思想的光辉。感谢这个大时代让华夏文化得以复兴，让全人类共享功夫之美好，遂填词一首，以表心声。

《念奴娇·功夫》

闻鸡起舞，
看苍茫、来往几多狂客。
把握阴阳融一体，
独立美洲田陌。
弹指千年，习文练武，
成就金刚魄。
功夫之道，传于华夏故国。

太极圆润逍遥，
含胸拔背，螺旋如弹射。
智劲神明诗自在，
气贯东西南北。
至武为文，江湖名震，
四海谁不识。
纵横天下，寰球同此春色。

圣子写于己亥年八月廿九日 USA TIFTON 直松斋

221

图书在版编目（ＣＩＰ）数据

功夫天下 / 王圣贤，樊廷强著. -- 北京 ： 团结出
版社，2021.2
ISBN 978-7-5126-8462-1

Ⅰ．①功… Ⅱ．①王… ②樊… Ⅲ．①武术－研究－
中国 Ⅳ．①G852

中国版本图书馆 CIP 数据核字(2020)第 226363 号

出　　版：团结出版社
　　　　　（北京市东城区东皇城根南街 84 号　　邮编：100006）
电　　话：（010）65228880　65244790
网　　址：http://www.tjpress.com
E-mail：zb65244790@vip.163.com
经　　销：全国新华书店
印　　装：天津盛辉印刷有限公司

开　　本：170mm×240mm　　　16 开
印　　张：14.75
字　　数：226 千字
版　　次：2021 年 2 月　第 1 版
印　　次：2021 年 2 月　第 1 次印刷

书　　号：978-7-5126-8462-1
定　　价：79.00 元